KB230841

인생을 지휘하는 말

대화학 콘체르토

인생을 지휘하는 말

대화학 콘체르토

천광노 지음

이담
Books

서문

　명사(표준말) '말본새'란 '말뽄새'라고도 하지만, '말하는 뽄때가리'라 하여 '말뽄때'라고도 합니다. 이는 "말하는 태도나 모양새"를 이르는 말이어서 '말뽄때가리'라고 해도 알아듣습니다. 그럼 참 많습니다마는 한번 우리가 무심코 주고받는 우리 '말본새'부터 좀 들춰 보실까요?

　논리형, 지성형, 진지형, 스승형, 점잔형, 정숙형, 현모형, 훈계형, 교육형, 강의형, 변설형, 이해형, 형님형, 부모형, 친구형, 욕설형, 강권형, 회피형, 야단형, 걱정형, 안심형, 세월형, 먹자형, 정치형, 개그형, 험담형, 원망형, 네탓형, 따짐형, 사랑형, 짜증형, 닦달형, 발광형, 응석형, 뚝뚝형, 냉랭형, 면박형, 호령형, 호탕형, 열광형, 폐쇄형, 막줘형, 쪼잔형, 엄살형 엉큼형, 대충형, 녹녹형, 거만형, 명령형, 음흉형, 바빠형, 물탄형, 애걸형, 묘한형, 의심형, 힘줘형, 어물형, 술판형, 꾸밈형, 풍선형, 자랑형, 아파형, 새침형, 내숭형, 간살형, 걸판형, 도피형, 찬스형, 잔꾀형, 싹무형, 창피형, 홍포형, 보채형, 기름형, 만류형, 흥분형, 보류형, 회유형, 무시형, 좁쌀형, 타박형, 압쌀형, 웃겨형, 발광형, 이죽형, 빈정형, 횡성수설종못잡아형, 기절초풍넘어가형, 트집시비형, 덤벼봐라형, 아리송한형, 지랄염병형, 철좀나라형, 비비꽈배기형, 참지마라형……(본서 제20장 참조)

　－말 못하는 사람 없고 말 잘하는 사람 없다－ 맞습니까? 틀립니까? 생각＋말＋행동＝『사는 것』이라면 말을 잘하기란 쉽다면 쉽지만 어렵다면 참 어렵다고도 하겠으나 걱정하지 마세요. 말하기에는 기본원리가 있어 '대화학 콘체르토'라 하였으며, 신개념정신문화시리즈는 말로 사는 인생에서 말하는 방법을 출간하게 되었습니다. 머리를 싸매고 찾고 만들어 이 책에 사용할 『새말』의 자료(신조어 포함 단어)는 600여 개를 준비하고 써 갑니다.

　이 책은 언어학이 아니라 '대화학 콘체르토'입니다. 장차 말을 직업으로 가지려 하는 청년 학생, 아나운서, 기자, 리포터, 앵커 등 참고서로 알고 일독하시되 누구에게나 권합니다. 대학에서 배운 언어학과 다른 대화술에 대하여 스피치연구소가 펴내는 책이 아니라 신개념정신문화시리즈의 성공하는 대화연구 서적입니다.

　문법책이 아니라 말법－, 즉 '대화학 콘체르토'입니다. 엉뚱하지 않겠습니다. **체언(임자씨), 관계언(걸림씨), 용언(풀이씨), 수식언(꾸밈씨), 독립언(홀로씨)**을 비롯하여…… 한글 국어문법에서 분류하는 품사(**명사-이름씨; 대명사-대이름씨; 수사-셈씨; 조사＋서술격 조사-토씨; 동사-움직씨; 형용사-그림씨; 관형사-매김씨; 부사-어찌씨; 감탄사-느낌씨)**라고 하는…….

전혀 이런 쪽이 아닙니다. 이때 글의 법칙을 떠받친 문법을 이해한 후에 그에 따라 말을 말하면서 대화학 콘체르토를 연구해야 하지 않느냐고도 묻지 마시기 바랍니다. '대화학 콘체르토'는 '국문학'이나 '국어문법'을 연구하자는 것이 아닙니다.

말은 공부를 많이 해야 잘하는 것이 아닙니다. 말은 머리가 나쁘고 학벌이 없다고 잘 못하는 것도 아닙니다.

그러나 말은 생사화복의 기조입니다. 말은 행불행의 분기점입니다. 말이야말로 성공과 실패의 실질 직접 관련 요소입니다. 말이 세상을 맑히고 밝히며 말이 문명을 열었고 의학, 과학, 문화, 예술의 경지를 넘어 정치, 경제, 사회, 교육, 외교, 국방, 안보는 물론 국가의 골격이 된다는 데 의심의 여지가 없습니다.

더 나아가 첨단정보 우주과학 세계로까지 가자는 것도 아닙니다. 나에게 맞는 내 옷을 입자는 것입니다. 군인이라면 군복이며 모델이라면 최신패션이고 주부요 아내이며 남편이고 아버지라면 단순 말보다 더 중요한 대화요령을 갖추자는 게 목적입니다.

틀림없는 사실—말은 인간에게만 주어진 최대의 특권입니다. 그러함에도 말이 곧잘 화를 부릅니다. 말이 싸움의 불씨가 되고 심장에 박히는 화살이 됩니다. 방법이 있건마는 끙끙 앓기만 하고 연구를 안 하니 문제입니다.

모든 치료약의 최정상은 말입니다. 말 한마디에 대못이 박히고 빠지고 상처가 생기고 치료됩니다. 반대로 더 크게 다치기도 하여 신경정신과 병원을 평생 다녀도 낫지 않습니다. 혀가 문제입니다. 부드러운 혀가 일단 살어(殺語)를 내뿜으면 제일 먼저 우선 내 식구 아내와 남편이 중상을 입습니다.

혀가 문제일까요? 주둥아리가 문제일까요? 무엇이 사랑의 언어가 되고 무엇이 독설이 되느냐에 대해 잠깐, 단 1초만 생각해 보아도 말은 천하를 태평하게 할 산소보다 물보다 더 좋은 특효약이거나 독약으로 바뀝니다.

신개념정신문화연구시리즈는 부부에게 관심이 많습니다. 부모·자식에게도 관심이 많아요. 회사동료에게도 관심이 많습니다. 분명한 사실 하나─말의 양면성과 다양성이며 일컬어 말을 주고받는 대화문제에 대해 나름 많은 연구를 해 왔습니다.

저자는 '대화학 콘체르토'로 누구에게 무엇인가 가르친다는 책이 아닌 점 분명하게 밝혀드립니다. 다만 대화(이야기) 속으로 같이 들어가자는 취지입니다. 저자가 출생하던 시절(1948년)부터 1970년 초까지 들으며 자란 방송프로로서 '재치문답'이 있었습니다. '미국의 소리 방송(VOA)'에서 근무하다 돌아온 고 장기범 아나운서의 사회로 방송되었습니다.

이미 타계하셨으나 저자가 존경하는 말의 스승님 여러분…… 부모, 형님, 누나를 비롯한 당시 재치박사님들(한국남, 안의섭, 양주동, 이연숙, 정연희 박사 제씨) 앞에 바치는 책이기도 합니다. 그때 스무고개+재치문답 등의 프로에 나와 말의 재기발랄한 대향연을 펼치신 당시 기억에 잠겨 이 책 '대화학 콘체르토'를 펴내면서…….

우리가 하는 말의 지혜와 재치를 음미하고 말이 틀어잡은 이 세상이 보다 아름다운 세상이 되기를 기대합니다. 욕심껏 행복하지 않고

는 배겨 내지 못할 말의 진수성찬을 차려 올리겠다는 부족한 저자의
충심이 가정을 화목하게 하고 부부를 행복하게 하며, 나아가 세상을
아름답게 지구촌을 평화롭게 만들어 갈 작은 씨앗이 되기를 소원합
니다.

2012년 7월
저자 천광노

contents

/제1장/

대화가 될 만한 환경이
우선이다

만나기와 말을 하기 전 필수 전제조건

'대화학 콘체르토'란 쉽게 말하기 요령입니다. 말을 잘한다는 것은 유창함이 아니므로 아나운서나 변호사와 같은 말을 가리키지 않습니다.

잘 통하는 말이며 뜻을 성취하는 말입니다. 아부의 말이 아니므로 면접기술도 아닙니다. 부부 사이에도 대화가 있고 부모자식 간에도 대화하듯이 우리는 말로 살아갑니다. 단순한 관광도 말이고 쇼핑도 말이며 직장이나 사업이나 어떤 직종이든지 말이 중요합니다.

지금은 모두들 말들도 참 잘합니다. 오히려 말을 너무 잘해서 말이 먹히지 않을 정도입니다. 믿고 않고의 기본이 말에 있다 함은 말의 신뢰성의 문제라는 등 많은 까닭이 있겠습니다마는 대화학 콘체르토의 기본은 『말할 환경』입니다.

말할 여건은 건성 대화가 아닌 진지한 대화의 필수여서 말이 통하고 않고는 당시의 분위기와 밀착되어 있습니다.

이처럼 대화에 필요한 조건을 '대화할 환경'이라 할 것인데 그럼 어떤 조건이 대화하기에 좋은가 하는 성공 대화의 기본조건에 대하여 먼저 도표로 만들어 보겠습니다.

성공 대화의 기본조건		
↓		
상대가 편하나		
↓		
구분	예의와 격	장소와 준비	음색과 눈빛
뜻	약속받기 · 소통과 응낙	장소 미리 보기 예의에 맞는 복장	듣기중심 시선 관리
		↓	
구분	말하기 기본	재촉 · 부담	각인법
뜻	듣기 위주 간결하게	답은 상대가 준다	끝까지 틀을 지켜야
	↓	
말		

잘하여 성공하는 대화의 기본 조건이란 간단하게 잘라 이거다 저거다 할 수는 없습니다. 상황에 따라 다르고 상대에 따라 다르며 나하기에 달렸거나 상대에게도 달렸으므로 짧게 정답을 말하기는 어려운 일입니다.

특히 각각 학자나 전문가에 따라서도 또 다릅니다. 하지만 저자는 저자의 주관에 따라 써 갈 것이므로 새겨들으시기 바라면서, 대화에 성공하는 절대적 필수 조건은 "상대가 편해야 한다"라고 정합니다.

말은 내가 하지만 말하는 것이 절반이라면 듣는 것이 절반입니다. 세분하기는 어려우나 일단 내가 하고 내가 듣자는 말은 대화와는 다른 문제입니다.

대화는 말 그대로 상대가 있을 때 대화라 하지 혼자 하면 독백이고 넋두리라거나 중얼댄다 하게 됩니다. 반반의 기능적 측면에서 말하는 내 몫이 절반이고 들어야 할 상대의 몫이 절반인데 이렇듯 이분법적 잣대로 자를 수는 없으나 제1장에서는 상대가 편해야 한다—로 시작합니다.

말하는 나도 편해야 한다고 보셔도 됩니다. 단 이 책 대화학 콘체르토는 제22장까지 이어지게 되는데 제2장으로부터 제22장까지 총 21장 전체는 절반에 해당하는 말의 '내 몫'을 말할 것이므로 서둘지 않아도 됩니다.

우선 내가 내 몫을 잘하는 것의 비중은 열 배라 할 것인데 그에 앞서서 절대적으로 망각하지 말아야 하는 기초로 『말을 듣는 상대가 편해야 한다』는 것을 전제합니다.

잠깐…… 상대가 편해야 대화에 성공한다는 문제를 간략하게 짚겠습니다. 상대는 내 말을 들을 여건이 돼야 듣습니다. 듣고 싶지 않으면 만나 주지도 않습니다. 내가 책을 쓰거나 TV에 나와도 상대가 외면하고 읽거나 보지 않는다면 안 됩니다.

그러므로 상대가 편하다는 단순한 문장에는 여러 가지 의미가 있습니다. 나를 만나 보고 싶어 한다—말을 귀담아듣는다— 듣고 진지하게 나온다— 등등 무한한데 이를 비유하여 남녀 부부의 사랑으로 옮겨 볼까요?

둘이서 사랑하게 되었습니다. 연애 시절을 거쳐 결혼식을 마치고 신혼 첫날밤이 되었습니다. 분위기 아시지요? 무드 말입니다.

신혼부부가 신방에 들었는데 그 방에 제3자가 같이 있다면 사랑이 맺히지 못하지요? 지금까지의 지난날도 마찬가지입니다. 떠들썩하면 둘이 대화가 안 됐을 일이고 신혼 첫날밤도 시끄럽게 떠들고 곁에서 누가 싸우면 일은 틀어져 버립니다.

대화에 성공하는 비결도 긴말 필요 없이 딱 이 신방에 비유됩니다. 남녀 간의 사랑에 비교됩니다. 만나게 되면 대화할 분위기가 좋아야 합니다.

상대가 막걸리를 좋아하면 주막에 가고, 양주를 좋아하여 술 한잔 해야 말이 통할 사람이라면 그리로 가야 합니다. 너무 쉽습니까? 쉬운 것 같지만 쉽지만도 않습니다. 상대가 편하게 나를 만나 줄 곳이 어디냐고 할 때 술집이냐 찻집이냐 식당이냐 다방이냐의 문제는 어쩌면 대화 그 자체보다 선결될 절대성이 있습니다.

어디서 만나자고 할 것이냐―상대가 좋다는 곳에서 만나야 합니다. 상대가 편해야 말이 통합니다.

부부가 밤새 싸우고 나온 상대인 경우에는 만남 자체를 차후로 미루어야 합니다. 상대의 심기라고 하는 문제가 참 어렵습니다. 말은 안 해도 지금 검찰에 피소되어 있다거나 거액을 주고 산 부동산이 법상 하자가 있어 머리가 아픈 사람을 만나서는 부동산 이야기는 더 권해도 안 됩니다.

지금 상대의 관심이 무엇이냐의 문제―이것은 대화 성공의 기본이 되는 중요한 문제입니다.

여기서 하나 더 알아야 할 것은 안 된다는 말을 하는 상대는 되는 방법도 안다는 점입니다. 솔깃하여 관심을 가진 경우에는 회동 후 돌아가서 마음이 변합니다.

나름 아는 사람에게 되묻게 되고 아내와도 상의를 하게 되는데 그때 아니라고 막으면 생각(했던 말)이 바뀝니다. 그러니까 첫날 만나 쉽게 말이 통하면 확률이 더 낮습니다. 반대로 그게 그렇지 않다고 부정적인 말을 해 오면 충분한 보충설명이 가능하여 더 효과적일 수도 있습니다. 남녀 간에도 이 점은 비슷합니다.

첫눈에 혹한 경우보다 첫눈에 별로라거나 아예 거부반응이 심한 이성 간에는 나아질 일만 기다리지만, 첫인상이 좋은 경우 더욱더 좋아진다는 것은 어렵기 때문에 첫눈에 반하는 것보다는 차츰 좋아지는 사이의 남녀가 유망합니다.

중요한 것은 지속성입니다. 인상에 남게 되면 성공입니다. 첫술에 배 부르려 하지 말아야 합니다. 그보다는 만남의 끈을 이어 가는 것이 더 좋은 대화술이라 할 것입니다.

상대의 심지·심기·형편·처지는 물론 취향을 비롯한 현재 처한 환경을 살필 일입니다. 상대가 편하다 여기면 말이 갈 길이 열립니다.

첫 번째입니다. 어떻게든 예(격)를 갖추어야 합니다. 만나기를 청할 때부터 나의 정체성을 유지해야 합니다. 상대가 이성이고 결혼을 위한 만남인 경우 다르고 상대가 스승이고 배우기 위한 목적인 경우가 다릅니다.

상대가 연장자라면, 연장자도 25년 연상이라면 부모와 동격의 어른입니다. 50년이나 연장이시면 할아버지와 동년배입니다.

위계를 가늠해야 합니다. 나는 그에게 있어 손자뻘인가 아들뻘인가 아니면 장형님뻘인가 작은형뻘인가 친구뻘인가의 문제―상대의 지식 정도와 사회적 지위 정도는 물론 그의 취향이나 종사하는 분야도 살펴야 합니다.

정치・경제・사회・문화・교육 전반에 걸쳐 만나는 상대의 키 높이를 가늠하지 못하면 만나나 마나 점수만 잃습니다. 이것이 격이며 예의입니다.

만나자고 하려면 만남의 격을 가늠해야 합니다. 나를 만나 주지 않을 대통령을 만난다고 세우는 대화계획은 허사입니다. 내가 누구를 만나려면 수준이 맞아야 하는데 대개의 경우 나보다 격을 높여 만나려 하는 대화가 많은 것이 일반적입니다. 그래서 어려운 것입니다.

그러니까 이럴 때는 미리…… 만나기를 원하는 경우에는 전화나 이메일로 나를 확실하게 밝히는 것부터가 예의이며 이것이 만남 자체의 성사 여부와 직결됩니다.

다른 말로 하면 신분입니다. 나는 누구고 어디에 살며 무엇을 하는 사람이며 나이는 몇이고 직업은 무엇을 하는 사람이다. 어디든 만나 주시기 편한 시간에 그곳으로 갈 수 있으니 아무 때고 시간이 나시는 대로 정해 달라고 해야 합니다.

이렇게 쓴 간단한 것이 나의 정체성이자 신분이며 상대로 하여금 나를 만나도 될까 말까를 판단・결정하게 하는 자료가 되어 가부를 정할 때 그러자고 하는 응낙이 됩니다.

흔한 말로 이상의 내용이 육하원칙입니다. 내가 할 말을 하고 들으며 다시 한두 가지를 질문하게 되면 상대는 만날 생각이 약간 있다는 증거가 됩니다.

이때 내가 나를 소개하여 나를 밝히려 하는데 말을 자르고는 "그런데요? 왜요?"라고 하면서 무슨 말을 하려느냐고 물어 온다면 상대는 나와 만나기는커녕 이 짧은 회동청원마저도 거부할 것이라는 생각임을 알아야 합니다.

일단 이렇게 되면 두 번째 전화로는 더 어려워집니다. 그러니까 누군가의 소개를 받으면 상면이 용이한데 소개를 받기도 쉽지 않을 경우에는 상대방의 이메일을 알아내어 글로 나를 알리고 용무를 전달하는 방법도 있습니다만 글이 더 어려운 사람은 안 될 일입니다.

그러나 할 수 있다면 전화보다 글이 낫습니다. 요는 상대방으로 하여금 나라는 사람을 신뢰하도록 하는 것이 관건입니다. 대개의 경우 비서실을 통하게 되는데 격 차이가 너무 심하면 일단 비서실 직원에게 내가 신뢰를 얻어야 합니다. 그러니까 이때 화술이 필요하게 되는 것인데 말을 통한 신뢰감 전달이라는 문제 또한 정답이 간단치 못하여 아래로 내려야 하겠습니다.

두 번째입니다. 일단 어떻게 만나게 되었다면 만날 장소가 밖일 경우 꼭 미리 가야 합니다. 가서 만날 장소를 미리 살펴봐야 합니다. 분위기를 파악해 두는 일과 함께 더 중요한 것은 시간을 지키는 문제입니다.

약속을 구하고 응낙을 청한 내가 미리 가야 하는 이유는 간단합니다. 상대는 30분이 늦어도 나는 빨리 가서 기다려야 합니다. 그는 연장자이며 나보다 격이 높습니다. 이 말은 그는 바쁘다는 뜻입니다. 만남이 피치 못해 늦어질 우려는 상대가 나보다 더 많습니다. 그렇지 않더라도 내가 미리 가야 하는 이유는 나는 낮고 그는 높다고 하는 인권의 문제가 아니라 대화와 성공의 문제입니다.

만일 상대에게 돈을 빌리러 갔다는 쉬운 예를 들자면 돈을 꾸러 가는 사람이 아랫사람이며 차릴 예의가 더 많습니다. 차릴 예의라 하면 신용입니다. 내게는 돈을 꾸어 줘도 약속을 지킬 것이라는 신용의 문제는 시간의 문제와 직결됩니다.

돈을 꾸어 주러 나오는 사람은 상대가 늦으면 일어나 가 버리면 그만입니다. 그러나 꾸러 간 사람은 자기가 늦어서 상대가 돌아갔을 때 원망을 못 해 잘못된 책임은 내게 있습니다.

반대로 꾸어 줄 사람의 입장에서는 시간도 지키지 못하는 사람을 뭘 믿고 꾸어 주느냐고 하면 맞는 말입니다. 이렇게 돈을 빌리고 꾸어 주는 이야기를 비유했으나 이 말은 돈이 아닌 그 무엇으로 바꾸어 말해도 경우는 같습니다. 내가 미리 가야 할 이유가 열이라면 상대가 미리 와서 기다려야 할 이유는 열에 하나요 둘도 많습니다. 이유는 간단합니다. 어른은 몸이 느리다는 것도 있고 몸도 젊은 사람 같지 않다는 것도 마찬가지입니다.

그러나 반대로 누가 나를 보자고 간청하여 만나게 된다면 상황은 좀 다릅니다. 상대가 어리다거나 제자로 온다거나 취업을 부탁한다거나 경우가 어떤 경우이든지 어른이고 윗사람이라면 미리미리 30분 전부터 나가 기다릴 일은 드뭅니다.

다음은 만나러 가는 나의 복장도 중요합니다. 옛말에 입은 거지는 먹어도 벗은 거지는 굶는다는 말은 첫인상에서 순간 만나자마자 상대는 나를 보자마자 거의 90%는 판단한다는 점 때문입니다. 복장은 만남에 맞아야 합니다. 단정치 못한 복장은 그의 삶이 얼마나 허술한가를 가늠하게 합니다.

물론 과대하게 꾸미는 것이 의도적인 것은 옳지 않습니다. 대개의 여성들은 옷에 신경을 너무 쓰고 메이커 옷에 외제 고급브랜드가 자신인 양 생각하기도 하는데 이게 격에 맞지 않으면 감점을 받습니다.

소탈하면서도 단아하고 깨끗하며 단정한 복장이라 한다면 각자 판단이 다를 것이라 정답은 없습니다마는 여기에는 머리에서 발끝까지 기본이 있습니다. 과하지 말고 예를 잃지 말라는 것입니다.

신발이 더럽지 말 것이며 머리가 단정할 것이며 복장이 더러우면 안 된다는 것이며 옷매무새가 흩어져서는 안 된다는 뜻입니다. 그러나 이 말은 얼굴 화장에도 유의하라는 뜻도 됩니다.

연예인 같은 화장이 어울리는 사람이라도 상대가 지금 나를 연예인 지망생으로 만나러 와도 과유불급은 절대적입니다. 상대방이 감독이라면 나는 감독이 만족할 화장을 못 합니다. 아무리 재주가 뛰어나도 감독은 맞는 이미지의 배우를 찾기 때문에 도시형이냐 농촌형이냐와 더불어 서구형이냐 현대물이냐 역사물이냐에 따라 나를 보는 눈높이와 컬러가 다르기에 기본이 되는 나를 보여 줘야 효과적입니다.

세 번째입니다. 마주 앉았으면 이것은 꼭 기억하면 좋겠습니다. 바로 시선관리입니다. 눈동자가 불안정하면 낭패입니다. 다음으로 묻는 말이 아니면 미리 말하지 않는 것이 좋습니다.

시선 두기는 대화학 콘체르토의 주요 핵심입니다. 원래 우리의 전

통문화는 만남에서 눈을 마주 보지 않는 것이 옳았습니다. 눈은 상대의 가슴높이에 두라는 것은 과거 궁중의 법도였습니다. 그러나 지금은 그렇지 않습니다.

어른이라도 눈빛을 보아야 합니다. 시선이 흩어지면 불안정한 사람으로 보일뿐더러 상대가 볼 때 중심이 불안하게 보입니다. 그러나 글로 설명이 어려운 것은 너무 빤히 쳐다보면 안 된다는 것인 동시에 그렇다고 시선을 내려서도 안 된다는 점입니다.

특히나 절대 주의할 것은 눈동자를 굴리거나 위아래 좌우로 돌리는 등 훑는 눈동자는 극약입니다. 눈동자는 안정되게 그렇다고 노려보는 게 아니면서도 온화해야 합니다. 말로 설명이 안 될 이 시선관리는 상대로 하여금 나를 믿게 하거나 믿지 못하게 하거나, 아니면 영특하다거나 미련하게 보인다고 하는 판단의 잣대가 됩니다.

특히 눈을 선하고 착하면서도 되바라지지 않고도 순종하게 보이면서도 착하게 보이도록 떠야 합니다.

또 많은 말을 하시도록 자세를 편하게 하고 관심 있게 듣는다고 보여야 합니다. 묻지 않으면 말은 최대한 참고, 하시는 말씀이 잡다하고 지루해도 티를 내지 말아야 합니다, 이유는 간단합니다. 상대는 내가 마음에 들어야 말을 길게 합니다. 시시하게 들리는 신변잡기를 말할 경우 내가 마음에 들었다는 반증입니다. 그러다가 묻는 말이 있을 것입니다. 과연 무언가를 묻거든 목소리를 크지도 적지도 않고 더듬지 말고 간략하면서도 온화한 얼굴로 말해야 합니다.

말이 빠르면 안 됩니다. 느려도 안 되고 목청이 커도 안 되지만 그렇다고 기어들어가는 말은 자신감이 없게 보이니까 역시 안 될 일입니다.

앉음새가 반듯하고 눈이 총명하고도 선한 눈빛일 것이며 말은 부드럽고도 또박또박 할 말은 간결하고도 분명해야 합니다. 만에 하나 "뭐라고?" 이렇게 묻는 일이 없어야 합니다. 또 말을 하다 보면 상대가 내 말을 받아 이어 가려 할 때가 있습니다. 그러면 얼른 하던 말을 멈추고 들어야 합니다. 말을 마쳤다고 보일 때까지 내 할 말은 중단해야 합니다.

다음은 하던 말을 이어 가야 하는데 이때 말의 줄기가 옆으로 나가면 아니 됩니다. 드디어 그래서 무슨 말을 하려고 왔느냐고 묻게 되거든 하려고 준비해 온 말을 해야 하는데 이때 내가 하는 말을 상대가 받아 줄 만한가의 여부는 점검이 잘 되었습니까?

네 번째입니다. 말은 반복하지 말고 핵심을 짚어야 합니다. 특히 상대가 이해하지 못할 내용이 뭔지 그에 대해 준비해 온 말을 보충으로 설명해야 합니다.

자ㅡ그렇다면 대화하는 중간에 차는 한잔 마셨습니까? 차를 마시는 데에도 그에 따르는 차도가 있는데 이런 것은 대화학 콘체르토가 아니라도 다들 잘 아실 터이니 생략합니다마는 중요한 것은 자세입니다.

단정한 몸가짐에 기울지 말아야 합니다. 말보다 중요한 것이 바로 분위기이며 장내가 어수선하면 핵심이 흐려집니다.

문제는 상대에 따라 만나는 장소도 틀리고 대화하는 말 태도가 다를 경우도 중요합니다. 만나자마자 가자면서 나는 마시지도 않는 술집으로 데려가거나 곁에 룸서비스할 접대부까지 앉혀 줄 때는 어렵습니다. 게다가 노래방이라도 가자 하고 자꾸 술을 권하면 난감한 경우도 있습니다.

저자는 술을 마시지 못하는 까닭에 주법을 잘 모릅니다. 하지만 하나는 압니다. 상대가 취하거든 같이 취하는 것입니다.

술을 마시지 않으면서도 같이 취한다는 말은 상대의 감정을 거스르지 않는다는 뜻입니다. 상대가 취했으면 나도 취한 사람처럼 대해 줘야지 거기서 나는 이런 취향이 아니라는 티를 낸다면 모처럼 상대가 베푼 호의를 무시하는 것으로 비쳐 만나지 않음만 못할 수가 있다는 것입니다.

농도 받아 주고 노래도 불러 주고 배우지 않은 막춤도 같이 춘다는 것은 쉽지 않지만 내가 원하는 대화성공을 위하여- 뿐만 아니라 상대방의 기분을 거슬리지 않도록 하기 위한 예의차원에서도 취한 사람은 같이 웃어 주고 흥을 깨지 말아야 한다는 것은 인간의 예의에 해당하는 사항입니다.

특히-상대가 취하였으면 절대 금할 세 가지 말이 있습니다. 첫째는 왜 이래-둘째는 아니다-셋째는 고쳐라-입니다.

사람이 가장 싫어하여 본능적으로 의견 충돌이 일어나는 것은 대개 자존심을 건드릴 경우입니다. 이런 차원에서 볼 때 아니라거나 고치라거나 못 쓴다 왜 이러느냐는 말은 모처럼 흥이 오른 신바람에 찬물을 끼얹게 되어 어렵게 만난 상대와 소통이 단절됩니다.

물론 내가 먼저 이 사람은 아니라는 판단이 서는 경우도 있습니다. 내가 바라거나 기대한 사람이 아닐 경우-이럴 때도 나의 중심은 흔들리지 말아야 합니다. 아니면 돌아가서 아닐지언정 당장은 티를 내면 안 됩니다.

내게 호의를 베풀어도 싫거나 아닐 때도 있습니다. 일단 어떤 경우가 됐든지 간에 즉석에서 감정을 드러내고 단칼에 자르는 것은 매너가 아닙니다. 돌아와서 훗날 더 이상 염려해 주지 않아도 잘 해결됐다 하고 고맙다면서 다음에 뵙자고 해야 합니다. 그런데도 또 보자보자 하면 핑계를 대면 됩니다.

다섯 번째입니다. 상대에게 즉답을 받으려 하지 말아야 합니다. 우리는 너무 조급함이 몸에 배었습니다. 오늘 만나 오늘 흔쾌한 결론을 얻으면 좋지만 즉답은 대개 나중에 문제가 되기 쉽습니다. 일단 생각해 본다거나 알았으니까 검토해 본다는 정도이면 대단한 성과입니다. 그럼에도 몸을 달구십니까? 그러면 안 됩니다.

모든 일은 때가 있습니다. 때라고 하면 쇠뿔을 단김에 빼라 하는데 만사는 그게 아니고 특별한 하나의 경우는 그럴 수도 있으나 근본은 때가 있습니다.

밥을 해도 끓어야 하고 끓어도 뜸이 들어야 할 시간이 필요합니다. 목적이 단순한 사교와 일반적인 교제 정도라 해도 상대는 나의 선을 본 것입니다.

우리가 착각하지 말 것은 내가 만나 보면 단방에 안다는 식으로 내가 상대의 선을 본다는 생각입니다. 이것은 반대입니다. 내가 그에게 선을 보이러 간 것이 대개의 첫 만남입니다.

이때 상대도 예의를 차려 나를 불편하게 하지 않습니다. 설사 맘에 안 들어도 그런 티를 내지는 않지만 마음에는 어느새 이건 아니라고 결정하는 수도 있습니다. 그러나 상대는 인품이 고상하여 일단 단칼에 예스다 노다 하지 않습니다.

실은 상대가 나를 선본 셈입니다. 나도 상대의 선을 보았지만 반대로 선을 보여 준 격입니다. 첫선을 본 남녀로 비유하면 이해가 쉬워요. 즉석에서 결혼하자 하는 경우는 열이나 백에 하나도 드물 것이고 차츰 생각해 본다고 하는 정도면 퇴짜인지 당첨인지 당시로써는 가늠하기 어렵습니다.

집은 낮에 보고 사라는 말이 있습니다. 이것은 사람의 경우는 더합니다. 밤에 본 사람 다르고 낮에 본 사람이 다릅니다. 집에서 보면 다르고 커피숍에서 보면 또 다릅니다. 야외에서 봐도 다르고 여름에 본 사람하고 겨울에 본 사람이 역시 어딘가가 달라도 다른 경우가 참 많습니다.

특히 중요한 것이 있습니다. 사람은 웃을 때만 봐서는 정말 모릅니다. 그래서 술을 먹여 봐야 안다는 말도 있는데 어떤 사람은 노름을 해 보면 그의 인간성이 잘 보인다고도 합니다. 저는 이렇게 말하겠습니다.

사람은 화가 났을 때 봐야 제대로 본다는 것입니다. 기분이 좋을 때는 누구나 웃고 싹싹합니다. 그러나 기분이 상할 때는 언제 그랬느냐는 듯 사람이 완전히 달라집니다. 웃는 얼굴에 속으면 안 됩니다. 사람은 화가 날 때가 있는 법이며 화가 나면 얼마나 달라지는가를 보고 나야 좀 압니다.

부부도 좋을 때는 다 모릅니다. 싸울 때 봐야 진면을 보게 됩니다. 그렇게 착하다고 본 여자가 부부간에 싸울 때 보니까 그렇게 엄청난 욕을 퍼붓고 어디서 그런 소리가 나는지 목소리는 동네가 쩌렁쩌렁 울리고 기운은 얼마나 센지 남자를 메어꽂는데 그 여자 정말 그럴 줄 몰랐다고 할 게 아닙니다. 사람은 이처럼 양면성이 있으므로 화가 났을 때도 자제하며 분하고 억울할 때도 얼마나 분노를 잘 다스리는가의 문제가 바로 인격입니다.

그러니까 채근하지 말고 부담 주지 말며 하루 만나고 두세 번 만났다고 간을 빼 줄 일은 아닙니다. 물론 경계심을 가지고 거리감을 두라는 말이 아닙니다. 항상 친한 사이에 더 잘 싸운다는 것도 알아야 한단 뜻입니다.

여섯 번째입니다. 만나자마자 정 주지 마세요. 먼저 정을 준 사람이 먼저 실망하고 상처받습니다. 그러나 첫눈에 경계하며 의심하고 들어가지도 마세요. 그러면 당신의 인격이 낮아집니다.

첫 만남은 인상입니다. 다시 만나고 싶으면 대성공입니다. 그러니까 무엇인가를 인상 깊게 남겨 주는 것이 중요합니다. 무엇을 기억하게 할 것인가－성향에 따라 다릅니다. 문학을 좋아하면 방향은 그쪽으로 가야 합니다. 소질이 없으면 가르침을 받고 싶다고 하면 좋아합니다.

정치를 좋아하거든 나는 아니라고 하지 말고 일단 긍정하세요. 나중에 정치는 무관심이라 해도 늦지 않으며 정치인과도 아는 사이를 유지하면 괜찮습니다.

당장 간이라도 홀랑 빼 줄 듯이 하는 것은 쉬 덥고 쉬 식는 양은냄비 근성이라 못씁니다. 무쇠솥처럼 무뚝뚝하라는 말이 아닙니다. 그는 이미 내가 만나자고 하였으므로 그에게 나를 각인시키면 대화는 성공입니다.

그가 나보다 한 수 위면 스승이고 한 수 아래면 가르쳐 주면 좋습니다. 대등하면 벗이 되어 함께 손잡고 같이 갈 파트너가 되자고 하면 좋습니다.

세상에는 좋은 사람이 더 많습니다. 만나 보면 다 매력이 있고 장점이 있습니다. 그러나 반대인 사람도 있습니다. 만날 가치가 없는 사람도 만납니다. 이때도 지혜가 필요하여 이를 처세라고 합니다. 처세를 잘한다는 것은 말이 무기입니다. 그러나 말을 하려면 말할 환경이 맞아야 합니다. 여기에 필요한 것이 제1장이며 이것이 대화학 콘체르토의 기조입니다.

/제2장/

말의 저변을 둘러본다

언어(말)의 생성과 발전

　　　　　　　이 책이 말하는 '대화학 콘체르토(言語學)'는 이미 '어학(語學)'이라는 명제 아래 세상에 충만한 학문입니다.

　특히 '국문학'으로 그 영역이 확장되고 굳었으며 '언어학'과 '일반언어학', 그리고 '언론학'이나 '언론정보학'이라고 하는 학과목으로, 또는 매스컴 관련 '신문학'이나 '신문방송학' 과목 등으로 학문의 높은 경지에 도달해 있습니다.

　뿐만 아니라 '언어심리학', '언어철학', '언어미학' 등등 언어 관련 학문은 이미 국제화 시대를 석권하여 세계 각국 외국어 전공분야까지를 확대해서 보아야 할 만큼 무한대로 발달되어 있기 때문에 가히 그 지경의 넓이를 측량할 수가 없을 정도입니다.

　'언어학'은 인류학을 기점으로 출발합니다. 인간의 역사는 언어의 역사이며 인간만이 언어를 구사함에 따라 '언어란 무엇인가?'라고 하는 것은 인류 문화 발달사에 근거하여 각각 민족 고유의 언어로 나누어지고 그것이 곧 제각각의 자국어가 되어 오늘에 이르고 있음을 알수 있습니다.

그러나 이 책이 말하는 '대화학 콘체르토'는 이 세상의 언어가 하나님께로부터 받은 선물이라는 것과 언어의 근원이 하나님이시라는 것에 대하여는 짚기는 짚되 그쪽만을 말하지는 않습니다.

성경에는 바벨탑 축조로 말미암아 우리의 말이 상통하지 못하도록 말을 부수고 다 흩어서 그로부터 수많은 언어가 나누어 졌다는 말씀이 기록되어 있는데 세상의 '언어학'은 말이 하나님께로부터 왔다는 사실은 물론 인류의 언어가 제각기 달라진 이유에 대하여는 침묵합니다. 그러나 대화학 콘체르토는 간단하게만 짚습니다.

태초의 인간이 썼던 말은 한 가지로 같았습니다. 그때의 세계는 단하나의 말로 모두의 언어가 상통했습니다. 그러나 인간이 바벨탑을 쌓음으로 하나님은 인간들의 말을 흩어서 불통하게 만들었습니다.

하지만 이와 같은 주장은 기존 언어학이 절대적이라 하지 않으므로 우리 정신문화연구시리즈 '대화학 콘체르토'에서도 이는 크리스천 사상적 신앙의 영역이라 자제하기로 하겠습니다. 이미 기존의 '언어학'이 발달·정착하였기에 그 높은 정상을 올려다보기에도 부족하다는 것을 알고 있기 때문입니다.

이러한 관점에서 볼 때에 저는 앞서서 '언어학'을 연구하신 많은 학자님들을 만나만 뵙기에도 자격이 크게 미달인 줄도 압니다. 그럼에도 불구하고 우리 정신문화연구시리즈에서 '대화학 콘체르토'라 명명하고 기어가듯 서툰 첫발을 내미는 데는 이유가 있습니다. 이는 학문의 정상으로 오르는 길은 여러 갈래가 있다고 보기 때문입니다.

학문을 산으로 말하면 정상에 오르는 길을 '등산로'라 부릅니다. 등산로는 이미 많은 사람들이 다닌 길이어서 안내판과 계단이 잘 만들어져 있습니다. 어떤 곳은 로프와 구름다리도 설치되어 있습니다.

그런데도 우리 정신문화연구시리즈는 이 '대화학 콘체르토'란 과목을 새로 정했습니다. 이유는 바로 우리 정신문화연구시리즈만이 새로 나갈 수 있는 학문으로서, 즉 국내외 대학에서 정규과목으로 정하고 이미 정상에 오를 수 있도록 잘 닦아 놓은 길이 아닌 신개발 코스를 가고자 하는 데 그 목적이 있습니다.

그러기에 단순 '대화학 콘체르토'라고 하지 아니하고 "새 코스 '대화학 콘체르토'"라고 하는 것이 보다 명확한 제명이 될 것입니다. 하지만 아직은 태동학문이기에 같은 '언어학'이라고 부르기에는 갈래도 다를뿐더러 미치지 못한다고 자인합니다. 그래서 "사이드 '언어학'"이라고 할지 "변두리 '언어학'"이라고 하는 것이 맞을 수도 있습니다.

동시에 이는 기존 학문의 '언어학'과 궤를 달리한다는 뜻입니다. 우리 정신문화연구시리즈의 새 코스 '대화학 콘체르토'는 기존 대학의 정규 과목에 포함될 수는 있을 것이나 다른 각도에서 보면 소소하며 누락되었거나 사소하여 기존대학이 미처 챙기지 못한 언어와 인생의 문제를 보완하려 합니다.

어쩌면 흘린 이삭을 줍는 심정으로 소중한 낱알을 챙기게 될 것입니다. 이것은 '대화학 콘체르토'라는 학문에서 충분한 가치가 있다고 여기는 까닭에 이를 새로운 과목으로 선택한 것입니다.

그러니까 닦아 놓은 등산로로 정상에 올라가자는 것이 아닙니다. 아무도 헤치고 나가지 않아 시야도 불투명하고 수목이 울창한, 길도 아닌 길을 새로 만들고 나가겠다고 하는 새 코스를 개척해 가고자 하는 것입니다. 그러면 따르는 부가가치가 발생할 것입니다. 역시 등산로에 비유하면 미개발코스에서만 만나게 되는 풍경이 있어서 기암괴석이나 생각지도 못한 폭포도 발견될 것입니다.

신비로운 경관도 드러날 수 있습니다. 마침내는 정상에서 만나 교제도 하게 될 것입니다. 히말라야 산맥과도 비유되는 '대화학 콘체르토'의 새로운 개척자가 되는 보람도 갖게 될지도 모릅니다.

물론 지금은 과한 욕심인 줄 알기에 무리한 욕심을 내지는 않겠습니다. 어쩌면 헤치고 나가다 중도에 주저앉을지도 모릅니다. 오르다가 해는 저물고 그래서 포기하고 내려오면 누구도 다시는 이런 길을 들어서지 않게 될지도 모릅니다.

그래서 우리 정신문화연구시리즈의 모든 과목이 그러하듯이 동기만을 부여하고 원인만을 제공하는 아주 작고 미미한 태산준동(泰山蠢動)에 서일필(鼠一匹)일 뿐일 수도 있습니다.

그러나 필연 이것이 동기가 되어 뜻밖에도 인생유익(人生有益)의 귀한 열매가 맺힐 수도 있다고 하는 기대는 있습니다. 아니 꼭 그렇게 되어야 한다는 의지만은 불타오릅니다. 그러기 위하여 저는 우선 첨병의 심정으로 원인제공자로서의 맡은 역할에 심령을 바치려 합니다. 모쪼록 이 연구에 많은 애정과 관심으로 동참해 주시기 바랍니다.

첫 번쨉니다. 먼저 '대화학 콘체르토'란 과목명을 '말이란 무엇인가?'라고 풀어 보겠습니다. 이때의 '대화학 콘체르토'는 학(學)이라는 한문 글자와의 조합성(組合性)관계로 부득이 한자명을 붙였기 때문에 '대화학 콘체르토'가 되었습니다.

그런 까닭에 이제부터 드리게 될 연구에는 '대화학 콘체르토'나 '언어'라는 단어는 많이 사용되지 않게 되고 대개는 순수 우리말의 '말'이란 글자를 주로 쓰게 된다는 것을 말씀드립니다.

그러니까 '대화학 콘체르토'는 상징적 존재의 자리에 앉아 있고 '말'이란 말이 실체가 되고 본명(本名)이 될 것입니다. 그러므로 엄밀히 말하면 '대화학 콘체르토'라고 할 게 아니라 말의 학문, 즉 '말학'입니다.

이는 한글과 한자의 조합이라서 '말 배움'이라고 하면 몰라도 이 '말학'이라는 글자 조합은 현대의 학문체제에 어색하다는 지적에는 이의가 없습니다. 아니면 '말에 대하여'라고 하든가, '말학'을 직 풀이해서 '말 배우기'나 '말의 학문'이라고 한다든지 해야 하는데 과목명과 내용을 달리하지 않고는 마땅한 방법이 없다 싶어 이렇게 갈피를 못 잡는 말씀도 드리고 있습니다. 하지만 이제는 갈피를 잡아야 합니다.

갈피를 잡는다면 우리 정신문화연구시리즈의 이 책 '대화학 콘체르토'란 '말의 학문'입니다. 직설적으로 표현하면 바로 '말학'입니다. 이는 『말과 인생+삶』에 관한 것이 주제입니다.

말은 어떻게 나오는가? 나오는 말은 어떻게 하는가? 나오는 말에 어떤 문제는 없는가? 말을 한 것에 문제는 없는가? 한없는 말과 인생에 대한 엄청난 관심과 무관심에 대하여 논하려고 하는 것입니다.

두 번째입니다. 말을 물리적으로 풀이하면 『사람의 목 성대를 거쳐 입에서 울려 나오는 소리』입니다. 그러나 말이라는 표기는 사람의 소리에 국한하고, 새나 소나 개나 말과 같은 짐승들 목에서도 나오기도 하는데 이때는 말이라 하지 않고 『소리』라고 합니다. 그러나 사람의 목에서 나오는 소리라 하여도 말은 또 『노래』하고는 다릅니다.

이로서 알 수 있는 것은 말이란 사람의 생각에서 만들어지는 생각과 사상이나 마음을 소리로 나타낼 때에만 말이라고 할 수 있습니다.

또 말은 말이지만 말이 아닌 것도 있습니다. 이 경우는 소리도 아니고 노래도 아닌 경우에 해당됩니다. 말은 말이면서 말이 아닌 것이란 바로 말의 원리원칙에 반하는 경우입니다.

하나의 예를 들어 『을너진 마를더 욕츄민치 갱조허는다서 쌍티에영!』이라고 한다면 이것은 말이라고 하지 않습니다. 그게 무슨 말이냐고 나무라고 그걸 말이라고 하느냐고 하면서 제정신이 아니라 돈 사람이라고 해 버립니다.

이로서 말이란 말이 갖추어야 할 말의 원리원칙 구조에 반하면 소리는 되어도 말은 아니라는 것을 알기 때문입니다. 말이란 반드시 말의 조건을 갖추어야 말이 됩니다.

그러면 이제 말한 말의 원리원칙에서 이탈한 『을너진 마를더 욕츄민치 갱조허는다서 쌍티에영!』이란 말을 생각해 봄으로 인하여 말에는 반드시 말의 절대적인 요소가 있다는 것을 알 수가 있습니다.

바로 말이란 말의 문화적 요소, 말의 문학적 요소, 말의 논리성을 갖춘 말의 어법과 문법적 요소 등등 말에는 수많은 말의 원리와 원칙이 있으며, 이는 말의 여러 가지 말적인 구성요소로서 우리정신문화 연구시리즈가 말하고자 하는 말학, 즉 '대화학 콘체르토'의 골격이 된다고 하는 사실입니다.

세 번쨉니다. 뿐만 아니라 말은 원리와 원칙을 근본으로 하면서 언어구사(言語驅使)문제에 이르게 되면 수많은 '대화학 콘체르토'적 언어기술(言語技術)의 과제와 만나게 됩니다. 그러면 이제 다들 잘 아시겠지만 기초를 닦기 위하여 언어구사란 무엇인가를 알아보겠습니다.

언어구사는 『말하기』라고 이해하시면 됩니다. 그러나 언어기술이라고 말한 부분만큼은 매우 심도 있는 분석이 요구됩니다. 사람이 언어를 구사함에는 언어기술이라고 표현한 이 기술 분야가 수만 가지로 나누어진다고 하는 점입니다.

다시 말하면 방금 말한 『을너진 마를더 욕츄민치 갱조허는다서 짱티에영!』이라고 하는 경우는 말 조직의 원리 원칙에 전혀 어긋나는 하자(瑕疵)가 있음을 알게 됩니다.

이것은 원천적인 하자로서 말을 배우지 못하였거나 배웠다고 하여도 그가 배운 말이 소수민족의 방언에 불과한 경우라거나 그마저도 아닌 경우에 해당됩니다.

이런 경우는 우리가 탐구하는 이 '대화학 콘체르토'에서 논하지 말아야 할 제외대상이라 할 수 있습니다. 그렇다면 우리 정신문화연구 시리즈에서 개척하고자 하는 '대화학 콘체르토'란 어떤 것일까요?

언어기술을 언어기술이라 하지 말고 언어구사력이라 한다고 말씀드리겠습니다. 아니면 말재주라고 할까요? 다시 말해 말에는 말하는 사람의 말의 능력이 있다는 말씀입니다.

이번에는 이를 누군가가 어떤 것이거나 똑같은 말을 했다고 해 봅시다. 상대가 동의하는 경우가 있고 아예 듣기를 거부하는 경우가 있습니다. 역시 똑같은 말을 해도 상대가 기분 나쁘게 듣는 경우가 있고 기분 좋게 듣는 경우가 있습니다.

사랑을 고백하는 데도 진정으로 듣는 경우가 있고 가식으로 듣는 경우도 있습니다. 바로 이것이 우리 정신문화연구시리즈의 '대화학 콘체르토'이며 연구 영역입니다. 말이란 어떤 것이기에 어떻게 하는 것이 말의 결실이 되어 어떤 결과가 돌아오는가의 문제입니다.

말에는 말을 구성하는 두 가지 본성이 있습니다. 첫째는 '말의 격(格)'이며 둘째는 '말의 성(性)'입니다.

이것은 줄여서 '말격'이나 '말성'이라고 부르게 될 것입니다. 또 말에는 '말격의 4대 요소'가 있으며 '말성의 3대 요소'가 있는데(아래 제3장 참조) 이와 같은 요소들은 문장에 해당하는 '말맥'이나 문법과 논리 같은 것입니다.

차차 말씀드리겠지만 말의 요소에는 목적을 이루기 위한 목적성이 있고, 성취를 갈망하는 성취성과 취득성의 요소에 해당하는 말의 속성인데, 이는 이때의 요소와 문법과 문장이 곧 말하는 내용이 되어 상대에게 전달되어 상대와 언어상통이나 불통으로 작용합니다.

그러므로 말은 말의 목적달성에 실패할 경우 말의 내용이 되는 요소 중 무엇이 하자인가의 문제와 아니면 내용과 무관한 언어구사의 하자인가의 문제가 무엇인가 하는 것을 연구하는 것이 중요합니다.

말을 분해하면 말은 또 크게 두 가지로 구분됩니다. 사람이 육체와 영혼으로 구분되는 것과 같이 말은 『말하는 내용』과 『말하기(驅使)』로 구분된다는 것입니다. 이때 『내용』은 『몸』에 해당됩니다. 『말하기』는 『영혼』에 해당합니다.

이런 비유는 세상 학문에는 없고 이는 제가 이 책 '대화학 콘체르토'를 연구하기 전 '생각학'을 연구하면서 이미 말의 구조에 대하여 그때부터 깊이 상고하여 얻어낸 비유입니다.

그러니까 말이 말로서 온전하려면 사람이 육체와 영혼을 가져야 하는 것과 같이 『내용＋말하기』라고 하는 양대 요소를 하고 듣는 사람과 동일한 조건으로 갖춰야 한다는 것입니다. 만일 내용이 온전치 못하면 몸이 병든 것과 같습니다. 허리가 부러진 사람이 걸음을 걷지 못하는 것과 다를 게 없습니다.

또 말하기가 온전치 못하면 그 사람은 살아 있는 사람이 아닌 것과 다름이 없어서 제아무리 몸은 건강하여도 정신장애나 생각장애자와 다를 게 없습니다.

네 번쨉니다. 사람의 몸에 해당하는 말의 내용에 관하여 계속합니다.

사람의 몸이 몸으로서 건재하려면 음식을 섭취하고 운동을 하거나 하는 등 몸 관리가 병행되어야 합니다. 그러다가 만일 몸에 병이라도 나면 의술의 도움을 받아 치료를 받아야 합니다. 이러한 이치는 말에서 몸에 해당하는 『내용』도 동일합니다.

내용에 허리가 부러진 말은 음식에 비유되는 논리와 문장(語彙選擇)과 문법과 같은 요소를 수정하거나 치료해야 된다는 것입니다.

그럼에도 사람의 영혼에 비유되는 『말하기』에 하자가 있다면 말하기에 해당하는 구사기술(驅使技術)에 대한 교정이 요구됩니다. 그러니까 우리 정신문화연구시리즈의 '대화학 콘체르토'란 무엇일까요? 여러분은 희미하나마 이로서 이제 제가 말씀드리려고 하는 '대화학 콘체르토'가 가야 할 정상에 해당하는 목표를 약간은 인지하셨을 줄로 믿습니다.

어찌 보나 사실 말은 어렵(쉽)습니다. 어쩌면 말보다 어려운 것도 없습니다. 말은 무엇을 위하여 존재할까요? 말에는 말의 목적(말성)이 있습니다.

나의 생각과 사상을 그에게 전달하고 그로부터 동의를 얻고자 함에 목적이 있습니다.

말은 혼자 하기 위하여 존재하지 아니합니다. 누군가에게 나의 뜻(생각)을 전달하기 위하여 말이라는 수단이 존재하고 이용됩니다.

그저 그냥 소리가 되어 흘러나가서 흩어지라고 하는 말은 없습니다. 반드시 누군가가 듣고 들은 말에 따라서 전달된 나의 의사에 대한 결과를 내어 달라고 하는 목적을 가지고 있습니다.

그런데 만일 말이 제대로 전달되지 아니하거나 전달은 제대로 되었지만 목적한 바의 결과를 얻어내지 못한다면 아까 말한 내용과 하기(말의 양대 본성)에 하자가 있다고 보아 거의 틀림이 없습니다.

여기서 '거의'라고 말한 데는 까닭이 있습니다. 말의 결과는 내용이나 하기에 결점이 없어 결과는 뜻에 반하는 경우도 많기 때문입니다.

이래서 말이 어렵습니다. 더 중요한 것이 있는데 그것은 바로 『사람은 말로 산다』라고 하는, 언어는 인생에 심대한 영향을 끼친다고 하는 문제인데 이것이 곧 말이기 때문입니다.

그러므로 우리 정신문화연구시리즈는 이 책 '대화학 콘체르토'라는 과목을 만들었습니다. 말이 인생에 끼치는 막대한 영향력은 말의 결과가 말하기에 따라 극과 극으로 달라지는 성공과 실패나 행복과 불행의 문제와 직접적인 관계가 있기 때문입니다.

거듭 말하면 이는 곧 말로써 살아야 하는 것이 우리들 인생이라고 하는 사실입니다. 말 한 번 잘못하면 인생이 침몰합니다. 인생을 배라고 볼 때에 난파선이 되어 대양을 표류하다가 결국 거대한 인생의 배가 가라앉고 말게 된다는 것입니다. 그러므로 말은 중요합니다. 말이 얼마나 중요하다는 말은 백 번을 강조해도 부족합니다.

다섯 번쨉니다. 한번 생각해 봅시다. 사랑이 무엇으로 시작됩니까? 말입니다. 사업은 무엇으로 합니까? 말입니다. 자식을 무엇으로 기릅니까? 말입니다. 부부가 무엇으로 삽니까? 말로 삽니다.

말 한마디가 분을 삭게 하고 말 한마디가 가슴에 불을 지릅니다. 말에는 장단고저(長短高低)가 있는데 바로 이 한마디 말의 장단고저가 끝내는 이혼의 불씨가 되어 가정을 불사릅니다.

말 한마디 잘못하면 잘나가던 기업이 절단 납니다. 말 한마디 실수로 대권레이스에서 큰 화재(話災)를 당한 정치인도 있었지요? 말은 자주 매우 무섭습니다. 사람의 심장에 대못을 박는가 하면 말이 박힌 대못을 빼어도 줍니다.

언제나 그랬겠지만 현재도 미래도 역시나 말의 세월입니다. 가만히 보면 말이 세상을 주장하고 말이 가자는 대로 세상이 흘러갑니다.
미국대통령의 말 한마디는 세상을 불바다로 만드는 이라크전이 되어 타올랐습니다. 미친 녀석들처럼 독도가 자기네 것이라고 하는 일본인들의 말은 이제 도를 넘어서서 한일 간에 엄청난 외교 문제로 부상했습니다.
그러나 우리 정신문화연구시리즈의 '대화학 콘체르토'는 그중에서 골라 인생을 말할 뿐 그 이상을 초과하는 거창함을 지양합니다. 왜냐

하면 우리가 당면한 우리 자신의 삶에 대한 말에 관한 말씀으로도 21
장의 연구가 모자랄 것이라고 보기 때문입니다.

여섯 번쩹니다. 하지만 역시 또 이래서 어려운 게 말인데, 바로 말
보다 아름다운 것도 없습니다. 반대로 또 말보다 더러운 것도 없습니
다. 말보다 아름다운 것이 없는 경우는 무수히 많습니다. 인생살이가
힘겨운 사람들에게는 무엇보다도 말이 아름다워서 그들에게는 노래
도 말보다 아름답지 못합니다.

삶이 힘겨운 사람들에게는 제아무리 훌륭한 가수가 노래를 불러
주어도 그들은 노래가 아름답기는커녕 반대로 서글픈 탄식만 불러올
게 뻔합니다.

그래서 말보다 더러운 것이 없다는 말을 하면 이게 말은 말인데 말
이라고 하지 않고 '욕'이라고 부르는 말이 되는 경우입니다 그러나
또 욕은 욕이기에 한 수 접어 버리면 그런대로 더럽다는 것과 무관해
집니다.

하지만 사실 욕도 아니면서 더러운 말이 말로서 존재합니다. 아픈
사람을 찌르는 말이 이런 경우에 해당됩니다. 듣다 보니 역하고 더러
운 말이 있습니다. 사람의 가슴을 아프게 하는 모진 말도 있습니다.

그러므로 말에는 수많은 질성이 있어서 이를 언의 질(言質)이라고
하겠습니다. 작든 크든 모든 나무에는 성분이 있듯이 말에도 언질이
라 할 성분이 있습니다.

언의 질은 또 (나무)가지라고 하는 언지(言枝)로도 구분되는데, 큰
나무는 나무가 크기 때문에 가지가 많지만 작은 나무라도(말이란) 몸

통에 비하면 역시 가지가 많습니다.

말이 나무와 같아서 말에도 질과 가지가 무수히 많다는 말입니다. 하여 여기서 다 말할 수는 없으나 말은 크게 좋은 말과 나쁜 말 등으로 구분되어 이번에는 언질과 언감(言感)으로 나누어 보겠습니다.

신조어인 언질과 언감에 대하여는 차차 말씀을 드리겠습니다. 언질이 말의 종류라면 '언감'은 말의 느낌입니다.

물론 말은 복잡한 성분을 가지고 있습니다. 얼마나 복잡한가의 문제는 도저히 다 말할 수 없습니다. 그래서 마침내 제22장까지 마칠 때 가서야 제가 드리는 말에 대한 전모가 드러날 것입니다. 그중에 언지나 언감이란 아주 단순화한 표현으로서 말이 가진 많은 속성 중에 대표적인 것 중 하나입니다.

말에는 이미 좋은 말과 나쁜 말이 있다는 말씀은 드렸습니다. 또한 말은 하여서 결실이 맺히는 성과가 얻어지는 말과 낙과로 추락하고 떨어지는 말이 있습니다. 목적을 달성하는 말이 있어서 대화를 통한 타협에 성공하는 말이 있고 목적달성에 실패하는 말이 있습니다. 천 냥 빚을 갚는 말이 있으며 반대로 빚은 빚대로 있고 만 냥어치의 욕까지 먹게 되는 말이 있습니다. 바로 이와 같은 예로 설명 드린 경우가 언질에 해당됩니다.

언감에는 마음을 열게 하는 말이 있고 마음을 닫게 하는 말이 있습니다. 기분을 나쁘게 하는 말이 있고 기분 좋게 하는 말이 있습니다. 마음을 돌아서게 하는 말이 있고 떠나게 하는 말이 있습니다. 기쁘게 하는 말이 있고 슬프게 하여 울리는 말이 있습니다. 위로하는 말이 있고 상처받게 하는 말이 있습니다.

이와 같은 말의 양상(樣相)과 말의 양태(樣態)는 말을 연구하고자 하는 우리 정신문화연구시리즈 본 '대화학 콘체르토'를 통하여 무수히 많은 언지와 언감으로 나누어지게 될 것이며 이는 곧 우리 연구원의 이 책 '대화학 콘체르토'의 골격이 되고 외양이 될 것임으로 우선은 여기까지만 말씀드리겠습니다.

일곱 번쩹니다. 그러나 우리 정신문화연구시리즈의 '대화학 콘체르토'는 어디까지나 기존 '언어학'을 보좌하고 아주 미세한 영역을 보완하자고 하는 데 목적이 있습니다.

미미하다 못해 그까짓 것은 별것 아니라고 무시하는 범주를 중요시할 것입니다. 이를 토지로 비유하면 본부지가 아닌 제척지에 해당합니다. 김칫거리로 비유하면 버려지는 시래기에 해당됩니다. 못 쓰게 된 헌 옷이라고 볼 때는 버리는 헌 옷으로 키가 작은 아이들의 옷을 만드는 것과 같습니다. 아니면 아예 밭에서 거두지 않아 영하의 날씨에 얼어서 물러 버리는 겨울 묵밭(묵는 밭)의 배추 나부랭이에도 비유됩니다.

이런 것들이 소중하여 '대화학 콘체르토'가 새로운 지평으로 어쩌면 아주 크게 부상할지도 모른다고 여겨 보배와도 같습니다. 반드시 실생(實生; 삶)에 필요한 영역을 찾을 계획이기 때문입니다.

이렇게 생각합니다. '대화학 콘체르토'는 학문일 뿐 인생실생(人生實生)과는 유격(有隔)이 있어 사람이 살아가는 데 보다 직접적이고 보다 실질적이며 보다 공감되고 보다 현실과 맞닿는 그런 학문으로 접목시켜 실생 현실에 적용하기에 유용한 '대화학 콘체르토'로 완숙돼야 한다는 것입니다.

일반 대중들이 쉽게 접근할 수 있는 '대화학 콘체르토'가 될 방도가 무엇인가? 바로 우리 정신문화연구시리즈는 이와 같은 사실주의와 현실 위주 학문탐구의 새로운 장을 열어 보겠다고 하는 뜻입니다.

이는 언어학의 관점에서는 미생의 '대화학 콘체르토'가 불손이요 불경이며 하극상에 해당될지도 모르는 망언이 될까도 우려합니다. 이 말은 타 학문의 경우가 그러한 것처럼 지나치게 전문화된 학문적 요소만 두드러져서 일반 대중들이 편안하게 실생활에 적용하기에는 상당량 미치지 못한다고 하는 심도에 대한 지적입니다.

끝으로 양해를 구하고 싶은 말씀이 있습니다. '언어학'에 미치지는 못하고, 그렇다고 높은 지식을 갖지도 못한 부족한 저는, 이제 셀 수도 없이 많은 말을 하고 또 많은 단어들을 찾아 골라 쓰게 될 것입니다.

이때 좋은 말을 찾지 못할 경우 부득이 새로운 단어를 만들어 사용하게 될 것입니다. 신조어에도 각별한 충고와 격려로 기탄없는 의견을 보내 주시기 바랍니다. 모쪼록 제22장까지 애정 어린 관심과 사랑의 채찍으로 동참해 주시기를 기원합니다.

/제3장/

말격 (格) 과 말성 (性)

말의 시원과 근원은 무엇인가?

　　　　　　　　　　　　첫 번쨉니다. 말은 어디로부터 오는가? 말의 시원과 근원은 무엇인가? 말을 깊이 연구하고 분석해 보면 말이 형성되어 생긴 모양새와 어느 정도 말의 정체 파악이 가능한데, 아래에 『말 기본표』를 만든 후에 말씀드리겠습니다.

　제1~2장에 이어 거듭 드리고 갈 말씀은 이 책은 국문학이 아니며 문법책도 아닙니다. 언어학과도 다릅니다. 일반적인 보통 사람들의 말을 이용한 대화법이라 할 '대화학 콘체르토'입니다.

　그러나 말에도 글(문장·문법)처럼 말의 형상이 있고 법(격)이 있으며 눈에 안 보이고 글로 쓰기 어려운 태(형체)가 있습니다. 문장이 문장으로써 존립하려면 체언이 있고 용언이 있다는 등 국문학에서 배우는 문법과 마찬가지의 말이라고 하는 말격이 있다는 점 중요합니다.

　말에도 말의 시초가 있고 과정이 있으며 현재가 있습니다. 언어학에서 말하는 세계인의 언어가 4,200가지에서 5,000여 가지 종류가 있다고 하는데 그 많은 모든 말들에는 말이라고 할 무형체지만 실체적

말형상과 말형체와 말의 원칙이 될 말이 말로서 존재하기에 갖춰야 할 격이 실존한다는 것입니다.

글자가 처음에는 없었다는 것 아실 겁니다. 그러면 말도 처음에는 없었다고 생각하십니까? 글자는 처음에 없었지만 말은 처음부터 있었습니다. 이를 증거하라면 아무도 못 하지만 말은 태초 인간이 태어나는 순간부터 있었습니다.

어떻게 아느냐 하면 첫 사람 아담을 만들고 그의 아내 하와를 만들어 아담에게 아내로 주니까 아담은 그 즉시 말을 했습니다. "이는 내 뼈 중에 뼈요 살 중에 살이라……."

우리라면 무어라 했을까를 생각해 보게 합니다. 말이 없었다면 모를까 말은 태어나면서부터 주셨으므로 하와를 보자 말부터 한 것인데 우리라면 저자라면 독자라면? "아 참 예쁘다~" 또는 "사랑해~" 라고 하였을 경우에 대해 지금 진위에 대한 논쟁까지 할 일은 아니라고 보고요.

아담이 고백한 첫마디는 많은 생각을 하게 합니다. 글자가 생겨난 것에 대해서도 제가 안다 할 자격은 없습니다. 그래서 상형문자라거나 글자보다 그림이 먼저가 아니었겠나 싶은 생각이 드는데 이 점은 아시는 분이 보완해 주시면 좋겠습니다.

아무튼, 문명의 발달로 인하여 현재의 글자는 과거처럼 바위에 그린 그림이나 고분벽화 형도 아니고 이제는 종이도 퍽 줄었습니다.

육필에서 컴퓨터 자판에 글을 쓴 것이 20여 년이 되어 갑니다. 종이에 글을 쓰면 오래 못 가서 바래고 부식되어 없어집니다. 만일 홍수가 나거나 불나고 전쟁이라도 나면 종이에 쓴 글씨는 기름종이도 소용없고 목판도 별수 없고 절벽 바위에 새겨 둬도 지진이나 풍해에도 없어지지만, 여기 노트북 워드로 자판에 써서 어딘가 서버에 저장하면 노트북은 망가져도 내 글은 살아 있습니다. 글자의 존재방법 이야기입니다.

요컨대 어딘가에 잘 보관하여도 USB가 망가지거나 그것을 잃어버리면 외장하드, CD저장 참 믿을지 말지 어렵습니다. 동영상도 무형이지만 누구를 믿고 포털 창고에 두면 될까요? UCC가 안전합니까? 아니면 tv팟이 더 안전할까요? 아무튼 또 누가 삭제라도 하는 날이면 다 없어집니다.

지금은 인터넷에 악플 달았다 삭제하면 끝이 아니라 다시 꺼낸다는 건 다 아는 일입니다. 내가 삭제해도 대통령 모욕죄로 처벌할 자료는 올렸다 지운 그 사이트의 과거를 복구하는데요, 녹음기도 그렇게 CCTV는 꼼짝 마 하고 되돌려 보여 줍니다.

이런 말 하려는 것이 아닙니다. 우리가 하고 버린 말…… 녹음한 일도 없고 동영상 CCTV에 찍힌 일도 없이 나 혼자 하고 버린 말이라거나 부부간에 하고 넘어간 비밀이야기 역시…… 우리의 말도 그대로 되돌려 복구시킬 날…… 여러분 그런 날 오겠습니까? 않겠습니까? 온다면 몇 년 후가 될까요?

부처님의 설법이 재생되고, 예수님이 산상에서 하신 산상수훈이나 갈릴리 해변에서 베드로를 부르신 그 음성, 겟세마네 동산에서 피땀 흘리며 기도한 그 기도가 복원된다 라거나, 십자가에서 외친 엘리엘리 라마 사박다니…… 또는 석가모니 부처님이 보현보살님에게 말씀하신 그 목소리가 다시 살아나 인터넷 검색처럼 클릭하면 재생되어 들려온다면 어떻겠습니까.

저는 그런 날이 오지 않는다고는 보지 않으며 마침내 우리는 시공 초월 시방 3세(과거, 현재, 미래)를 동시에 보게 되는 날도 올지 모른 다고 하는 말입니다. 불교는 이게 현생에서도 된다 합니다. 기독교는 이 정도에 이르려면 천국이며 영생에 들어가야 된다고 합니다. 누가 맞거니 틀리거니 하지 마세요. 우리는 지금 대화학 콘체르토로 가야 지 해찰 할 시간이 없으며 그건 본질도 아닙니다.

말은 하나님께로부터 옵니다. 이때 아니라는 이견이 있으신 분이 라면 편한 대로 생각하고 믿으셔도 괜찮습니다. 조상신이라 하셔도 좋고 천지신명이라고 믿어도 상관없습니다. 전부 아니고 수천만 년 전 인류가 세상에 태어나 살면서 수만 년에 걸쳐 정하여 쓴 것이 점 점 모이고 쌓여 보이지 않는 원칙이 만들어졌다는 주장으로 진화된 것이라고 믿어도 좋습니다. 저는 다만 기독교인이므로 성경에서 배운 대로 말은 하나님이 주셨다고 할 것입니다.

불행히도 말의 시초를 아는 사람은 아직 지구상에 없습니다. 첫 말을 직접 들어 본 사람도 없고 그게 언제부터인지 아는 사람도 없습니다. 5,000개의 말과 말이 처음 어떻게 그렇게 굳어졌다고 자신 있게 말 할 박사도 없고 있어도 틀립니다. 저자의 경우는 성경이 말한 대로 원래의 말은 같았고 하나였으며 바벨탑 축조로 말을 헝클어 다시는 이런 짓을 못하게 하려면 말이 틀려야 한다고 하여 수만 명이 모두 다 소통이 안 되는 순간 그네들의 후손들로만 말 줄기를 이어지게 하 여 세상의 언어가 5,000개만 보존된 것이다……. 이때 이렇게 주장한 저자의 주장은 옳고 그르고는 본말 이탈입니다. 그저 말을 어떻게 하며 대화에 대한 기본 학문 대화학 콘체르토를 위해 보조용도로 한 말입니다.

또 전도와는 무관하나 말이 하나님께로부터 온다는 이유는 하나님은 곧 말씀이시라 하셨기 때문인데 이때의 말씀이란 우리가 하는 말을 말하는 게 아니라 생각과 뜻을 담은 의지입니다. 그러면서 또 말이라는 성질이 혼합되었습니다.

다시 말해 하나님은 말씀으로 천지를 창조하셨는데 바로 이때의 이 말씀이란 '뜻과 생각'이라고 볼 것이나 동시에 이 말은 말 그대로 '말'이기도 하다 하여 성경이나 신학적으로 문제가 없습니다.

이때의 말씀이란, 하나님은 삼위로 계신 성부·성자·성령 간의 말이기도 하고 창조함을 받게 될 그 대상에게 하신 말도 된다고 보는 것입니다.

그러나 이런 주장을 받쳐 줄 근거는 성경 말고는 어디에서도 출처를 찾을 수가 없으므로 비크리스천이신 분들도 편하게 그냥 제 말을 인정해 주시기 바랍니다. 그래야 글을 풀어써 갈 수가 있어서 드리는 말씀입니다.

하나님(말씀, 말)			
↓			
생각(하나님의 영)			
↓			

구분	생각의 토양	토양의 특성	말의 근원	말 뿌리의 특성
뜻	*생각하게 하는 환경→	*생각을 다듬고 골라 가며 수정 후 착상→	*생각·뿌리→	*성장성→ 말하기→않기

↓			
말			

하나님의 말씀은 지금 우리의 생각을 거쳐 말이 되어 아주 적은 극미소량이 분배되어 있습니다.

이로써 하나님이 천지를 창조하신 것과 같이 인간도 분배받은 생각으로 자동차도 만들고 집도 짓고 아기도 낳으면서 산업과 사랑, 출산과 육아 기능을 하도록 하게끔 하나님의 형상대로 쏙 빼닮았습니다(생각학 참조).

그러니까 위와 같은 표가 만들어집니다. 말씀으로 존재하시는 하나님은 하나님의 말씀에서 우리에게 우리가 하기에 좋은 생각으로 분배하시고 생각이라고 하는 과정을 거쳐서 우리가 하는 이 말을 만들어 사용하게 하십니다. 이때 하나님이란 단어에 대하여 비기독교인 독자는 창조주가 아니라면 부처님이라고 들어도 본질은 지금 말에 대한 것이 줄기라는 것만 기억하기 바랍니다.

그러나 이와 같은 말에 대하여 쉽게 말로 설명하기에는 너무 복잡하고 어려운 과정을 거치게 되므로 명확한 설명을 하기가 참 어렵습니다.

다시 말해 말은…… 어떤 공장에서 만들어지는 제품 만들기와 유사한 말 제조의 과정을 거쳐 만들어져서 우리의 성대를 통하여 입으로 나오게 됩니다. 그러면 이제 간단하게 말이 만들어지기까지의 과정을 다시 한번 말씀드리겠습니다.

먼저 그로부터 오는 생각은 우리의 생각환경에 해당하는 『생각의 토양』이라고 하는 인체의 특수한 부분에 정착한다고 보기로 합니다.

여기는 생각이 자라나기에 적합한 조건이 갖추어져 있습니다. 눈은 본 것을 내어놓게 하고 귀는 들은 것을 내어놓습니다. 또 감각이라고 하는 느낌과 닿아서 인식하는 촉감을 비롯한 오감과…… 무엇보다도 뇌라고 부르는 정교한 인지 기능이 복합되어 있습니다. 당연히 생각의 창고인 생각의 토양은 이렇게 간단히 말하기 어렵습니다.

미생물 박테리아로 비유하면 온도와 습도가 박테리아가 생기고 살아가기에 알맞아야 한다는 것으로 비유됩니다. 이렇듯 생각의 토양은 이 생각이 자라기에 알맞은 모든 여건이 구비되어 있습니다.

그런 다음에는 생각의 환경에서 다음 단계인 생각의 착상이라고 말한 토양의 특성에 따라 생각들이 만나고 헤어지는 등등 결집하는 수정의 단계에 접어듭니다(여기서 '수정'이나 '착상'이라고 하는 단어는 잉태에서 사용하는 단어를 차용함).

남성 정자의 수량만큼이나 많은 생각들은 난자와 만나 사랑(합당함)으로 수정하여 착상의 단계에 들어서는데 이때를 '결심'이나 결정·확정이라고 하거나 '내심' 또는 미언이나 내언이라고 이해하셔도 되겠습니다.

그로부터 착상된 생각은 잉태한 영아와도 같이 모태에 자리 잡고 앉아서 엄마에게 풍성한 영양을 흡수하며 자라나는데 이 역시 생각을 영아로 비유하여 드린 말씀입니다.

이번에는 생각의 비유를 나무로 옮겨 보았습니다. 생각을 나무뿌리로 비유하면 말씀드리기가 좋기 때문입니다.

씨앗에서 발아한 새순(생각)은 아직도 땅속에 있습니다. 아직 세상 밖으로 나오려면 그에 앞서 갖추어야 할 것이 많은데 첫째로 말의 근원이 되는 바로 뿌리를 내리는 것입니다. 이어서 설명 드리겠지만 뿌리는 사안(事案)에 해당합니다. 사안은 말의 내용입니다.

여기까지의 과정을 거친 생각은 뿌리가 가진 특성에 따라 성장합니다. 성장은 제조공정에서 다듬기하거나 숙성 등으로 비교할 수 있는데 아무튼 부족하나마 이런 과정을 거쳐서 성장한 생각은 그로부터 '말'이 되어 우리가 사는 이 세상에 '말'로 활동하는 것입니다.

두 번쨉니다. 이번에는 말을 분해하고 말은 어떤 요소로 구성되어 있으며 그 성분은 무엇인가를 알아보기로 하겠습니다. 이에 말의 구조와 성분의 조직을 아래에 『말머리 표⊙』으로 만들어 보겠습니다.

말		
구분	말격(格)(인체비유시: 육체)	말성(性)(인체비유시: 영혼)
뜻	*하고자 하는 말의 구성과 내용 *구조: 사안성/논리성/소리성/문화성	*하고자 하는 말의 목적과 성취 *영성(목적성)/감성(공감성)/결성(취득성)

위 『말머리 표』는 말의 구조를 최대한 줄여 본 경우입니다. 그 결과 말은 격(格)과 성(性)으로 조직되었음을 알 수 있습니다.

물론 격(格)과 성(性)은 이로부터 수십 갈래의 가지를 뻗고 나갈 것입니다. 그래서 앞으로 많은 표를 만들게 되는데 『신개념코스』 '대화학 콘체르토'로 가는 우리 정신문화연구시리즈는 등산로가 없는 초행길이어서 등산장비를 다르게 갖추고 올라가야 하기 때문입니다.

말은 말이나 글로 설명하기에는 미치기 어려운 복잡한 구조를 가지고 있습니다. 말을 분석하고 분해하면 사람의 육체와 같아서 먼저 말이란 일정한 형태를 가지고 있는데 크게 둘로 나누면 첫째는 '말격(格)'입니다.

'격(格)'이라 함은 사람으로 비유하면 '체격(體格)'이라고 할 때의 '격(格)'입니다. 사람의 체격은 몸이라고도 하고 육체라고도 하는데 격을 그런 말로 이해해도 관계없습니다. 좀 더 인체구조에 비유하실까요?

머리·몸통·사지…… 우선 육체를 이렇게 세 가지로 나누는 것처럼 말격 또한 셋으로 분류한다고 해 봅시다. 먼저 말의 격은 하고자 하는 말을 구성합니다. 이는 크게 구성과 내용입니다. 위의 표를 보심으로 이쯤에서 줄여도 되겠지요?

아무튼 사람은 체격이라 부르는 신체의 구조를 가짐으로 말미암아 사람의 요건을 가진 사람으로 인정을 받습니다. 이처럼 지세히 들여다보면 말도 인체처럼 '말격'을 갖추어야 말로서 존재되고 말이 받는 말 대접을 받습니다.

말의 격은 차차 상세한 말씀을 드리겠습니다마는 사안성과 논리성과 소리성과 문화성으로 구성되는데 이것은 다음 장에서 논하기로 하겠습니다.

아무튼 계속 말의 대분류와 소분류로 말의 구조를 찾아 들어갈 것입니다. 이제 말한 사안이나 논리는 상세 분류라고 하는 소분류입니다. 대분류는 '말격'과 '말성'입니다. 그렇다면 말성이란 무엇일까요?

말은 말격은 물론 '말성'을 갖추어야 완전한 말의 요건을 갖춘 말이 된다고 하였습니다. '말성(性)'이란 말의 조직에서 목적을 이루어내는 영역의 질성입니다. 역시 위의 표에서 보시는 것처럼 말성은 말하는 목적과 성취와 결실을 맺는 결과로 세분됩니다. 세분에 관한 상세한 말씀역시도 차차 드리기로 하겠습니다.

이처럼 육체나 영혼이나 천하 만물을 포함한 존재하는 모든 것은 아무튼 존재구조와 존재목적을 가지고 있습니다. 말도 이와 같아서 말은 말의 골격을 가지고 사람의 육체와 동일하다고 할 정도로 활발하게 살아 움직이면서 자기의 목적을 위해 고군분투한다고 하는 것입니다.

세 번째입니다. 말은 말을 하는 사람의 의사표시 수단입니다. 그러므로 말이 존재하는 이유는 남에게 자기의 의사를 전달하기 위함입니다. 그래서 말은 말다운 조직을 갖출 때 말하는 사람의 말하는 내용이 전달되는데 주지 하신 바와 같이 이를 '말격'이라 한다고 하였습니다. 이번에는 말의 격에 대하여 『말격 표ⓛ』을 만들겠습니다.

말격(格)			
구분	사안성(事案性)	논리성(論理性)	소리성	문화성(文化性)
뜻	*말의 뿌리(주제)	*육하원칙	*언어구사력	*상통기능(품격)

말격의 기둥뿌리는 사안성입니다. 뿌리라 함은 하고자 하는 말의 본질입니다. 먼저 말의 뿌리가 되는 사안(事案)에 대한 말씀부터 드리겠습니다.

'사안'이란 『말하게 되는 이유』로서 어떤 성질을 가질(말할) 것이냐고 하는 것으로, 사안이란 목적이 되는 말의 내용중심에 해당합니다. 사랑을 위하여 남녀가 만났다면 목적이 되는 주제(사안)는 사랑입니다.

부부의 경우는 한 예를 들어서 이 아파트를 팔고 새로 살 거나 말거냐거나, 팔면 얼마에 팔 것이고, 사면 어디다 살 것이냐고 하는 것이나, 얼마에 사면 대출은 얼마를 받을 것이며, 그러면 월 이자는 얼마이고 관리비는 얼마가 되는가의 문제, 그러면 학군은 어떠하며 직장과의 거리관계는 어떠한가 라고 하는 등등을 가리켜 '사안'이라고 합니다.

그러니까 사안은 주제이고 본류(本流)요 본질입니다. 이것이 나무로 말하면 나무의 뿌리에 해당됩니다. 뿌리 없는 나무가 존재할 수 없는 것처럼 사안은 말이 되게 하는 근본에 해당됩니다.

그러니까 주제와 본류에서 이탈한 말은, 말은 말이지만 말이 되는 말이 아닙니다.

이런 말을 하는데 저 말을 하거나 필요한 말이 이것인데 저것을 말하는 것은 뿌리 없는 나무와 같이 말도 중심을 잃은 본질에 맞지 않는 말입니다.

그래서 말을 하려고 하면 말의 내용이 되는 사안을 명확하게 인지하고 말에 참여해야 합니다. 이 경우 차라리 아무것도 모르는 사람은 아예 말에 끼어들지 않기 때문에 문제될 게 없습니다. 문제는 사안을 제대로 파악하지 못한다거나 대충 알고서 대충의 짐작으로 하는 말은 『말다운 말』에 속하지 못합니다.

오히려 『말 같지 않은 말』로 추락합니다. 다시 말해 뿌리가 없거나 뿌리를 내리지 못한 말이 되어서 말하는 목표에 이르지 못하고 빗나가는 화살처럼 과녁에 적중하지 못합니다.

이처럼 말은 격을 갖추어야 하므로 말의 격에서 사안성의 중요성은 두말할 필요가 없습니다. 뿌리가 없는 말은 푼수 취급을 받아서 주제 파악을 못한다느니 심지어는 똥오줌을 못 가린다는 웃음거리가 되고 맙니다.

다음으로 중요한 것은 말의 논리성입니다. 이 또한 매우 중요한 것이어서 가령 논리성을 갖추지 못한 말을 한다면 이는 횡설수설한다는 비난을 받게 됩니다. 더 심한 말로 하면『돌대가리』취급을 받습니다. 이 논리성은 사람을 똑똑하다고 인정받게 합니다.

사실 말을 잘한다는 것은 이 논리성에 달렸습니다. 논리성이란 무엇일까요?『사안별 육하원칙』을 말합니다. 육하원칙 아시지요? 누가 · 무엇을 · 언제 · 어디서 · 왜 · 어떻게……입니다.

앞에서 예를 들었던 사안에 대한 말씀에서 아파트를 팔고 다른 데로 이사를 간다고 하는 말을 하는 데 있어서 갑자기 아내가 밑도 끝도 없이 "자기야 우리 팔고 가자"라고 한다면 무엇을 팔고 어디를 가자는 건지가 빠졌습니다.

말의 논리성이 결여된 경우로서 문법(문장)에도 맞지 않고 육하원칙에 위배된 말입니다. 그러나 그래도 불편을 못 느끼는 게 부부 사이이기는 합니다.

"뭘 팔아?" 이렇게 물으면 "아파트 말이야" 이런 식으로 이상 없이 대화가 되기는 합니다. 그러면 또 묻습니다. "어디로 가자고?" "강남으로 가자니까—" 하나도 이상한 게 없습니다. 부부의 대화는 이래도 통하고 저래도 통하고 이러건 저러건 교감하고 상통합니다.

그러나 이 경우 현저히 불량한 말격의 논리성을 아무도 지적하지 않습니다. 그렇다면 논리성이고 육하원칙이고 필요가 없을까요? 그렇지 않습니다.

말의 형식이 뒤바뀌어서 그렇지 결국은 논리성이 맞아 들어가야 말이 된다는 것은 절대적입니다.

예를 들어 아내가 이제 말한 것과 똑같은 말을 전화로 했다고 가정해 봅시다. "자기야 우리 팔고 가자" 여기까지 말하고 전화가 끊겨서 불통이 된다고 쳐 봅시다. 도대체 이게 무슨 말인지 알아들을 길이 없습니다. 그러므로 말은 논리를 갖췄을 때만 말이라고 해야 합니다.

다음은 말의 격에서 역시 중요한 위치를 차지하는 소리성이라고 말한 언어구사력입니다. 말은 하기에 따라 다릅니다. 같은 말도 언어구사력이라고 하는 말의 활용성에 따라 효과도 다르고 느낌도 달라서 무엇보다도 결과의 차이가 현저한 게 말입니다.

우선 말이란 무엇일까요? 말을 단순히 물리적으로 설명하면 이러합니다. 발음체(성대와 호흡기)가 외부자극에 의해 일정한 진동을 받아 일정한 소리를 내는 공명(共鳴), 즉 그래서 들리는 소리가 말입니다.

이것은 후두부에 성대라고 부르는 기관에 호흡을 이용한 가압과 호흡방출 및 호흡정지 및 호흡작용의 효과에 의해 발생하는 것으로서 이로서 말이 『말격』의 물리적 요건을 갖추어 소리가 되어 나오는 현상입니다.

그러므로 말은 호흡이 정상인 사람에게는 호흡과도 같이 특별한 힘을 요구하지 않기 때문에 건강한 사람은 물리적으로 소리를 내고 말하는 것에 특별한 에너지가 소모되는 것을 느끼지 못합니다.

그러나 만일 건강이 나쁜 사람, 그중에서도 특히 폐로 대변되는 호흡기계통이 약한 병자는 말하는 것에 어려움을 겪게 되어서 통증을 느끼기도 할 뿐만 아니라 특히 만들어 내는 말에 흠결이 많아서 말의 질이 현저히 저하되어 『말격』이 온전하지 못하게 됩니다.

그래서 선천성이거나 후천성을 막론하고 말을 못하는 농아인의 경우에는 말 대신 수화(手話)를 쓰는데 수화는 수화로서의 수화격(手話格)에 해당하는 말과 동일한 소리성을 손동작으로 대신하는 것을 보게 됩니다.

수화를 배워 보면 소리성의 귀중함을 알 수 있습니다. 예를 들어 말이 100%의 성과를 거두기에 100%의 에너지가 소모된다면 수화는 70%의 효과를 얻는 데만도 200%의 에너지와 시간이 소비되고도 내용파악에 명료성이 떨어집니다. 그런데 사실은 제가 이 말을 하고자 함이 아닙니다.

말격의 소리성은 똑같은 언어장애가 없는 사람들에게도 천 층, 만 층의 등급이 있다는 것입니다. TV에서 아나운서를 많이 보실 겁니다.

말의 소리성은 70억 세계인구가 1등부터 70억 등까지 한 줄로 서야 할 정도로 공동 1위나 공동 2위도 없는 정말 어려운 것이 말격의 소리성 문제입니다.

다음은 말격의 문화성입니다. 말이 말의 격을 가진다는 뜻은 말이란 말의 존재 자체에는 물론 활용적인 측면과 효과적인 측면에서 반드시 문화적인 말격을 갖춰야 한다는 것입니다.

말의 문화는 거창하게 나가면 세계 각국의 수많은 민족들의 말과 그들의 말격 문화까지 나아가야 합니다. 그러나 이는 앞선 학문의 '언어학'보다 높고 깊숙이 들어갔을 뿐만 아니라 우리 정신문화연구시리즈로서는 미치지 못합니다.

또 말이란 단순 영어면 영어에 그치는 것이 아니라 영어를 사용하는 사람들의 독특한 문화가 있기 때문에 이는 단순 '대화학 콘체르토'를 초월하여 인류의 관습이나 문화사나 풍속사를 동원해도 부족합니다. 그러므로 최대한 압축해서 말의 문화성에 대하여 한 마디 예를 들어서 말씀드리겠습니다.

바로 말에는 위아래가 있어서 존대와 평대와 하대와 같은 시대적 문화성을 말격으로 갖추어야 한다는 것입니다.

또 말격과 말격의 문화성은 다양합니다. 시아버지가 며느리에게 하는 말이 있고 며느리가 시아버지에게 하는 말이 다릅니다. 이는 또 다른 말의 품질이라거나 품격(品格)에 해당됩니다.

상통기능이 언어라면 말의 품격은 언어의 문화성입니다. 그래서 말은 상대에 따라 달라서 상대성이 있습니다. 상대성이란 말도 결국은 말격의 문화성을 가르칩니다.

네 번쨉니다. 이번에는 말의 '말성'에 대하여 말씀드리겠습니다. 말성이란 말의 본질이 되어서 이를 위해 '말격'이 존재합니다. 아무리 말격이 완벽하여도 '말성'이 결여되었거나 말성이 불분명하면 그 말은 어떤 결실이나 목적도 거두지 못합니다. 다음의 『말성 표ⓒ』을 보시겠습니다.

말성(性)				
구분	목적성(目的性)	성취성(成就性)	공감성(共感性)	취득성(取得性)
뜻	영+혼+얼+메시지	근면+열정	동의+이의	결실(성공)+낙과(실패)

위 표를 통하여 이제 말성의 구조를 분석해 보겠습니다. 말하는 목적이 있고 성취하려는 의지가 있고 효과적이라는 측면으로 넘어가면 동의와 거부를 나타내는 공감성이 있고 끝으로 성공이냐 실패냐를 가름하는 취득성이 있습니다.

말은 이와 같은 네 가지의 말성적 요소를 갖추지 못한다면 말을 하면 할수록 정신 나간 사람 취급을 받습니다. 얼빠진 사람과 같습니다.

사지 육신이 멀쩡해도 식물인간은 말도 생각도 못하는데 말성이 갖춰지지 않은 말은 식물인간과 다를 것이 없어서 살아 있으나 의식 불명의 산송장하고 똑같습니다. 그러므로 말은 말의 절대적 요소인 말성이 요구됩니다.

첫째로 말의 목적성입니다. 말은 해야 맛이라지만 말은 왜 하느냐고 하는 것과 무엇을 말하는 것이냐고 하는 말의 목적이 있습니다. 그래서 말에는 말의 맛이 있습니다.

말맛이 없는 말은 말의 목적성이 결여된 경우입니다. 생각 없이 지껄이는 말이 아니라 혼(정신+목적)이 살아 있는 말을 해야 합니다. 얼빠진 말이 아니어야 합니다.

또렷한 메시지가 내포된 말을 해야 합니다. 이를 바로 말의 목적성이라 하는데 앞서 예를 든 아파트를 팔고 사는 문제라면 사안성에 해당합니다.

그러나 말격에서의 사안성과 말성에 서의 목적성은 비슷한 것 같으나 다릅니다. 무엇이 다른가 하면 그 경우는 말을 조직하는 문화적, 논리적 측면의 말격이지만 이 경우는 말의 생명력에 관한 말성입니다.

다음은 말의 성취성입니다. 역시 거의 제가 만든 신조어여서 이해에 불편이 있을까도 우려됩니다.

말성의 성취성이란 말하고자 하는 의지, 열정, 꾸준한 도전, 말 할수 있는 여건조성과 분위기 조성 등등이 이에 포함됩니다. 말을 하고자 하는 의지가 약한 말은 생명이 없는 말이 되어 말을 한다 해도 상대에게 먹혀들지를 않습니다.

또 말성의 성취성이 부족하면 분한 마음도 너그러운 마음도 아닌 허약한 말 병자로 전락합니다. 말 병자란 육체로 말하면 중환자에 해당합니다. 중환자는 병이 깊어서 정신노동도 육체노동도 못하는 불구자나 다름이 없다는 뜻입니다.

이번에는 말의 공감성입니다. 아무리 말격을 조성할 때 철골 골조를 튼튼히 했다 하여도 상대에게 반감을 일으키는 말이라면 말 제작이 잘못된 경우입니다.

말 제작이라 함은 이제까지 말씀드리는 말의 도면(연구내용) 전체를 가리킵니다. 말이 제작된다는 것에 공감하시나요? 공감되는 말은 상대와 말하고 들을 때 듣고 말하는 맛이 납니다. 그러나 반감은 말할 맛이 떨어집니다.

그래서 공감성에 대한 검토가 중요합니다. 상대가 지금 부부싸움을 해서 혈압이 잔뜩 올랐을 때는 공감성의 효과가 현저히 떨어질 것이므로 이런 때는 말을 피하는 것도 하나의 공감성 관리기술에 속합니다.

그러나 이보다 더욱 중요한 것은 말의 말격 일체와 말성의 말성적 4대 요소가 완벽하여서 상대에게 공감을 받아 내는 말이 존재와 활용의 가치가 있는 말입니다.

끝으로 말성의 취득성입니다. 말을 했으면 말한 대가를 얻어내야 그것이 말한 이유요 가치입니다. 더불어 이때 결실이냐, 낙과냐의 성공과 실패가 나타납니다.

이게 얼마나 가슴 졸이는지 모릅니다. 그래서 영적인 요소와 지적인 요소와 감성적인 요소가 모두 성공과 실패로 나오는 것이기에 말은 착오 없이 실과를 얻어내기 위해 말격과 말성을 총동원해야 합니다. 모쪼록 말다운 말을 하셔서 실패 없는 성공의 결실이 넘치시기를 기원합니다.

/제4장/

말격(格)의 구조

𝓜 말격의 구성요소, 발생과 성장

말의 형상은 크게 두 가지로 구성되어 있습니다. 이번에는 말격의 4대 구성요소라 하고 말격의 구조에 대한 말씀을 드리겠습니다.

첫 번쨉니다. 먼저 말이 만들어지는 시간에 관해서입니다. 우리가 하는 말은 말하는 우리 자신도 모르는 한순간에 나오고 번개처럼 찰나에 튀어 나가게 되기 때문에 자칫 『말의 발생』과 『말의 성장』이나 『말의 구조』에 대하여 생각할 틈이 없습니다.

그래도 그게 무슨 필요가 있느냐고 무시합니다. 또 나는 성미가 급해서 하고 싶으면 해야지 말은 못 참는다고도 합니다. 이와 같이 주장하는 사람들에게는 일반 학문의 '언어학'도 그렇지만, 우리 대학의 새 코스 '대화학 콘체르토'고 구 코스 '대화학 콘체르토'고 간에 상관이 없을지도 모릅니다.

그러나 아무리 급하게 말이 튀어나오는 사람도 우리가 하는 모든 말은 말에는 구조가 있고 그 구조는 말하는 사람이 순식간에 제작해

낸 말격에 따라나오는 것이라는 사실은 부정하지 못합니다.

　말은 상대의 말이 떨어지기가 무섭게 0.1초 만에 튀어나올 정도로 빠릅니다. 그러면 이렇게 빠른 말은 과연 생각이고 만들고 뭐고라고 하는 것이 없을까요? 성미가 급한 사람은 따질 것 없이 말부터 나오는 것일까요?

　말에 대하여 연구하기 시작하면서 우리는 말의 구성요소에 대하여 많은 연구를 하였습니다마는 말도 사람의 몸과 같은 체격을 가졌기에 이를 '말격'이라고 하고 있는데 이와 같은 말격은 말하기 전에 이미 만들어 놓았다가 순식간에 말이 되어 튀어나오는 것은 아니라고 봅니다.

　우리는 쉽게 빠른 것의 기준을 대개 1초라는 기준에 두기 때문에 말의 빠르기를 설파(說破)하기는 어렵습니다.

　그러나 빠르기에 대하여 우리 몸이 인지하는 인지감각능력은 1초에 한 발자국을 걷는 정도여서 불과 50cm에 불과합니다. 그러니 단 1초 이내에 대답하는 말이 튀어나오는데 따질 게 뭐가 있느냐고 생각하기 쉽습니다마는 그렇지가 않습니다.

　어떤 사람은 0.1초도 안 되는 찰나, 즉 상대방의 말이 떨어지는 순간에 그에 대응하는 말이 나오는 것을 보게 됩니다. 그러니까 언제 말의 구조를 살피고 말의 형태를 만들고 논리나 말맥을 언제 만들고 점검하느냐고 여기기 쉽습니다.

　우리의 몸(걸음)이 1초에 50cm를 간다고 할 때, 말이 0.1초에 튀어

나오면 이는 1초의 10/1이므로 5mm, 거리로 환산할 때『5mm는 0.1초속』이라는 계산이 나옵니다.

그런데 실제로 말은 어느 정도 빠르게 튀어 나갈까요? 말(소리·음속)은 1초에 331.5m를 갑니다. 그러니 말은 0.1초에 33.15m를 가니까 우리가 인지하는 빠른 대답의『5mm는 0.1초속』과 비교하면 음속은 『331.5mm는 0.1초속』이기 때문에 실제는 666배나 빠르다는 것을 알 수가 있습니다.

그렇다면 과연 말을 만드는 실제 말 제조의 과정은 얼마나 빠를까요? 지금 우리에게는 이게 중요합니다.

이미『말을 만드는 기관은 생각』이라고 하는 말씀은 누차 드렸습니다. 그리고 생각은 하나님의 영에서 분배받은 것이라고 하는 말씀도 드렸습니다(생각학 참조). 그렇다면 생각을 말로 만들어 내는 하나님의 영은 얼마나 빠를까요?

하나님의 영을 빠르기로 말한다는 것은 불가능입니다. 그러기 때문에 사람의 생각에 대한 빠르기를 논한다는 것도 불가능한 영역입니다. 그저 상상은 해 볼 수밖에 없습니다.

자―그럼 과연 사람이 하는 말을 만드는 생각의 속도는 얼마나 될까요? 현대 과학이 밝혀낸 빠르기 가운데는 음속보다 비교도 안 되게 빠른 것으로 빛의 속도인 '광속(光速)'을 사용합니다. '광속'은 1초에 299,792km를 갈 정도로 아주 빠릅니다. cm에서 m로, m에서 이제는 km로 갔으니까 광속의 빠르기는 초당 7바퀴 반을 돌아치는 빠르기라는 것을 알게 됩니다.

그런데 초당 지구 7바퀴 반을 도는 빛이 1년 동안 가는 거리를『1광년』이라고 한다는 것은 아시지요? 우리 태양계가 속한 은하군단의 폭이 15만 광년이라고 하는 사실과 우리 군단에서 가장 가까운 안드로메다 은하군단까지의 거리는 230억 광년이라는 말은 들어 보셨습니까?

군단 위에 성단이 있고 성단 위에 우주가 있는데 최근 발견된 가장 먼 거리에 있는 별자리까지의 거리는 120억 광년이라고 하는 말도 들어 보셨습니까?

말이 딴 데로 한참을 나가 다니다가 너무 늦게 돌아온 감이 있어 죄송합니다마는 말이 만들어지는 과정을 말씀드리기 위함입니다.

그렇다면 말과 광속의 빠르기는 어떤 관계가 있을까요? 광속보다 빠른 것이 말을 만들어 내는 생각의 빠르기라고 하는 사실입니다.

말을 만드는 생각의 빠르기는 광속으로도 나타내지 못할 정도로 빠릅니다. 왜냐하면 생각은 하나님의 영에서 분배된 것으로서 하나님의 영은 230억 광년의 거리를 가는 데 걸리는 시간이 1초도 안 되는 편재성을 가지고 계시기 때문에 동시에 어디에나 계실 정도여서 수백억 광년의 별과 별들도 한순간 동시에 오가시고 계시기 때문입니다.

우리의 말을 만드는 생각의 속도도 이와 같습니다. 이는 우리가 순간에 튀어 나가는 말도 알고 보면 순간이 아니라는 사실입니다.

아무리 생각이 빠르고 말이 빨라서 참지 못하는 사람의 말도 1초, 2초와 같은 초 단위로 평가하고 말하면 안 된다는 것입니다.

수억 만리 길과 과정을 거쳐 왔으며 우리가 감각하지 못하는 빠르기로 만들어지는 것이 말이라는 말씀입니다.

구체적으로 말이 만들어지는 빠르기에 대한 것 역시도 저는 잘 모릅니다. 다만 음속보다 빠르고 광속보다 빠르고 광년보다도 빠르고

230억 광년하고도 비교되지 않는 것이 생각의 속도여서 여기에 이름을 만들어 붙인다면 생각의 속도라는 뜻을 줄여서 '생속'이라 할 것이며 하나님의 속도는 '영속(靈速)'이라 하겠습니다.

영속은 생속과 비교하지 못하고 생속은 광년과 비교되지 않습니다. 광년은 광속과 비교될 수 없으며 광속은 음속과 비교될 수 없습니다. 그런 다음에 가서야 km나 m나 cm를 말할 수 있습니다.

그러므로 말을 만드는 과정을 단순히 빠르다는 말로는 의미가 없습니다. 말은 아무리 빨리 만들었다고 해도 그것은 우리가 잘못 아는 말에 대한 무지의 결과일 뿐입니다. 그래서 말이 빠르게 튀어나오고 참고 못 참고의 문제하고 나는 성질이 급하다고 하는 것하고는 큰 상관이 없습니다.

아무튼 우리는 우리가 하는 말에 책임을 져야 합니다. 내가 생각 없이 금방 결정한 것이 실수였다고 하는 말은 말을 만드는 '생속'에 대하여 모르고 하는 말입니다. 말은 헤아릴 수 없는 깊고 넓고 높은 지경을 거쳐서 우리의 상상을 초월하는 시간을 수억만 배로 늘려서 만들어지는 생각기관의 열매라고 하는 사실입니다.

인간은 이렇게 빠른 말의 보배를 받았습니다. 천하 모든 만물 가운데 이와 같은 말의 기능을 받은 생명체는 인간밖에 없습니다. 이에 대하여 이론(異論)을 제기하는 말은 그냥 흘려듣고 말입니다.

동물 가운데 어떤 동물이 본능적으로 어떻다고 하는 말을 하면서 인간에 버금가는 말의 능력을 가졌다거나 본능적으로 생각의 기능을 가졌다고 하는 말도 듣게 되는데 인간에게 주신 말의 기능과는 그 질성을 달리한다는 것에 동의하여 마땅하다는 것입니다.

두 번째입니다. 우리는 이제 말이란 우리가 생각하는 것과는 달리 우주를 여행하는 것과 같은 엄청난 과정을 거쳐서 만들어진다는 것을 알았습니다.

다만 우리가 육체를 가진 인간이기 때문에 우리의 말이 만들어지는 과정과 시간에 대하여 인지하지 못할 뿐이라고 하는 것도 알았습니다.

그러니까 말은 절대로 생각할 시간이 없거나 부족하지 아니합니다. 분명 우주를 나르는 기나긴 과정을 거쳐서 우리가 하는 말이 만들어진다는 것이 맞기 때문에 아무리 급하게 대답하고 말하여도 시간이 부족하다는 말은 맞는 말이 아닙니다.

시간의 문제가 아니라 말의 말격 조직에 하자가 발생한 것이라고 해야 옳은 말입니다. 이 말은 곧 우리 신개념 '대화학 콘체르토'에서 말하는 '대화학'의 새로운 분야의 문제입니다.

여기서 말이 만들어지는 과정에 대하여 말씀을 드리겠습니다. 먼저『말격 의 도표㉣』를 보시겠습니다.

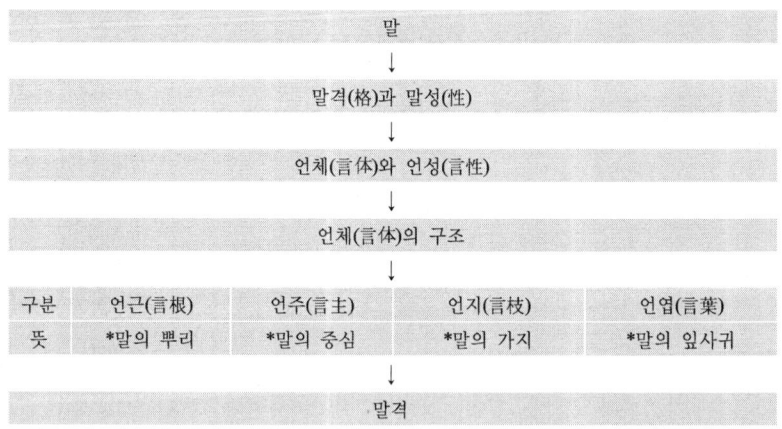

말
↓
말격(格)과 말성(性)
↓
언체(言体)와 언성(言性)
↓
언체(言体)의 구조
↓

구분	언근(言根)	언주(言主)	언지(言枝)	언엽(言葉)
뜻	*말의 뿌리	*말의 중심	*말의 가지	*말의 잎사귀

↓
말격

위에서 보셨듯이 그렇다면 이제부터 말격의 구조를 연구해 보기로 하겠습니다. 말격이란 제2장에서 이미 상당 부분 말씀을 드렸습니다마는, 거기서 빠진 것 중에서 중요한 것을 보다 상세한 내용에까지 살펴보겠습니다.

말은 말격과 말성으로 조직되었다는 말씀은 드렸습니다. 말격과 말성은 다시 언체와 언성으로 나누어지는데 먼저 왼편에 배치된 말격 쪽을 연구해 보기로 하겠습니다.

『말』은『말격』이 되고 말격은『언체』가 되고 언체는『언근』과『언주』와『언지』와『언엽』의 구조를 가지고 있습니다. 역시 이제 말씀드리는 모든 단어들은 신조어로서 우리 정신문화연구시리즈 신개념 '대화학 콘체르토'를 위하여 선택한 단어들입니다.

먼저 '언체'란 문법에서 말하는 체언(임자씨)과 같게 들리겠으나 다릅니다. 이 책은 문법처럼 글로 쓰는 문장이 아니라 말로 하는 대화입니다.

언체는 말격에서 세(細) 분류된, 즉 말의 골격입니다. 골격이란 '뼈'에 해당하는 것으로서 말을 말로써 존재하게 하는 중요한 기능을 담당하고 있습니다.

언체가 부실한 말은 말격을 갖추지 못해서 말성을 이루지 못합니다. 이 문제에 관해서 우리는 이미 제2장 말격에서 알 만큼 알았다고 할 수도 있겠습니다마는 보다 상세하게 알아 둘 필요가 있습니다. 다시 말하면 제2장에서 말한 말격 중에서 목적성과 논리성이나 소리성과는 다른 구체적인 말의 체형을 말하는 것으로서 이는 중복이 아닙니다. 언체는 말을 몸이라고 할 때 그 몸이 생긴 모습 전체를 말합니다.

뿌리가 있고 기둥이 있고 가지가 있고 잎사귀가 있다고 하는 언근과 언주와 언지와 언엽은 사람의 몸이 아닌 나무로 비유한 경우입니다.

이를 사람의 몸으로 비유를 옮기면 말의 이목구비(耳目口鼻)라고도 할 수 있고, 뼈와 살이라고도 할 수 있으며, 동맥이나 정맥으로도 비교될 수도 있을 것입니다.

어떤 비유로 말하건 말에는 말의 언체에 해당하는 말의 형체가 있습니다. 이 말은 말의 형체라고 하건, 말의 형상이라고 하건, 말의 실체라고 하건, 우리가 이해하기 좋은 쪽으로 정하여 사용하면 되는 것입니다.

말의 언체에는 말의 언근(言根)이 있습니다. 말의 언근이란 말격에서 말씀드린 말의 뿌리와 단어는 동일하지만 이는 말의 골격을 의미합니다.

나무에는 골격이 없으나 인체에는 골격이 있습니다. 골격을 건물로 비유하면 골조입니다. 이와 같은 말의 언근은 원인이며 하는 말의 각도에 해당합니다.

말이 말의 형태를 가지기 위해서는 말의 뿌리가 튼튼하고 말의 골격이 튼튼해야 합니다. 예를 든다면 이렇습니다.

말의 지탱성에 해당합니다. 본질이라고 하는 주제를 이탈하지 말고 말이 추구하는 영역을 지키는 것입니다.

권투경기로 비유하면 링 안에서의 경기이며 달리기로 비유하면 줄을 그어놓은 선 밖으로 나가지 않아야 하는 경기 규칙에 해당합니다.

다시 말하면 말이 목표를 향하여 가는 과정에 있어서 목표를 잃지 않는 것입니다.

본질에 어긋나지 않는 말의 줄기가 언근에 해당됩니다. 핵심을 붙잡고 거기서 벗어나지 않는 말의 힘에 해당합니다. 이는 말이 정곡을 찔러야 하고 과녁에서 벗어나지 않아야 한다는 것을 가리킵니다. 그러므로 말이란 말을 하다가 다른 쪽으로 건너가지 말아야 한다는 말씀입니다.

다음은 언주(言主)입니다. 언주는 말의 중심입니다. 중심도 언근에서 말한 내용과 동일하다고 여기기 쉬우나 언근과 언주는 다릅니다. 언근이 골격이라면 언주는 열정입니다. 말을 하는 사람이 하고자 하는 말의 의지이며 말의 힘에 해당하는 것이 언주입니다.

같은 말을 하더라도 말에 힘이 없으면 상대의 신뢰를 얻어내지 못하고 상대에게 감동도 주지 못합니다. 그러므로 언주가 튼튼해야 하는 말의 효과를 제대로 얻어 냅니다. 자신 없이 말하지 말라는 말도 여기에 속합니다. 담대하게 말하라는 것도 여기에 속합니다.

웅변을 하는 연사가 강약고저(强弱高低)에 의존하여 호소력을 발휘하는 것은 언주의 기능을 십분 활용하는 효과라고 보시면 이해가 빠를 것입니다.

언주는 사람의 심령을 꿰뚫고 들어가서 흔히 말하는 심령골수를 쪼갠다는 말이 있는데 이는 바로 언주를 가리키는 말입니다.

이번에는 언지(言枝)입니다. 언지는 다양한 비유와 갖가지 예를 들어서 언체를 튼튼히 하여 말의 말성을 높이는 말체(언체) 구조를 표현한 말입니다. 나무로 비유하면 많은 나뭇가지에 해당합니다.

학문적인 연구결과를 인용한다거나, 공감할 수 있는 실례를 든다거나, 고사성어를 풀이한다거나, 방금 말씀드린 예화나 비유가 모두 언지에 해당합니다. 한번 제가 드리는 이 말씀 속에서 언지가 무엇인도 생각해 보시기 바랍니다.

말은 말의 한계가 아니라 사용하는 사람들이 사용하는 말의 수량에 한계가 있습니다. 그래서 단어장이나 숙어장을 들고도 다니지만 실제로 우리가 사용하는 일상에서의 말은 단어와 숙어에는 한계가 있습니다. 과연 단어장과 숙어 장에 있는 말을 누가 다 사용할까요? 불가능할 정도로 말의 수량은 많습니다.

하지만 말은 그래도 한참 부족합니다. 그래서 많은 말을 새로 만들어 내고 또 만들어 내지 않을 수 없는 것이 말입니다. 특히 우리 정신문화연구시리즈의 신개념 '대화학 콘체르토'의 경우를 예로 든다면 도무지 사용할 말이 너무 부족합니다.

기존의 '언어학'에서 사용하는 말들은 이미 그렇게 사용하는 것으로 인식이 굳어져서 대개는 새 코스를 가는 데는 맞지 않습니다.

그러니까 신조어를 만들고도 모자라서 말이 자꾸 겉도는 경우도 많습니다. 이럴 때 가장 유용하게 가져다 쓸 수 있는 말이 바로 언지 형식입니다.

이쪽저쪽으로 수많은 가지를 늘어뜨려서 나무의 형상을 구체화시키고 나무의 나무된 모양을 이해하게 하는 것입니다. 그러나 이 경우, 저도 자주 범하는 우(愚)가 있는데 자칫 너절하고 지루하다는 단점이 있습니다. 그러기에 언지는 적절하고 재미있어야 하며 반드시 본질에서 이탈하지 말아야 한다는 점입니다.

  끝으로 말격의 '언엽'에 관하여 말씀드리겠습니다. 언엽이라고 할 때의 엽(葉)이란 잎사귀를 가리키는 말인데 말격에서 언엽이라고 하는 단어는 말의 꾸밈새에 해당됩니다.
  말의 꾸밈새란 음식으로 말하면 색이요 때깔입니다. 보기 좋은 떡이 먹기도 좋다는 말은 음식의 경우 보기도 좋게 차리고 색깔도 먹고 싶게 갖춘다는 뜻일 겁니다. 이것은 실제로 보기 좋으면 맛이 좋습니다.
  오색으로 꾸며진 음식은 색깔에 따라 맛도 다르고 영양도 달라서 빨간 음식은 간에 좋다거나 심장에 좋다고 하고 흰 음식은 폐에 좋다고 하는 등의 색깔과 영양소에 관한 말을 듣게 되는데 말은 오히려 음식보다 더 다양한 언엽이 필요하다고 하는 것입니다.

  이와 같은 언엽은 크게 언색(言色)과 언향(言香)으로 구분됩니다. 언색은 이미 말씀드린 바와 같이 말의 색깔에 해당합니다.
  말에도 색깔이 있다는 사실은 이미 말을 연구하는 분야에 종사한 사람들은 말의 색을 가려서 초콜릿색이라고 하는 등 음색의 보이스 컬러를 가려내는 것을 알 수가 있습니다.
  특히 성악을 전공한 사람들은 이 분야에 보다 앞서 있는데 허스키다 미성이다 하면서 그 사람의 음색을 알아듣습니다.
  이처럼 말에는 색깔이 들어 있습니다. 이 말의 색깔은 언색이 되어 말을 듣는 사람들에게 말을 듣는 맛을 느끼게 하여 줍니다. 바로 이것이 소위 말하는 분위기를 좌우하고 있습니다.
  하지만 이에 정답이나 규정을 두지는 못한다고 하는 것입니다. 왜냐하면 상대와 환경에 따라 말이 선택한 언색은 때에 따라 바꾸는 것이 효과적이기도 하기 때문입니다.

뿐만 아니라 언엽에서의 언색은 엄마가 아기에게라든가, 아기가 엄마에게, 또는 연인지간이나 동료 간이나 거래관계에 따라 다양하게 표출되고 그로 인하여 취득성(제2장 참조)이 좋은 말이 되고 않고의 문제가 결정된다는 것입니다.

또 언엽에는 색깔만 아니라 향내도 있습니다. 향내는 '언향'이라고 하였습니다. 다시 말하면 말은 말의 향기가 있어야 합니다.

말의 향기는 말하는 사람의 음색이나 이제 말씀드린 모든 말격적 요소를 포함하고서도 그 위에 추가되는 항목으로서 성적 매력에 관한 것을 말합니다. 여성스러움이나 남자다움이라고 하는 것, 이것은 언향 제1의 향내에 해당합니다. 그러나 이 경우 듣는 사람의 식성처럼 발향(發香)의 질성이 각각 다르게 나타난다는 단점이 있다는 것이 주의 사항입니다.

예를 든다면 끈적끈적하게 달라붙는 말투를 좋아하는 상대가 있는가 하면 싫어하는 상대가 있다는 것입니다.

모래알처럼 때글때글 구르는 깔끔한 말을 좋아하는 사람이 있는가 하면 냉정하다고 이를 싫어하는 상대가 있다는 점입니다.

이처럼 같은 향수라도 역겨워하는 사람이 있고 즐기는 사람이 있는 것과 같이 말의 향내 언향도 분명 존재는 하는데 어떤 향수를 뿌리느냐고 하는 것과 같이 간을 맞추듯 향내를 맞추는 것이 중요한 언체의 언엽에 속하는 언향적 요소라고 하는 사실입니다.

/제5장/

말성(性)의 구조

말에는 말이 하고자 하는 성질이 있다

첫 번쨉니다. 말은 크게 말성과 말격으로 구분된다고 말씀드렸습니다. (이 말은 제4장에서도 드렸던 말씀인데 거기에서는 말격이 앞자리에 있었으나 본 제5장에서는 말성이 주제이므로 위 표에서 왼쪽에 있는 말성이 목적이기에 앞과 뒤를 바꾸겠습니다)

말성은 '언성'과 '언체'로 구분하고 언성은 다시 '언골'과 '언양'과 '언핵'과 '언구'로 다시 세(細) 분류를 할 것입니다.

말은 크게 말격(格)과 말성(性)으로 구분하여 제4장에서 말격 구조에 관한 상세한 말씀을 드렸고 이번 연구에서는 말성에 대한 말씀을 드리기 위하여 『말성 표ⓜ』을 만들겠습니다.

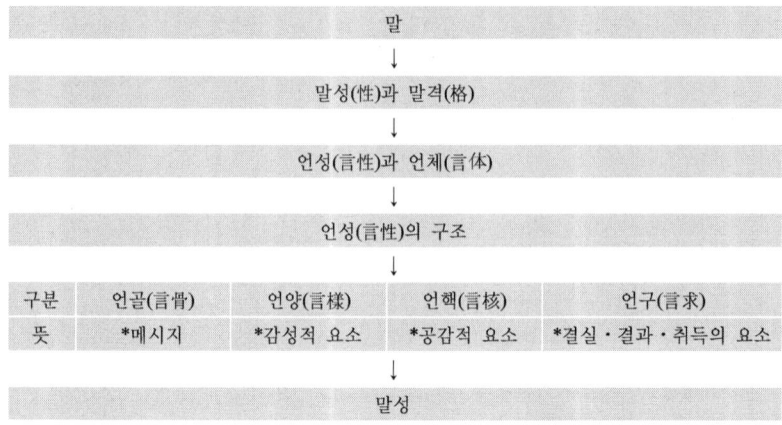

구분	언골(言骨)	언양(言樣)	언핵(言核)	언구(言求)
뜻	*메시지	*감성적 요소	*공감적 요소	*결실·결과·취득의 요소

언성의 구조에 관한 표를 보고 계십니다. 그럼 언성이란 무엇일까요?

말은 크게 말성과 말격으로 구분되고, 말성은 위의 표에서 보시는 것처럼 다시 언성과 언체로 나누어지고, 중복됩니다마는 언성은 언골과 언양과 언핵과 언구로 구분되는 구조를 가졌다고 하는 것을 보실 수가 있습니다.

이때 언성이란 하고자 하는 말의 생명성과 같아서 육체 속에 든 생명에 비유됩니다.

다시 말하면 말은 말이라 하여도 육체에 생명이 없으면 식물인간인 것과 같이 말에도 말의 생명이 있어야 그것으로 말의 존재가치가 있습니다. 바로 이 말의 생명성이 언성인데 첫째로 언성이란 '언골'이라는 메시지가 들어 있어야 한다는 것입니다.

이때 말의 메시지가 언체의 언근이나 뿌리라고 오해하면 아니 됩니다.

언체에서 언근이라고 하는 말의 뿌리란 말격적 요소로서 말의 논리성이나 말의 목적성과 소리성을 뜻하는 것이므로 이것은 인체로 비유하면 사지와 오장육부와 같은 물질적 요소이지 그 안에 들어 있는 생명적 요소와는 별개이기 때문입니다.

그런데요, 제가 지금 이렇게 가르고 쪼개어 말의 구조를 해부하려니 저 자신도 어렵다는 생각이 드는 게 사실입니다.

하지만 실상은 이로서도 턱없이 부족한 것이 말의 실체를 분해하고 분석하는 신개념정신문화연구시리즈 '대화학 콘체르토'의 애로사항이라는 점을 이해하시고 주의 깊게 읽으시고 더 좋은 의견이 있으시면 보내 주시기 바랍니다.

아무튼 언성의 언골은 언중유골(言中有骨)이라는 사자성어(四字成語)로 유추(類推)해 보시기 바랍니다마는 딱 들어맞는다는 뜻은 아닙니다.

분명한 것은 말성이라고 하는 말의 구조 속에는 가장 중요한 말이 하고자 하는 본의(本意)가 되는 생명에 속하는 뼈(骨)가 들어 있습니다. 이것을 저는 언골(言骨)이라고 명명하였습니다.

이 언골은 말하지 않으면 안 될 아주 중요한 성질로서 우리가 살아 있음과 뗄 수 없는 중대한 내용이기에 말하는 자는 이것을 전달하겠다고 하는 의지로 인하여 말을 하게 됩니다.

그게 무엇이냐고 하는 경우에 해당하는, 예를 든다면 무궁무진합니다.

사랑하느냐, 사랑하지 아니하느냐?

배가 고프냐, 배가 부르냐?

어딘가를 갈 거냐, 말거냐?

올 거냐, 말거냐?

줄 거냐, 말거냐?

좋으냐, 싫으냐?

맞느냐, 틀리느냐?

추우냐, 더우냐?

잘 거냐, 말거냐?

할 래, 안 할래? ……

사람이 살면서 끝없이 생성되는 언골은 말이 필요한 사람으로 하여금 말을 만들고 하게 만듭니다. 바로 이것이 언성에 속한 언골의 실체입니다.

그래서 언골은 말을 함으로써 언골로 존재하고 언골의 존재이유를 선포합니다.

그러니까 언골이란 『말의 알맹이』라고 해도 틀림이 없습니다.

두 번쨉니다. 언성의 또 다른 구조에는 '언양(言樣)'이라고 명명한 요소가 있습니다. 이때 또 우려가 되는 것은 말격의 언지나 언엽과의 혼동문제입니다.

언양이란 문자적으로 풀이하면 '말의 모양'이라는 해석을 하게 되기 때문에 언체를 말하면서 드렸던 설명 이외에 다른 것이 없다고 여겨질 우려가 있다고도 생각됩니다.

그러나 언체에서의 언지나 언엽에서 설명드린 것과는 무관한데도 딱히 명명할 단어가 궁한 까닭에 언젠가 재정돈을 한다고 생각하고 우선 언양이라고 하고 설명을 드리려고 합니다.

말성에서 언성으로 내려오고 언골을 거쳐서 다다른 언양이란 말은 말의 감성적인 요소입니다. 말의 감성적 요소라 하면 다시 또 말의 웅변성이나 강약과의 혼동이 우려되는데 본 언성에서 말하는 언양이란 말격에서 논하지 않았던 말의 감성성에 관한 것입니다.

그렇다면 말의 감정과 감성성이란 무엇일까요? 이것은 다시 예를 들어야 되겠는데 이는 성악을 예로 드는 것이 좋겠습니다. 노래에는 감정이 아주 중요합니다. 가수가 노래를 부를 때 악보에서 정한 음악의 법칙에 대하여 설명하고 계속하는 게 좋겠군요.

말격에서 말하는 모든 상세 분류단어들은 노래로 비유하면 전부 악보에 해당합니다.

음정 박자가 음악이 정한 원칙에 명확해야 한다고 하는 것이 말격에 속합니다. 그러나 아무리 음정과 박자가 명확하여도 감정이 없으면 노래는 성공할 수가 없습니다. 언양도 이와 똑같은 말의 감정적 요소입니다.

그렇다면 노래에 감정이 없으면 어떨까요? 노래는 노래인데 장작개비처럼 뻣뻣해서 흥이 솟지 않을 것입니다. 흥겨움이 없는 노래가 곧 감정이 없는 노래입니다. 그래서 가수들은 음정 박자의 원칙하에서 감정처리공부에 가장 많은 정력을 투자합니다.

가수가 노래를 부르면서 실제 자기의 현실인 양 눈물을 흘리는 것은 감정처리기술에 속하는 것으로서 실은 작사자나 작곡자의 감정을 구현하는 예술성에 속하는 것이거든요. 바로 말성에서의 언양은 이와 같은 감성적 요소를 지목하는 것입니다.

그러면 정말 말에도 감정이 있습니까? 여러분은 이때 성우라는 직업인을 떠올려 보십시오. 성우는 무감각한 단순한 한 마디에도 진한 감정을 쏟아붓습니다.

울어야 할 때는 곡을 하고 웃어야 할 때는 자지러집니다. 그러나 오버하지 않습니다. 감정을 조절하여 꾸밈없이 말을 해서 듣는 사람으로 하여금 아주 편하고 전연 거부감이 없게 합니다.

요는 말성의 언성에는 이와 같이 중요하고 절대적인 언양이 들어 있으며 이것이 곧 감성적 요소라고 하는 사실입니다. 그러므로 말이 말다운 말성을 가지려면 이제 논하는 이 언양에 관심을 가져야 합니다.

이는 말의 호소력이라고 할 수도 있으나 여기서 호소력이라는 단어를 쓰면 말격의 음정과 같은 것처럼 들려서 언성과는 거리가 멀어질 수도 있습니다. 그러니까 호소력이라고 하는 물리적이고 원칙적인 면에 치중하지 않는 감성적 요소에 해당하는 가수의 감정으로 생각하시기 바랍니다.

말성에서의 언양은 말하는 사람보다 말을 듣는 사람에게 언핵을 알게 합니다. 그러면 이제 다음으로 이어지게 될 언핵에 대한 말씀을 드리겠습니다.

세 번째입니다. 언핵이란 무엇일까요? 신개념 '대화학 콘체르토'인 관계로 부득불 대개가 신조어를 선택하고 단어로 사용하는 까닭에 일일이 부연설명을 드린다 해도 영 혼동이 되실 것만 같습니다.

언핵이란 단어를 말 그대로 직역하면 『하는 말의 핵심』입니다. 핵이란 알갱이 알맹이, 또는 인체로 비유하면 '넋'이나 '얼'로도 이해되는 글자입니다.

그런데 여기서 말하는 언핵이란 『같은 감정으로 끌어들이기 위하여 말한 자가 한 말에 대한 효과를 추구하는 것』입니다. 저도 복잡합니다마는 제게는 논리가 있습니다.

언핵을 언핵이라 하지 말고 언감(言感)이라 하거나, 아니면 언동(言同)이나 감동(感動)이 아니라 감동(感同)이라고 할까도 생각해 보았습니다.

그런 다음에 최종 언핵으로 결정한 이유는 언(言)이라는 글자를 앞세워야 일관성이 있다는 점과 함께 핵(核)이라고 하는 글자는 지금 논하는 새 코스 '대화학 콘체르토'에서 상대에게 내가 하는 말의 뜻을 공감토록 하는 말이어야 한다고 하는 것이 무엇보다도 중요한 말성의 존재 이유가 되기 때문에 언핵이라는 단어를 사용한 것입니다. 그렇습니다. 말의 목적이라고 해도 되고 말의 목표라고 해도 마찬가집니다.

말은 내가 말하는 것에 대하여 상대가 공감하고, 나의 뜻으로 하여금 상대의 정곡을 찔러서 올바로 전달할 뿐만 아니라, 전달된 나의 의사가 상대와의 대화에서 스파크 현상에 따라 발전기를 돌린 것처럼, 아니면 전원스위치를 켠 것처럼, 말은 그와 같은 뭔가의 성과를 위해 존재하고 말을 만들어 하게 되는 것입니다.

그렇다면 말의 최고 가치는 『말의 핵』을 터트리는 공감성입니다. 무시당하는 말이거나 상대로부터 아무런 공감을 얻어내지 못하는 밀보다 더 속이 상하는 것도 없습니다. 말핵은 이와 같은 말의 전투용어로 적당하다고 보았습니다.

아무튼 말은 상대에게 침투해 들어가기 위한 언핵의 목적을 가지고 있습니다. 그렇다면 어떻게 할 때 언핵을 터트릴 수가 있을까요? 물론 사안에 따라 다르기 때문에 이에 대한 정답은 없습니다. 그러나 여기에는 근본적인 원리가 있습니다.

첫째는 본질의 정곡을 찌를 수 있은 맥점입니다. 이때의 맥점이란 단어는 침술용어로 설명하면 좋겠다고 생각됩니다.

침술사가 환자에게 침을 놓을 때를 떠올려 보십시오. 이때는 1mm라는 단어도 너무 큰 간격입니다. 0.0001mm도 큰 간격이라고까지 볼 수 있습니다.

아무데나 대충 쿡 찌르는 침술사는 침술사라고 할 수 없음은 물론이고 위치도 중요하지만 찌르는 속도와 깊이와 환자의 병증을 예민하게 감지하는 신통력이 성공과 실패를 가늠한다는 말씀을 드립니다.

이 말은 언핵에서도 동일하게 적용된다는 사실입니다. 말이 말의 신통력을 가지려면 침술사의 경지에 이르러 최고가수의 언양격을 감정으로 발휘하는 것이 중요할뿐더러 앞서 예를 들었던 말격에 해당하는 음정박자의 원리 또한 매우 중요하다고 하는 말씀입니다.

또 있습니다. 말의 핵을 이루는 원리 중 '진실'이라고 하는 요소입니다. 말의 힘에는 진실의 힘이 가장 크다는 말씀은 이미 드렸습니다.

그러나 혹자는 진실도 통하지 않는다고 대항합니다. 진실이 통하지 않는 말에 대하여는 차후에 논할 예정이므로 일단 여기서는 생략하고 우선 진실은 말의 무기라고 하는 쪽에서 계속합니다.

  사람은 누구나 진실타령에 익숙합니다. 이는 설령 자기는 진실하지 아니하여도 그래도 상대에게는 진실을 요구합니다. 흔히 이럴 때 많은 사람은 홧김에 '너나 진실하여라'고 하는 말을 쉽게 합니다.

  나는 진실이 분명하므로 네가 진실치 못하다는 확신이 서면 참지 못하고 말을 확 내어 뱉어서 언핵을 침투하다가 실패하는 경우가 많기 때문에 이번에는 이 점에 주의하라고 하는 것이 근본적인 원리입니다.

  이 말은 언핵을 침투시키고 공감을 얻는다고 하는 것은 이처럼 힘겨운 전쟁이라고 하는 사실입니다. 여기서 조심할 것이 바로 이 부분입니다.

  나는 진실로 말하지만 상대가 진실을 외면·무시하는 경우, 그러나 이때에도 진실을 잃지 말라는 말씀입니다.

  왜냐하면 침술사가 침으로 치료할 때 환자가 협조하지 않는다고 하여 침놓기에 올바른 자세를 흩어 버릴 수 없는 것과 마찬가지이기 때문입니다.

  다시 말하면 유능한 침술사는 환자의 용태는 물론 환자의 본능적인 치료거부행동에도 아랑곳하지 않고 거뜬히 치료를 마감해야 만이 그래야 훌륭한 침술사로 추앙을 받게 된다는 것입니다.

  말도 이와 같이 침을 놓는 쪽 쪽 완쾌되지 못하는 것처럼 말하는 대로 언핵을 터트리고 성공하는 것이 아니라는 말씀입니다.

  말이 넘어가야 하는 고개는 험산준령이요, 이것은 침술사가 넘어가야 하는 높은 고개와 족히 비교되지 않는 물리적 현상이 아닌 영적인 분야이기 때문입니다.

마지막으로 '인내'입니다. 말한 값을 말하는 즉시 받는다면 얼마나 좋을까마는, 말의 핵을 터트리는 공감성 취득이란 고진감래(苦盡甘來)의 인내가 근본이 되는 원리입니다. 이 말은 침술사가 단 한 번의(一鍼)으로 환자가 치료되지 않는 것과 같습니다.

참고 인내하면서 마침내 그가 공감하기를 기다려야 하는 것이 말인데 사람은 누구나 '빨리'라고 하는 조바심의 근성이 있습니다.

또한 한 방(일타)에는 근성이 있습니다. 야구선수가 홈런을 날리듯 한 방을 날리거나 권투선수가 한방에 KO승을 거두려고 하는 경우 대부분 욕심 들어가서 반대로 자기가 한 방에 떨어지고 마는 예는 허다합니다.

언핵을 터트리고자 하는 공감성 취득문제가 이와 같습니다. 절대로 한방에 일침으로 언핵을 터트리지 못한다는 경우가 많다는 것이 근본이 되는 원리입니다.

물론 쇠뿔 빼듯 단방에 터트리는 경우도 있기는 하겠지마는 거의 대부분은 두 방, 세 방, 네 방, 다섯 방…… 이렇게 끈기 있게 인내심을 가지고 접근해야 한다고 하는 것이 원리입니다.

그러다가도 결국 성공하지 못하면 전쟁의 이치와 같아서 후퇴해야 합니다.

그리고 다시 기회를 보아 재도전도 각오해야 합니다. 1차에 실패하면 1차의 실패를 경험으로 해서 2차로, 3차로 재공격을 하는 것이 전쟁의 원리인 것처럼 언핵을 터트린다는 것은 이보다 더 힘겨운 도전입니다.

그런데 이와 같은 원리를 무시하고 무모하게 공격하고 즉각적인 답을 얻어내려 하는 경우가 많은데 이것은 어리석어서 새 코스 '대화학 콘체르토'로 스스로를 뒤돌아 보아야 할 것입니다. 그러므로 인내해야 합니다. 언핵은 철옹성보다 더 견고하여서 이는 창검으로 부서지지 않습니다.

네 번쨉니다. 마지막으로 말성의 언성에서 '언구(言求)'에 관한 말씀입니다. '언구'란 『말이 구하는 결실』입니다. 말은 무엇인가를 얻어내고자 하는 목적이 있습니다. 그것은 사안에서 발생한 말의 뿌리에 해당합니다. 왜 말을 하느냐 하면 당연 말을 함으로써 내가 어떤 결과를 갖(얻/취)고자 함입니다.

지금까지 말씀드린 말의 구조는 모두가 다 각각의 과정에서 한 치도 오차가 없어야 한다는 것은 틀림없지만 결국은 바로 언구를 위한 수고에 해당됩니다. 결실치 못하는 나무는 베어 버려야 하는데 이는 존재할 이유가 없기 때문입니다.

언구의 구체적 열매도 역시 정답이 없습니다. 사안에 따라 구하는 열매가 다르기 때문입니다. 예스냐 노냐고 하는 것을 구한다든지 아니면 좋다 나쁘다를 구한다든지, 언구에는 단정적인 것과 의견적인 것이 있습니다.

먼저 단정적인 것이란 둘 중의 하나여서 확연합니다마는 의견적인 것이란 좀 다릅니다. 어떻게 생각하느냐고 하는 것이 사안이라고 할 때는 이것과 저것 중에서 택일의 분제와는 별개의 언구형내입니다.

이처럼 언구는 요청하는 자가 제시한 사안과 사안에 대한 의견을 들기를 구하는 경우는 단정적인 언구가 아닌 의견적인 언구라고 보아야 합니다.

그렇다면 언구는 어떻게 얻어질까요? 앞서 말씀드린 언골과 언양과 언핵의 과정에 흠결이 없어야 언구가 취득되는 것은 물론이겠지요?
어느 것 한 가지도 소홀할 수 없겠지요? 언골이 튼튼해야 합니다. 언양이 갖춰져야 합니다. 언핵이 터져야 합니다. 특히 언핵 다음 단계에서 언구가 취득되기 때문에 언구의 어머니는 언핵입니다.
하지만 언핵에 대하여는 이미 충분한 말씀을 드렸으므로 더 이상의 부언은 필요가 없습니다. 다만 지금까지 드렸던 말씀에 따라 언골이나 언양이나 언핵이 완벽하였다고 할 때를 출산의 예로 비유해서 언구에 대한 고찰을 보다 심도 있게 말씀을 드리려고 합니다.

출산의 예를 들 경우 언골은 수정과 착상이라고 하는 임신입니다.
언양은 태교에 해당됩니다. 물론 언핵도 태교의 범주로 본다 하겠으나 언핵은 출산 당시에 해당하는 아기 낳기의 현실로 비유됩니다.
아기를 임신하기도 마찬가지지만 출산은 정말 힘들거든요. 그래서 출산일이 다가오고 출산의 순간이 다가오면 산모는 지금까지 겪었던 임신 10개월 전체의 수고에 버금가는 엄청난 해산의 고통에 전신이 마비되는 힘겨움이 수반됩니다. 여기까지, 그러니까 그래서 마침내 아들을 얻습니다. 딸을 얻습니다. 바로 이때가 언구입니다.

잉태와 임신과 출산의 과정 중에 언제가 더하고(힘들거나 중요하고) 덜한 것은 말이 되는 말이 아닙니다. 순간순간 때때마다 중요한 것처럼 연구라고 하는 출산으로 아들딸을 맞이하게 되는 연구에 대한 소중함도 마찬가집니다.

먼저 연구에 대한 준비와 대처입니다. 아기를 낳으려면 낳는 날이 가까울수록 낳은 아기를 기를 모든 준비를 합니다.

그보다도 아기를 받을 준비를 철저히 해야 합니다. 이게 무엇일까요? 어떤 아기가 나오건 간에 만반의 준비를 하는데 남자면 남자아이로, 여자면 여자아이로 맞아들이는 연구대책입니다.

이때 무엇보다도 또 한 가지 중요한 것이 있는데 그것은 바로 감사하는 마음입니다. 이 말이 이 경우에 맞는 말인지는 의문이지만 새 생명으로 태어난 아기는 하나님의 선물입니다.

사람은 흔히 사람이 사람을 낳는다고 생각하지만 사실은 사람이 사람을 낳아도 새 생명을 주신 이는 하나님이십니다. 바로 이 대목입니다.

아기가 출생하듯 연구가 취득될 때는 새 생명을 주신 하나님께 감사하는 것처럼 그렇게 감사하고 고맙게 받아야 한다는 것입니다. 그러면 누구에게 고마울까요? 태어난 아기에게 고마울까요? 아기에게도 고마운 게 맞습니다.

열 달 동안 태 안에서 잘 성장해 준 아기에게도 고마운 마음을 가져 마땅합니다. 그러나 하나님께 감사하고 고마워해야 되는 것처럼 연구가 결실되어 취득될 때는 하나님께가 아니라도 누군가에게 고마운 마음을 표시해야 마땅한 예도 있을 겁니다.

또 태어난 아기가 자라기에 알맞은 환경을 만들어 주어야 하는 것이 지당합니다. 역시 이것도 동일하겠군요. 얻어진 연구가 얻은 보람으로 보전되는 새로운 결과를 창출하는 데 정성을 기울여야 합니다.

경우가 같을 거라고 생각됩니다마는 애써서 낳은 자식을 잘 키워야 하는 것처럼 힘겹게 얻은 결실의 연구적 가치를 높여야 합니다.

이를 위해 열 달을 수고한 것과 비견되는 수많은 말의 과정을 거쳐서 어렵게 취득한 연구를 떨어뜨린다면 얼마나 억울한 일이겠습니까?

너무 기쁜 나머지 경거망동하였다가는 연구가 깨져 버립니다. 반대로 어렵게 내어준 연구에 대하여 반기지 않는다는 것도 예의가 아닙니다.

사실 말의 결과로 얻어진 연구는 계란으로 치면 아직 채 껍질이 굳지 않은 경우와 같은 수도 허다합니다. 그래서 승낙을 했다가도 거두는 경우 또한 허다합니다. 그러려고 했는데 싸가지가 없게 보여서 그만두었다는 말을 많이 듣지요? 바로 주었다가 되빼기는 경우가 이런 경우입니다.

/제6장/

말의 질감(質感)

말, 인간다움의 절대적 조건

첫 번쨉니다. 인간은 문화적 동물입니다. 인간이 아닌 다른 모든 피조물들은 언어를 가지지 못하였기 때문에 인간과 같은 문화를 누리지 못하는데 이와 같은 인간의 모든 문화적 혜택은 다름 아닌 언어구사라고 하는 인간만의 말 사용이 문화의 토양이 되어 주고 있기 때문입니다.

그래서 인간으로 태어나면 누구나 인간다운 인격형성이며 인간다움을 갖출 조건에서의 절대적 요건 첫째가 되는 언어를 배우게 됩니다.

말을 한다는 것은 인간만의 특권입니다. 인간이외의 다른 어떤 피조물도 말을 사용하지는 못합니다. 하나님이 천하 만물을 창조하신 후에 인간과 다른 피조물과의 차별성 상징으로 주신 선물이 곧 말이라고 할 수 있습니다.

인간만이 말을 하게 되고 말을 하게 된 것으로 인하여 인간다운 인적향상에 필요한 모든 학문을 배우게 되는데 이 모든 학문이라 일컫는 인간이 누리는 문화는 바로 이 말에 그 기초를 두고 있습니다.

이런 인간다움을 갖는 말에는 말의 질과 감이 있습니다. 말의 질은 '언질(言質)'이라 하고, 말의 감은 '청감(聽感)'이라 하는데 이 두 가지의 질과 감을 '말감(말感)'이라 하고 다음과 같이 『말감 표⑭』을 만들어 보겠습니다.

말			
↓			
말감(말感)			
↓			
언질(言質)과 청감(聽感)			
↓			

구분	정질(靜質)	황질(荒質)	애질(愛質)	역질(逆質)
뜻	*깨끗, 맑음 솔직함	*거칠음의 요소	*사랑의 요소	*거부적 요소

↓			
말감(말感)			

이와 같이 말을 한다는 것이야말로 인간이 곧 감정의 동물이라고 하는 증표인 동시에 인생이 되어 살아가는 데 있어 가장 중요한 삶의 맛을 알게 하고 삶의 맛으로 작용되는 생애(生涯)에 대한 애착(愛着)이라고 하는 고품격의 인생존귀의 가치가 되어서 인간은 각자 개개인의 생명과도 같이 말이 곧 살아가는 의미의 본질이 되고 있습니다.

그래서 사람은 자기의 생명과 동일한 삶을 사랑하고 유지하기 위한 보배로운 생의 애착을 촛불처럼 소중히 여기면서 바람 부는 벌판에서 양손으로 켜진 촛불을 감싸듯 생애라고 하는 삶의 나약한 불꽃을 감싸고 지켜 갑니다.

바로 이 생애를 소중히 지키려는 인간의 특성은 인간으로서 인격과 인품으로 장성하여 피어난 불꽃이라고 하겠는데 이 소중하게 타오르는 불꽃은 바로 말을 한다고 하는 감정표출과 감정 인식이라고 하는『말의 감각(感覺)기능』에서 발원하였고 유지된다고 하는 사실입니다.

그렇다면 이와 같이 소중한 삶에 대한 애착의 근원에는 말의 무엇이 있을까요? 그것이 바로『말과 감(感)』이요 이 '말감'의 본질은 말의 질(言質)과 듣는 느낌에 해당하는 '청감(聽感)'입니다.

두 번째입니다. 청감은 뒤로 미루고 이제부터 먼저 언질에 대한 말씀을 시작하겠습니다.

언질이라는 것은 무엇일까요? 말을 하고자 하는 말의 목적이 되는 내용이나 논리와 같은 것이야말로 중요한 언질 중의 언질입니다. 그러나 이와 같은 언질에 대하여는 말의 격(格)이라는 명제 아래 이미 모든 연구를 마쳤습니다.

그리고 이미 그때 선택한 단어로 결정하여 사용하였으므로 이는 언질과 또 '다른 것이다'라고 하겠습니다. 그러므로 그것도 언질이고 이것도 언질이라고 혼동치 말아 주시기 바랍니다.

여기서 말하는 언질이란『말의 질』을 뜻하지마는 지금 말하는 이 질(質)은 말하는 자, 즉 '화자(話者)'가 자기 입으로 말하는 말의『자기의도』에 해당하는 말하는 말의 진의(眞意)를 가리킵니다.

혹 어려우십니까? 복잡하지는 않으신가요? 죄송합니다. 제가 이 '대화학 콘체르토'의 미개척 준령을 오르려 하니 이와 같은 용어선택에 매우 애로가 많다는 점을 양해해 주시고 잘 기억해 주시기 바랍니다.

절대로 무질서하지 않도록 세심하게 아주 심사숙고해서 선정한 새로운 분야의 '대화학 콘체르토'를 위한 학술용어라고 인정하시고 따라와 주시면서 더 좋은 단어가 있으면 의견을 보내 주시기 바랍니다.

하지만 먼저 제가 이렇게 학문적 틀을 짜는 것이 가장 중요하다고 생각합니다. 그런 다음에는 이틀에 맞게 용어를 바꿔도 될 것입니다.

아니면 틀도 갈아 끼우거나 새로 만들어 넣어도 되고 아예 뺄 것은 빼도 될 거고 아무 관계 없습니다. 다만 우리가 구사하는 언어가 존재하는 목적에 대하여 새로운 각도에서 인생에 소중한 그 무엇을 단 한 가지라도 찾아낸다면 21개 연구 중에서 단 두 줄도 좋고 석 줄도 괜찮습니다.

다시 본류를 따라가겠습니다. 언질이란 말하는 자가 의도하여 정한 화자의 의도이며 '뜻'입니다. 그러나 청감이란 화자의 의도와는 정반대에 해당하는 듣는 사람이 느끼고 인지하는 상대인의 언질평가입니다.

이는 잠시 후에 상세하게 말씀드릴 것이니 이쯤 하기로 하고, 그러면 이제 언질탐구를 시작하겠습니다.

언질은 그 종류가 하도 많아서 여기서 다 말할 수 없습니다. 그래서 최소한 간단하게 먼저 위 표로 보시는 것과 같이 4가지로만 가려 보았습니다.

위의 4가지 언질에서 다시 뻗어 나가게 되는 수많은 언질의 줄기에 대하여 필요하다면 시간이 허락될 경우 이를 '질지(質枝)'라 하고 다시 더 세 분류의 장을 열겠습니다마는 일단 이 시간은 언질의 4가지에 관하여 말씀드립니다.

세 번짼니다. 언질의 첫째는 '정질(靜質)'이라는 이름을 붙였습니다. 내가 말을 할 때 말하는 나는 나에게는 말을 하면서 이미 결정한 내 마음의 '질'이 있습니다. 이런 예를 쉽게 표현 말에는 『고의냐 과실이냐』라고 하는 말이 딱(정답)입니다.

드러내건 숨기건, 말을 하는 사람에게는 말하는 말의 내용에 해당하는 말격이나 말성과는 또 다른 의도가 있습니다. 아닌가요? 갑자기 '의도'라는 말도 정확지 않을 듯도 싶네요. 내가 말을 하면서 말하는 나에게는 생각이 있다? '생각'도 아닌 듯하고요. 무슨 뜻이냐 하면 말을 하면서 말하는 화자에게는 숨겨진 말의 질이 있는데 바로 이것을 일컬어 그중에 첫째를 '정질'이라고 정한 것입니다.

정질이란 이것입니다. 말하는 화자의 말하는 본심, 즉 말하는 '속내'랄지 '의도'랄지 '계산'이라고 할지…….

좌우간 말을 하면서 말하는 자기의 감정이 있는데 그 말하는 속내(이 경우에는 '속내'가 좋겠군요)가 『정결한 질성』이다 - 라고 하는 것입니다.

그러니까 정질은 '순질(順質)'도 되고 '순질(純質)'이기도 합니다. 한문이 어려운 분들께는 대단히 죄송합니다. 저도 한문을 많이 아는 사람은 아닙니다마는 한문은 우리말로 길게 해야 될 말을 간결하게 줄여서 학문을 체계화하는 데는 아주 편리하거든요.

그래서 아무리 교육정책에서 무어라고 해도 한문공부는 더 하고 싶다는 것이 저의 생각인데 이러다가 말의 본류를 이탈할까 해서 얼른 돌아가겠습니다.

말에는 언질이 있는데 언질 중에 정질이란 또 이와 같습니다. 정질은 말하는 의도가 아주 『선하다』는 점입니다. 무엇보다도 아주 바람직한 순수한 마음에서 우러나온 말을 정질이라고 합니다. 특히 『솔직함』은 하는 말의 정질에서 높은 자리입니다. 그러니까 바람직한 좋은 말의 기본은 정질을 구비한 말입니다.

정질에는 무엇보다도 거짓이 없습니다. 거짓은 마지막의 '역질'에서 논할 것이니 줄이고 정질과 정질이 만나 솔직담백한 속내를 털어놓고 주고받는 대화를 뭐라고 하던가요? 바로 '허심탄회(虛心坦懷)'라고 하는데 이것이 정질입니다.

허심탄회에는 계산이 없습니다. 욕심도 없고 가림(숨겨 놓음)도 없습니다. 상대에 대한 믿음이 있고 의심은 없습니다.

특별히 정질의 특성에는 잘못한 것은 자복하는 것이 있습니다. 잘못 갔던 길에서는 돌아선다는 의지가 있습니다. 미안하다 싶으면 즉시 '잘못했다', '미안하다'라고 하는 사과가 있습니다. 꽁꽁 감추고 내어놓지 않는 허심탄회와 반대되는 속내가 없습니다. 다만 용서받기를 원하는 사랑스러운 고백이 들어 있습니다. 그래서 '여보 미안해요. 내가 큰 실수를 했네요.'라고 하는 신뢰가 있습니다.

정질의 정점에는 회개도 있습니다. 가톨릭의 고해성사라는 의식은 어깨너머로라도 다들 아시지요? 이것이 정질의 범주에 속합니다. 저와 같은 크리스천은 새벽기도와 하나님께 드리는 회개의 기도가 정질의 정상에 속합니다.

그렇다면 정질의 또 다른 정상이란 무엇일까요? 목사님들의 하시는 설교는 정질 중에 정질입니다. 물론 큰스님들이 하시는 설법도 정질이고 선생님들이 가리키시는 윤리와 도덕이 정질입니다. 책으로 말하면 교양서적이 정질입니다. 강사님들의 연구가 정질입니다.

정질의 말은 우리 주변에 참 많습니다. 좋은 말이 정질입니다. 문제는 그런데 문제는, 사람들이 정질 듣기에 관심이 없다는 것이 문제입니다. 소위 말하는 쓴소리는 싫어하는데 그러나 쓴소리는 정질이라 말하기에는 편한 단어가 아닙니다.

또 아내가 정질을 말하고 남편이 정질을 호소할 때가 있습니다. 정질이 사랑받고 정질이 인정받는 세상이라면 더 이상 바랄 것이 무엇일까요?

네 번쨉니다. 말의 언질에는 '황질(荒質)'이 있습니다. '황질'이란 문자 그대로 '거칠다'는 뜻입니다. 우리는 말이 거칠다는 말을 자주 듣습니다. 거친 말이란 무엇일까요? 속내가 정하지 못하다는 뜻입니다.

심사가 뒤틀렸거나 생각이라고 하는 말의 정제과정에서 재료선택과 제작이 잘못된 경우입니다. 하고자 하는 말의 의도가 불순해서 이 말을 해서 상대방을 제압하려는 목적을 가지고 하게 되는 말이 황질입니다.

그런데 이와 같은 황질의 말들이 정질을 누르고 세상에 자욱하기 일쑤인 것이 세상입니다. 그러면 어떤 말이 황질인가 예를 들어 볼까요?

내어 순 논을 갚지 않는다고 빚 녹촉을 할 때, 상대가 가진 무엇인가를 강압적으로 쟁취하려고 할 때, 싸움이 벌어져서 소리를 지를 때,

상대를 모함하고 끌어내려서 자기의 유익을 얻고자 할 때, 정쟁에서 유리한 입지를 가지려 할 때, 치열한 경쟁으로 다툼을 벌이게 되는 선거전에서…….

황질의 말은 가정과 부부 사이에도 만연되어 있습니다. 자신의 부정을 은폐하기 위하여 억지를 써야 될 때, 거짓말로 누구를 미혹에 빠트리고자 할 때, 나의 진실을 왜곡하고 뒤집어씌울 때, 거짓을 정당화시켜서 자기의 위상이 추락된다고 여겨질 때, 심지어는 아무런 의도도 없이 으스대고 교만을 부릴 때, 추태가 도를 넘을 때, 까닭 없이 남을 멸시하고 깔아뭉개려고 할 때…….

이럴 때 사람의 입은 한없이 거친 말을 마구 쏟아 내는 경우가 허다합니다. 다시 말하면 황질은 의도가 불순할 때에 만연합니다.

그러므로 황질은 말은 말이지만 차라리 하지 않는 말만도 못합니다. 이와 같은 황질의 최정상은 뭐니 뭐니 해도 『욕설』입니다.

욕설은 본질상 황질 덩어리입니다. 그러나 물론 같은 황질이면서도 욕설을 이용하지 않는 경우도 있습니다. 그럴 때는 차라리 욕을 하라고 응대하는 말을 듣게 되는데 욕은 나는 황질이라고 선포하고 하는 경우이고, 내가 무슨 황질이냐고 황질이 아닌 척하면서 황질의 농도가 더 진한 경우도 없지 않습니다.

이와 같은 황질의 말을 '대화학 콘체르토'적인 말로 황질이라 하였습니다마는 이를 '추언(醜言)'이라고 보면 어떨까요? 추언은 '언'이라고 하기에도 가치가 없으나 세상에 널브러진 추언을 모른 척할 수는 없습니다. 그래서 세상에는 추언을 경계하고 추언을 삼가라고 하는 정질이 많이 있습니다.

한 예로 『혀는 날 선 검』이라는 말입니다. 그래서 칼로 사람을 죽이는 줄 알면서도 혀가 사람을 죽인다고도 하는데 '세 치 혀의 살기(殺氣)'는 모두 황질의 속하는 말입니다.

그렇다면 우리는 황질에 대처하는 지혜를 터득해 둘 필요가 있습니다. 왜냐하면 황질의 말은 이유 조건도 없이 날선 검이 되어 언제 어떻게 내게 다가올지 모르는 것이기 때문입니다.

당연 황질이 쏟아져 내리는 제1차적 책임자는 청자(聽者)와 화자(話者) 중에 화자입니다. 그런데 청자는 화자가 왜 황질을 내뿜는가에 대하여 절반은 알고 대개 절반은 모르는 경우가 많습니다.

그러니까 절반 중에 악의(惡意)에 의한 아주 미미한 경우를 제외한 대부분은 오해(誤解)가 황질의 원인이라는 것도 미루어 알 수가 있습니다.

아무튼 의도를 알건, 의도를 모르건, 우리는 숱한 황사성(黃砂性) 황질에 시달리는 경우가 많습니다. 그렇다면 황질에는 어떻게 대처하는 것이 좋을까요?

먼저 황질의 문제는 청자와 화자라고 하는 양측의 입장이 있습니다. 첫째로 잠깐 내가 화자이면서 황질을 내뿜는 경우에 대하여 생각해 보실까요?

이때 문제는 나는 그럴 사람이 아니라고 하는 말의 황질고(考)가 안 된 것이 내부분의 사람이라는 섬입니다. 왜냐하면 화자의 본성은 대개 자기가 하는 말은 무조건 정질이라고 오판하기 십상이기 때문입니다.

이것이 오판이 아니라고 단정하는 이유는 상대방 입장에 대한 역지사지(易地思之)의 '대화학 콘체르토'적 고찰이 온전치 못하기 때문입니다. 하여간 저도 그렇고 여러분도 그렇고 분명 의식이건 무의식이건 분명 우리는 언질 하수구로 자주 더러운 추언을 방출합니다. 그러면 이에 대한 어떤 좋은 처방이라도 있는 걸까요?

물론 미흡하나마 화자나 청자의 입장에 유익한 처방전은 내어 드릴 수 있습니다. 그 처방전의 자세한 내용은 차차 말씀드리기로 하고 우선 간단하게 청자에게 드리는 처방전의 개요를 짚어 보겠습니다.

화자의 처방전은 앞서 잠깐 언급한 역지사지가 기본이 되나 청자에게 드리는 처방전은 『소나기는 피하라』고 하는 것이 원리입니다.

이를 전쟁으로 비유하면 『백전백승은 최선이 아니다, 싸우지 않고 이기는 것이 최선』이라고 하는 손자병법의 비유입니다. 화자가 황질을 발포하면 말의 산천초목은 전운이 가득하고 총성이 오고 가는 전장(戰場)터나 마찬가집니다.

바둑을 전쟁이라 한다면 바둑에서는 『최선의 수비는 최대의 공격』이라는 말을 쓰는데 이는 선수(先手)뺏기의 기선제압이 승패를 가늠하는 바둑의 경우는 딱 맞는 논리입니다.

그러나 실제 전쟁을 예로 든다면 항상 공격은 차선입니다. 공격의 기본은 적의 허실을 분석하고 공격의 적기를 신중하게 판단한 다음에 적의 약점을 치는 공격만을 인정하는 데 비하여 공격 없이 무전필승(懋戰必勝), 즉 싸우지 않고 이기는 전략이 명장의 지모 중 으뜸을 차지한다는 것을 볼 수가 있습니다.

그러므로 말에 의한 언질이 일단 황질전(戰)이다 싶으면 바둑적 원리보다는 손자병법적 원리가 대개의 경우 유리하다고 생각합니다. 어떻게 대처하는 것이 좋을까요? 무전으로 이끌어 갈 수 있다면 이것이 최선이요, 차선은 휴전이며, 말선은 고전 삼십육계 중 36번째라고 하는 것이 청자에게 드리는 처방전의 간략한 설명입니다.

그러나 결론은 화자에게 돌아갑니다. 말을 함에 있어서 하고자 하는 말이 의도적이라면 황질은 거두어야 합니다. 무의식일 경우 황질로 받아들인다 싶으면 이때도 역시 거두어야 합니다.

다섯 번쨉니다. 말의 질에는 정질에 버금가는 '애질(愛質)'이 있습니다. 애질과 정질의 구분은 간단합니다. 정질이 순결하다면 애질은 다정합니다. 애질의 본체는 생각학 콘체르토에서 상세하게 말씀드린 바와 같습니다.
첫째는 상대가 편하고 상대를 위하는 하나님의 사랑을 근간으로 하여 말하는 것이 애질입니다. 이 역시도 욕심을 근간으로 하여 이를 애질이라 여기지 않는지를 꼼꼼히 챙겨야 그것이 애질입니다.

여섯 번쨉니다. 끝으로 '역질(逆質)'입니다. 역질에는 두 가지 의미가 있는데 첫째는 거짓말입니다. 거짓말의 심리를 분석하면 거짓말의 원리는 『자기 보호』입니다. 자기 보호에는 신상이나 명예나 이득과 같은 여러 가지 경우가 포함되어 있습니다.
또 거짓말을 하는 심리 가운데는 임시대처라고 하는 것이 늘어 있어서 일단 미루어 놓고 나서 다음 기회에 새로운 방도로 접근하겠다고 하는 것도 있습니다.

그러나 이와 같은 목적은 100이면 100, 하나같이 전부가 다 오히려 더 큰 곤경에 빠지는 것이 거짓말의 결과입니다.

그런데도 거짓말이 황질처럼 만연한 세태가 선연한 게 현대입니다. 가장 대표적인 예는 주로 정부 고위층인사들의 비리에 관한 경우입니다.

일단 처음에는 무조건 거짓말로 시작하고 나중에는 실토를 해서 위기를 모면코자 하지만 거짓말은 말씀드렸다시피 자기 보호에 아무런 도움이 되지 않고 반대로 더 큰 망신이나 곤경으로 몰아넣는 수렁의 속성을 가지고 있습니다.

그러므로 거짓말은 아예 하지를 말거나, 했을 경우 최대한 빨리 거두어들이는 것이 수렁의 깊은 골에서 쉽게 나오는 비결입니다. 이는 빠르면 빠를수록 좋습니다.

왜냐하면 한 개의 거짓말을 유지하려면 열 개의 또 다른 보조용 거짓말을 해야 한 개가 지켜지는데 이와 같은 연쇄작용으로 그 수를 상상도 못 하게 늘려야 하는 것이 거짓말의 속성이기 때문입니다.

말의 역질을 논하려하니 제가 만난 어떤 사람이 떠오릅니다. 그 사람은 우리나라에서 빚이 없는 유일한 재벌이라는 말로 화두를 열었습니다.

그러면서 국내 1군 대기업의 상호를 들추면서 그 사람들의 자산은 빚 좋은 개살구요 다 팔아서 채무를 정리하고 나면 현금으로 남는 돈이 별것 아니라 하면서 그러나 자기는 갚을 빚이 없으므로 모두 다 정리하면 대한민국에서 최고 많은 현금을 가졌다고 큰소리를 쳤습니다.

이렇게 시작한 말이 처음부터 거짓말이었어요. 그래서 이렇게 출발한 화살의 각도는 영영 처음 조준된 각도에 따라 무한대로 날아갔습니다.

결국 그 사람이 했던 거짓말은 늘 네 사람이 동석해서 약 20차례에 걸쳐서 매번 2시간 이상 혼자서 말을 했으므로 자그마치 백 개도 넘고 천 개도 넘는데 네 사람 중 두 사람이 말한 것을 일일이 메모장에 기록한 것을 도저히 다 셀 수가 없을 정도여서 분명 천 가지도 넘는 말들이 나중에 보니 전부 거짓말이란 결과가 나왔습니다.

사소한 하나의 거짓말을 유지하기 위해 또 다른 천 개의 거짓말이 동원되었고 천 개 중에서 단 한 개의 참말도 끝내 찾아내지 못한 상태입니다. 그렇다면 이 사람은 왜 이렇게 많은 거짓말을 자그마치 5개월 동안에 천 개나 했을까요? 그로 인하여 자기 이득이 돌아올 거라고 끝까지 착각한 경우로서 역질의 이치를 깨닫지 못하여 거짓말의 속성이라고 하는 아주 헤어나지 못할 깊은 수렁에 빠졌기 때문입니다.

물에 빠진 자는 지푸라기라도 잡는다는데 역질에 빠진 자는 무엇을 잡을까요? 속성상 역질에 빠지면 또 다른 역질을 잡는다고 하는 것이 우리에게 주는 교훈입니다. 어떤 교훈일까요? 역질은 입 밖에 내지도 말 것이요, 나간 역질을 최대한 빨리 거두어들여야 한다는 것입니다.

역질의 또 다른 한 가지는 뒤집어씌우는 모함입니다. 이것은 법률용어로 무고죄에 해당합니다. 죄 없는 사람을 고소할 경우를 무고라고 하는데 역질의 또 다른 한 가지는 자기의 죄를 상대에게 뒤집어씌운다고 하는 속성이 있어 약간 다릅니다.

말을 분해하고 자세히 들여다보면 참으로 기묘한 데가 있습니다. 떠미는 속성이 역질입니다. 내가 안 그랬다고 하는 어린아이적의 떠밀기와 뒤집어씌우는 근성이 어른이 돼도 여전한 사람이 많이 있습니다. 우리는 이런 사람을 뭐라고 하지요? '악질'이라고 합니다. 그러니까 역질이란 악질과 같은 말이면서 거짓말을 포함함으로 역질이라 정한 것입니다.

우스갯소린데 혹 썰렁하지 않으려나 모르겠지만 저는 이게 재미있다고 생각해서 떠밀기에 관한 한 가지 예화를 드려 보겠습니다. 노회(교회조직 중 총회 아래이며 교회의 위가 되는 단체)에서 교회순회를 나와서 유년부 학생에게 성경공부를 얼마나 열심히 했나 하고 물었답니다. 여리고 성을 누가 무너트렸지? 그러니까 질문을 받은 학생이 대뜸 정색을 하면서 난 안 무너트렸어요—하고 펄쩍 뛰더랍니다. 여기까지만 할까요? 말씀을 드리다 보니 역질하고는 거리가 있는 것 같아서요. 그 후로가 재미는 있는데 어쩌면 여러분이 너무 잘 아시는 이야기일 것 같아서 중단하겠습니다.

역질은 세상을 피곤하게 만듭니다. 연이어 역질이 늘어나서 세상을 병들게 합니다. 역질은 마침 역질(疫疾)이라고 하는 돌림병과 똑같은 단어이기도 합니다.

맞습니다. 말의 역질(逆質)도 병의 역질과 같아서 병균이 기하급수로 늘어나 자신도 죽고 전염도 되고 결국 상대방마저도 죽이는 진짜 역질(疫疾)보다 더 무서운 말의 특별 경계령 제1호입니다.

/제7장/

악언 (惡言)

어떤 말을 제거해야 하나

이 시간에는 지양해야 마땅한 말의 오염을 제거하기 위하여 말속에 독소가 함유된 악한 말에 대하여 말씀을 드리겠습니다. 악한 말은 언질 중에 역질(逆質)로 분류한 말씀을 드리면서 잠깐 언급했던 적이 있었던 것입니다.

첫 번쨉니다. 말에는 인정과 사랑이 들어 있습니다. 그러나 반대로 말에는 독침이 들어 있어서 사람의 심정을 찌르고 불사르는 맹독도 들어 있습니다. 웃음과 눈물이 담긴 것이 말이요. 향기와 악취가 가득한 것도 말입니다. 그럼 여기서 『악언 표Ⓐ』을 만들어 보겠습니다.

말			
언질(言質)			
악언(惡言)			
구분	궤언(詭言)	모언(侮言)	위언(僞言)	독언(毒言)
뜻	*꾸밈·억지	*얕봄·경시·비하·모함	*자기보호	*서부석 요소
악언(惡言)			

말은 인간에게만 주신 하나님의 고귀한 선물이기에 하나님이 말씀으로 천지를 창조하신 것과 같이 인간도 인간이 살아가는 데 필요한 모든 것을 인간은 인간만이 하는, 이 말로써 자신이 생각한 결과를 말로 만들어 냅니다

전공과 다르게 고층 아파트를 건축하시는 신앙이 좋은 어떤 분을 만나서 물어보았습니다. 전공한 것도 아닌데 어떻게 이런 일을 하시느냐는 질문에 그분은 이렇게 대답했습니다. 나는 망치질도 할 줄 모르고 크레인의 크 자도 모른다. 오직 말만 할 뿐이다. 하나님도 그렇게 천지를 만드셨다고 하지 않더냐…….

세상에서 가장 큰 힘을 가진 것이 말입니다. 말은 산이 바다가 되게도 하고 바다가 산이 되게도 하는 엄청난 위력을 가졌습니다. 돌덩어리도 떡을 만들 수도 있다 하신 하나님은 돌들에게도 찬양하게 할 수 있게도 할 수 있다고도 말씀하셨습니다. 그러니까 천지창조에 사용된 도구는 포클레인도 아니고 크레인도 아니고 말이었습니다.

그렇게 위대한 말을 우리에게 주신 하나님 주신 선물, 우리는 이 말로 살아갑니다.

말 속에 행복이 들어 있고 말 속에 음식이 들어 있으며 말 속에 아파트가 들어 있습니다. 톱질밖에 할 줄 모르는 사람이 아파트를 짓는다는 것은 하라고 하는 그 말대로 행한 결과였습니다. 말이 아내와 가정을 꾸미는 비결이 되었습니다.

말은 정제되어 주신 분의 뜻에 알맞게 사용해야 합니다. 주신 칼은 음식을 만들어 먹는 데 써야 합니다. 다이너마이트가 평화를 위하여 사용되지 않고 사람을 죽이는 포탄이 된 것처럼, 그런데 말이 주신 목적에 어긋난 행복을 불사르는 화마(話魔)로 둔갑함으로 그로 인해 인생이 폭발한다면 주신 칼이 자해의 도구가 된 셈이니 무엇보다도 주신 분이 복통을 하실 일입니다.

천사가 타락하여 마귀가 된 것처럼, 말은 타락하면 독사의 혀가 됩니다. 소가 마시면 우유가 될 물이 독사가 마시면 독이 된다는 말과 같이, 같은 물을 같은 사람이 마셨어도 말은 향기도 되고 악취도 됩니다.

이 경우는 소가 마시고 독사가 마신경우가 아니라 동일한 같은 사람이 마신 물이었는데 나오는 말은 정반대인 경우입니다.

이처럼 사람은 말로 독을 만들기도 하고 향을 만들기도 합니다. 이렇게 보면 말에 대한 학문은 아직도 정상에 이르려면 까마득합니다. 욕설과 독설이 난무하는 현세대를 보면 볼수록 말의 학문은 더욱 할 일이 쌓인 채 감당을 못한다는 느낌입니다.

고등학교 학생들의 말에 절반이 욕이라는 뉴스를 보면서 말에 대한 무관심이 이런 결과를 가져와 결국 세상을 말로 망하게 하는 날이 올까 우려됩니다.

어떻게 하면 우리 정신문화연구시리즈의 신개념 '대화학 콘체르토'가 미미하게나마 이에 기여할 수 있을까요? 여러분과 제가 복된 삶과 행복을 위하여 날에 대한 새로운 관심을 가져야 하겠습니다.

두 번째입니다. 말을 행복의 도구로 귀하게 사용하려면 두 가지 조건이 요구됩니다. 첫째는 『행복을 지어내는 말』을 개발하고 장려하여 실용화해서 말의 문화를 한층 더욱 높은 경지로 끌어 올려야 합니다. 두 번째는 자해도구가 되어 행복을 죽이는 『행복을 깨트리는 못된 말을 제거』해야 합니다.

이런 쪽에 관심들이 없습니다. 왜 무관심일까요? 두어야 할 관심은 금덩이가 만 근인데, 두지 않아도 될 만한 곳으로 치우쳐 있는 관심 쪽의 무게는 금도 아니요 은도 아니요 고작 작은 돌덩어리일 뿐 하잘 것없는 것들입니다.

산토끼 잡으려다가 집토끼 잃는다는 정도의 비유로는 턱없습니다. 개구리 잡는 데 정신 팔다가 꼴을 뜯기려고 몰고 나간 소를 잃는 격입니다. 한번 창녀를 취하는 데 전력하다가 아내를 잃는 격입니다.

이런 일은 첫째로 문교부가 앞장서서 지원도 하고 발제도 내 주어야 하는데 문교 정책에서 치중하는 교육 분야는 입시문제다 외국어다 뭐다 해서 말의 문화적 교육적 인생적 가치를 등한히 한다고 보이는 게 현실입니다.

특히 이런 쪽에는 TV와 인터넷이 안성맞춤이다 싶기도 합니다. 그런데 TV는 엉뚱스럽게도 소는 안 보고 개구리 뒷다리에 정신이 빠져 있습니다. 실용적인 말 교육을 해야 합니다. 고작 바른말 고운 말이라고 해서 발음이 맞느니 틀리느니만을 지적하는 5분짜리라니 우려됩니다.

또 난다 긴다 하는 유명강사들이 이런 일을 해야 하는데 그들은 상당한 면에서 인기에 치우쳐서 개그 같은 재미 위주로 골격이 없습니다. 말의 선과 악도 진지하게 논하고 흥미진진하면서도 얼마든지 재미있게 할 수 있을 건데 말입니다.

또 이런 일은 목사님들도 해야 합니다. 복음이란 말씀이라고 하면서도 실용화되어 유용한 말 속에 복음이 들어 있다고 하는 점을 간과합니다.

말이 주제가 되면서 말을 알게 하여 그로 인해 하나님의 사랑과 복음에 다가가는 믿음으로 구원에 이르는 성도의 삶을 지향하는 보다 혁명적인 위대한 말의 메시지가 산적하건만, 그러나 교회도 언론도 어쩌면 관심사 위주로 흐릅니다.

선생님들도 손을 놓고 말았습니다. 교육은 학교를 졸업하면 물 건너 가 버립니다. 그래서 가장대학을 만들고 부부대학이나 노인대학이나 어머니대학을 만들었다고는 하는데 도무지 실체적이지도 체감적이지도, 실용적이고 직접적이지도 아니합니다. 하는 수 없어 저는 우리정신문화연구시리즈를 만든 겁니다. 늦었으나마 새 코스 '대화학 콘체르토'도 쓰고 있습니다.

그러나 투정이나 하자는 것은 아닙니다. 사실 마음은 급하지만 침착함을 잃지 않을 겁니다. 어디서부터 해야 할까요? 다시 본류를 따라가서 말씀을 계속하겠습니다.

다시 말하지만 첫째는 『행복을 지어내는 말』을 찾아내고 이런 말들을 삶에 접목해야 한다는 과제가 중요합니다. 두 번째는 『행복을 깨트리는 못된 말을 제거』해야 합니다. 누가 해야 할까요? 저와 여러분의 급선무요 우리 정신문화연구시리즈도 그렇고 첫째 제가 이 일에 앞장을 서러 합니다.

그렇다면 이제 깊이 생각해 봅시다. 『행복을 덧씌워 주는 말』과 『행복을 깨트리는 말』이라고 하는 말의 새로운 지평이란 어떻게 열 수 있을까요? 결코 간단한 숙제가 아닙니다.

그러고 보면 이제 영어 단어 한두 개보다 더 중요한 것이 무엇인가는 알았습니다. 집에 불이 붙는데 옷장 하나 더 사느냐 마느냐가 뭐가 중요합니까?

우선 안 쓰던 건넛방에 신방을 꾸미려고 한다면 첫째가 지저분한 방 안부터 치우고 닦아야 합니다. 그러니까 먼저 치울 것을 치운 후에 쓸고 닦고 도배장판을 새로 하고 그런 다음에 전기배선도 새로 하고 그다음에 새로 산 살림살이들을 들여와서 행복이 넘치는 구조로 침대도 놓고 화장대랑 문갑이랑 가재도구를 제자리에 놓아야 합니다.

바로 『행복을 깨트리는 못된 말』들부터 가려서 집어 내던져야 한다는 말입니다.

세 번쨉니다. 사실 버려야 할 말들이 태산과도 같습니다. 첫째는 『무관심한 말하기』입니다. 이것은 우리의 『말에 대한 의식 깨우치기』입니다. 그렇습니다. 우리가 하는 말은 대개 아무 생각 없이 그냥 나오는 대로 하던 대로 구태의연(舊態依然)이요 별 의식이 없습니다.

중요한 것은 바로 말이란 무엇인가에 대한 바르고 새로운 의식이 필요하다는 사실입니다. 왜들 잠결에서 벗어나지를 않을까요? 알았다고만 하면 뭘 합니까? 그냥 또 널브러져서 깊이 잠이 들어 버리는 것과 다름없습니다.

70~80년 전 우리 민족을 깨운 독립군들이 흘린 피와 열정을 생각

해 봅니다. 임시정부를 세우고 나라 찾기에 목숨을 걸었던 분들을 생각합니다. 위대한 민족정신과 나라사랑과 민족사랑에 혼을 불태우신 분들이 생각납니다.

우리가 우리의 땅과 말과 재산과 자식들을 잃고 가슴 칠 때에 그분들은 광복의 뜻을 위해 목숨을 걸었습니다. 맞아요. 지금이 바로 우리의 행복을 깨트리는 더러운 말 추방을 위해 그와 같은 의지를 불태워야 할 때입니다.

똑똑하다고 자부하는 분들이 앞장서세요. 부족할망정 저에게 첨병이 되라 하시면 선봉에 서겠습니다. 학문의 최고 경지에 오르신 교수님들, 박사님들, 국문학박사님들과 '언어학' 박사님들 모두 모이세요. 애국지사처럼 말과 대화에 관하여 유능한 분들이 오셔야 합니다.

그때처럼 이름 없이 돌아가신 농부님도 무명의 장사꾼도 필요합니다. 지금 중요한 것이 바로 『말 깨우기 운동』입니다. 우선은 저 혼자라도 앞장서서 외치고 부르짖기는 하겠습니다. TV와 라디오는 저를 도와주셨으면 좋겠습니다. 반드시 해야 할 중요한 일…… 깨어지는 행복의 꿀단지를 붙잡아야 한다는 것입니다.

네 번쨉니다. 그렇다면 버려야 할 독설(毒舌), 즉 '악언(惡言)'이란 무엇일까요? 위『악언 표ⓐ』으로 충분하다고는 못합니다. 악언은 우리의 삶에 곰팡이처럼 - 암세포처럼 - 어느 한구석이나 어떤 문제에나 시도 때도 없이 이미 또 아리를 틀고 앉아 있습니다.

감방에 방장처럼 이미 그 자리가 견고해졌습니다. 그러고도 언속으로 우리의 삶에 먼지처럼 보이지도 않는 존재로 달라붙고 있습니다. 그리고 자라납니다.

성장기에 자라나는 세포의 증식처럼 무한대로 커져 갑니다. 그러나 아이는 키가 자라면서도 자신이 자신의 키가 크는 것을 모르는 것처럼, 그렇게 악언이 우리가 하는 말들을 지배했습니다. 그게 무엇일까요? 바로 자해의 도구가 되어 행복을 깨트리는 악언의 실체입니다.

사실 악언에 대하여는 별로 길게 말할 필요를 느끼지 않습니다. 악언이라는 두 글자로도 이미 여러분은 저보다도 더 많은 의미를 떠올릴 것으로 여기기 때문입니다. 그래서 『악언 표Ⓐ』은 그저 형식으로 만들었을 뿐입니다.

필요 유용한 것은 악언이란 무엇인가의 문제라고 생각합니다. 그럼에도 위 표를 만든 것은 다른 연구문과는 전연 다른 방향에서 여러분에게 동기부여의 목적이었을 뿐, 표로 나타난 단어대로 쫓아갈 의도는 처음부터 없었습니다. 다만 한 가지, '궤언'에 대하여만은 좀 자세하게 말씀드리겠습니다.

'궤언'이란 내버려야 마땅한 행복을 깨트리는 악언입니다. 제가 볼 때는 악언 중에는 이 궤언이 가장 많다고 생각됩니다. 궤언은 '궤변(詭辯)'과 같은 말입니다. 더러운 이 말은 『도리에 맞지 않는 말을 맞는 것처럼 억지로 꾸며서 남을 속여서 상대를 혼란하게 하여 그를 자기의 이론으로 끌고 오고자 할 때 쓰는』 간사한 말입니다.

소피스티케이션이라고 하는 이 말은 세상에 있는 말 중에서 가장 독성이 강한 악언의 대장입니다. 그렇다면 누가, 왜 이런 궤언을 늘어

놓아서 행복을 깨트리고 세상을 더럽힐까요? 말에 대한 말의 존귀성과 말의 가치를 제대로 모르는, 즉 우리 정신문화연구시리즈에서 말할 새 코스 '대화학 콘체르토' 같은 분야에 무지한 자가 이런 궤언을 악언일 줄도 모르고 내어놓습니다.

왜 그럴까요? 그냥 무식해서 그렇다고 하면 되겠지만 구체적으로 지적하면 그렇게 함으로써 자기에게 유익이 돌아온다고 잘못 판단해서 그렇습니다.

하지만 실제는 자기도 죽고 상대방도 죽이는 둘 다 멸망하는 자살폭탄이 바로 궤언입니다. 폭발력이 강한 포를 방 안에서 던지면 상대만 죽습니까? 자기도 죽는다는 걸 모르는 어리석은 자가 궤언을 늘어놓는 겁니다.

그러면 과연 이런 궤언은 성공할까요? 분명한 사실은 궤언의 성공이란 없으며, 확률상 상대는 살아남고 오히려 본인만 죽는 경우가 7~8할이 넘는다는 것이 맞는 말입니다.

결국 궤언은 자살골입니다. 특히 대사(大事)일수록 궤언은 더더욱 적중확률이 낮다는 것이 중요합니다. 때로 소사(小事)에서는 이게 먹혀도 듭니다. 그러나 그것도 득보다 실이 많습니다.

왜냐하면 궤언은 상대가 정해(正解)는 못해도 청해(聽感: 말을 듣고 느끼는 느낌)는 하거든요. 주의해서 마땅한 것은 큰일일수록 궤언으로 넘길 생각은 아예 말아야 합니다.

그런데 참 이상합니다. 백에 한 번도 효과가 없는 궤언이 황사처럼 자욱한 게 언어문화의 일부이나 결국은 역주행으로 갑니다. 궤언은 그저 궤언으로 기웃거리기나 하고 떠돌기나 할 뿐 발을 붙일 데가 없어야 하는 것이 좋은 세상이기 때문입니다.

문제는 여기에 있습니다. 성공도 못하는 궤언으로 인해 피해가 막

심하다고 하는 사실입니다. 사람들의 정신문화에 악영향을 끼쳐서 불필요한 정신적인 소모가 대단히 크다고 하는 사실입니다.

이와 같은 피해는 본인도 마찬가지이고 상대방도 그렇지만 상대방의 주변 사람들에게까지 혼란을 주어서 엄청난 피해의 결과를 초래하여 인간세상이라고 하는 거대한 배를 자꾸 겉돌게 만든다고 하는 그런 낭비의 결과를 가져온다는 사실입니다.

이게 뭡니까? 상대도 손해고 저 자신은 몇 배나 더 손해고 세상은 더러워지게 만들고…….

다섯 번쨉니다. 그러면 이제 궤언에 대하여 다각도로 분석해 보겠습니다. 궤언은 주로 사업을 하는 쪽에서 자주 보게 되는데 그중에서도 복병처럼 특히 많이 잠복되어 있는 곳은 어떤 특징이 있는 곳일까요?

구린내가 나는 곳에 똥파리 많이 꾀듯 궤언이 들들 끓는 곳은 주로 횡재와 거금과 관련된 분야입니다. 이런 곳은 대개 사기가 난무하는 구린내 천지인 곳입니다. 물론 딱 맞는 말은 아닙니다. 가정에도 끼어들고 부부 사이에도 끼어드는 것이 궤변이거든요.

부부 사이는 거금이나 횡재하고는 무관하여도 여기는 무엇 때문에 끼어드느냐? 바로 자기 정당화, 합리화, 구린내 덮기, 위기모면 등등 궤언은 때와 장소를 가리지 않습니다.

그러나 그중에서도 가장 번성하는 곳이 바로 앞서 말한 횡재니 거금이니 하는 사람이 미혹되기 쉬운 욕심이라고 하는, 똥파리비유로 말하면 똥통 같은 구석입니다. 그러니 궤언의 온상이 뭔지 아시겠습니까? 원인제공은 궤언자의 상대인이 되는 바로 나 자신일 수도 있다고 하는 사실입니다.

그러니까 일단 궤언이다 싶으면 빨리 나 자신을 돌아보아야 합니다. 똥냄새가 안 나는 곳에 똥파리가 덤빌 이유가 없다는 것이 원리 중에 원리입니다.

그러므로 빨리 나를 돌아보고 궤언이 더 이상 맥을 못 쓰도록 얼른 방책을 써야 합니다. 방책이란 무엇일까요? "난 그런 욕심은 없어 큰 돈이 그렇게 온다는 것은 원하지 않아" 이렇게 말해서 핵폭탄이 더 커지는 것을 막고 작은 포탄이라도 터지는 것을 초기에 얼른 때려 막아야 합니다.

그러나 이것은 내가 상대자가 된 경우의 이야기입니다. 진짜 문제는 궤언을 쏟아 내는 문제의 그 사람이 될 경우입니다. 그러면 이제 궤언자의 심리를 분석해 보겠습니다.

왜 궤언자는 궤언에 매달리나요? 이미 그 답은 앞에서 드렸지마는 보다 더 연구해 보고 보다 확실하게 알아 두어야 나도 그런 쪽에 빠지지 않을 것이고 궤언에 빠진 상대방도 구해 낼 수 있을 것입니다.

첫째는 무지의 소치라고 했습니다. 무식이 사람을 잡는다 하고 무식이 용감하다고도 하는데 무식은 본성으로 욕심이 꽉 들어차서 주로 불로소득성의 횡재를 추구하는 특징이 있습니다.

지혜가 있는 사람은 세상이 말 몇 마디로 좌우되지 않는다는 것을 잘 아는 사람입니다. 지혜로운 사람은 또 수고한 것에 비하여 대가가 적고 많고의 판단이 명료합니다.

수고한 값이 백이라고 하면 그 대가는 120일 수도 있고 뜻밖에 150일 수도 있다면 인정합니다. 그 이유는 내가 계산을 잘못했을 수도 있으며 세상이란 내가 수고한 것보다 적은 대가가 오기도 하지만 좀 많은 대가도 온다고 하는 상식의 범주를 자로 재듯 알기 때문입니다.

그런데 수고(투자)는 백을 했는데 대가는 2백이 아니라 3백, 4백이라고 하면 바로 돌아서는 사람이 지혜로운 사람입니다. 그러나 무식한 사람은 다다익선(多多益善)이란 말을 곡해해 버립니다.

　또 궤언에 전력하는 자는 요행(僥倖)을 믿는 특성이 있습니다. 묘한 것은 무식하여 궤언에 빠진 사람은 곧바로 셀 수도 없이 많은 요행의 예를 정말 많이도 알고 있다는 사실입니다. 그래서 궤언자는 먹고 보고 들은 게 전부 개 눈에는 뭐만 눈에 띈다는 말이 딱입니다. 일종의 허영이다 그 말입니다.

　그러니 정신문화연구시리즈 '대화학 콘체르토'는 이럴 때 어떤 처방전을 내려 드릴까요? 이런 처방전을 드리겠습니다.

　성경에는 『이 말씀을 보고 듣는 자가 복이 있다』고 하는 말씀이 있는 것, 아시지요? 이때에 『이 말씀』과 관계가 없는 『저 말씀』을 보고 들을 경우에도 복이 있는 사람일까요? 『이 말씀』이란 하나님의 복된 생명의 말씀이지만 『저 말씀』이란 마귀가 사람을 죽이고 멸망케 하는 말씀입니다.

　그러니까 궤언자를 좀 심한 말로 꾸짖는다면 개같이 살면 똥밖에 안 보일 터이니 성실하게 노력하며 사는 사람들을 본받으라고 하겠습니다.

　여섯 번쨉니다. '궤언' 말고도 표ⓐ에는 '모언(侮言)'과 '위언(僞言)'과 '독언(毒言)'이라고 하는 단어들이 있습니다. 당연 제거해 마땅한 말의 독소적 요소입니다. 결코 경시할 수 없는 모두가 다 세상을 맑히는 아주 가치 있는 내용들이 될 거라고 생각합니다.

그러다 보니 당초 생각하기를 간단하게, 다들 아는 거니까 대충, 어쩌면 진부할지도 모르니까 가급적 생략한다고 작정은 해 놓고 갈등이 심합니다. 생략하지 못할 정도로 중요하다 싶은 생각 때문에 오는 갈등입니다.

그러나 써야 할 글이 너무 쌓여서 우선 간단히 하겠습니다. '모언'이란 무엇인가에 대해서입니다. 모언은 남을 멸시하는 자기 우월의식에서 자기를 높이려고 하는 말입니다.

다시 말하면 알아 달라는 것이요, 알아서 모시라는 상대제압을 위한 수단으로 모언을 토해 냅니다. 문제는 상대를 깔아뭉개는 것입니다. 저는 잘났다고 하는 변증을 상대비하로 드러내는 불순한 의도가 담긴 말이 모언입니다.

다음은 '위언'입니다. 사실과 다른 '허언'과 동질이어서 허언이란 헛소리입니다. 위언도 헛소리와 같지만 이는 거짓말도 됩니다. 이와 같은 악언들을 왜 할까요? 불리한 입장에서 자기를 보호하기 위한 어리석은 수단을 좋은 방법이라고 선택한 것입니다.

끝으로 '독언'입니다. 독언은 독설이며 저주를 퍼붓는 아주 고약한 말들입니다. 툭하면 잘되나 보라느니 벼락을 맞으라느니…….

독언은 독약이나 동일입니다. 이것은 화풀이의 수단으로 나오는 말입니다. 큰 피해를 당한 것에 대한 보상을 받을 길이 없을 때 분을 삭이지 못해서 퍼붓습니다. 처방전은 원인과 결과 비슷하므로 궤언의 처방전과 같습니다.

/제8장/

청감 (聽感)

＃ 잘하는 말도 어떻게 듣느냐에 따라 다르다

말은 『말을 해야 존재』합니다.
그러나 말은 『상대가 들어야 존재가치』가 있습니다.

그래서 말에 대한 학문은 두 가지 커다란 과제를 동시에 부담해야
하는데 하나는 『말하기』이며 또 하나는 『말 듣기』입니다.

첫 번쩹니다. '대화학 콘체르토'는 방대하므로 제가 제21장까지 가
보았자 그래도 시작에 불과하다는 것을 알고 있습니다.

그러나 새 코스 '대화학 콘체르토'의 제목에 불과한 골격만이라도
정하고자 한다고 하는 말씀으로, 역시 원인제공으로 동기만을 부여하
고 새로운 도전을 받자고 하는 데 연구의 목적이 있습니다.

말을 논할 때는 크게 『하기』와 『듣기』라는 대명제(大名題)를 과제
로 받을 경우 '대화학 콘체르토'는 대본류(大本類) 또한 학문 과목명
자체를 '언어미학'이나 '언어심리학'과 같이 이름부터 달랐어야 했는
지도 모른다고 생각합니다.

『말하기』라고 하는 단 세 글자가 학문다운 체계를 갖춘다는 것도 방대한데, 게다가『말 듣기』까지 포함하면 둘 다 부족하다 싶습니다. 그러므로 저보다 더 깊은 연구로 동참해 주시기 바랍니다. 그럼『청감표◎』을 만들어 보겠습니다.

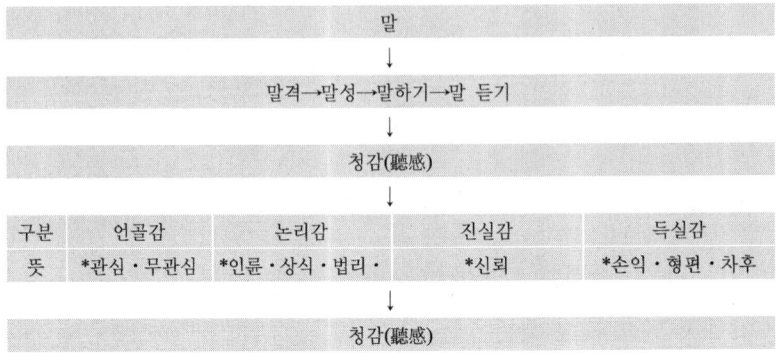

말			
↓			
말격→말성→말하기→말 듣기			
↓			
청감(聽感)			
↓			

구분	언골감	논리감	진실감	득실감
뜻	*관심·무관심	*인륜·상식·법리·	*신뢰	*손익·형편·차후

↓			
청감(聽感)			

말은 말격과 말성을 가지고 '말감'이 되어 '언질'과 '청감'의 구조를 가지고 있다는 말씀을 드렸습니다(제5장 말감 표ⓗ 참조).

또 말의 감(感) 중 '언질'에 대하여는 이미 말씀드렸습니다. 아시는 것처럼 '청감(聽感)'이란 '듣는 사람이 듣고서 느끼는 것'을 말합니다.

그러나 저는 이 단어의 원뜻을 보다 광범위하게 적용하려고 합니다. 청감을 4가지로 나누어서 언골감·논리감·진실감·득실감으로 세분(細分)하기로 하였습니다.

말은 말로 하기까지에 우리의 상상을 넘는 미세한 과정들이 있습니다. 또 말은 말을 듣는 것에도 이에 못지않은 수많은 항목과 과정들이 있다는 것을 알 수가 있습니다. 그러니까 '대화학 콘체르토'는 듣기문제를 병행해서 연구되어야 한다고 생각합니다.

말이란 잘해야 하는 것과 잘 들어야 하는 것이 공존하기 때문에 하기도 배워야 하고 듣기도 배워야 하는 게 '대화학 콘체르토'라 하겠습니다.

지금까지 우리는 말하기에 대한 원리 위주의 쪽으로 생각해 왔습니다만 이제는 듣기에 대한 원리 위주의 말씀을 드리려고 합니다.

하기와 듣기를 어느 정도 마치고 나서 그때 가서야 학문적인 연구가 아닌 일반적인 실용화 연구를 하게 될 것이므로 아직도 갈 길은 멉니다.

왜냐하면 말은 하기도 하고 듣기도 하는데 하게 될 경우나 듣게 될 경우에 대하여 양쪽을 다 아는 것이 할 때도 그렇고 들을 때도 유익하기 때문입니다.

두 번쨉니다. 말을 듣는 문제에서는 첫째로 들을 것이냐 말 것이냐의 두 갈래가 나타납니다. 이는 필요하면 들어 보는 것이고 들을 필요가 없다면 아예 안 듣겠다고 할 것이기 때문에 먼저 무슨 말이냐고 하는 문제가 나오게 되는데 이것이 바로 '언골성'입니다.

상대방이 하는 말이 자기에게 해당이 되느냐 아니냐의 문제는 내가 말을 할 것이냐 말 것이냐의 문제와 동일합니다. 그러므로 가장 중요한 것이 상대의 청감감지입니다.

상대가 내가 하는 말 듣기를 원하지 않는다면 그 말은 만들어서 힘들여 말할 필요가 없습니다. 그러니까 말은 이 문제를 빨리 결정해야 합니다.

그러나 사람은 누구나 자기가 듣고 싶은 말이 있습니다. 어떤 사람은 주가변동에 관한 말을 듣고 싶고 어떤 사람은 부동산이야기가 듣고 싶고 어떤 사람은 사랑한다는 말이 듣고 싶고 어떤 사람은 돈이 얼마나 필요하냐고 묻는 말을 기다립니다. 말은 이와 같이 기다리는 것이 있는가 하면 생각지도 않는 말을 들어 보라고 하는 요구도 받게 됩니다.

언골성은 이와 같이 각 사람에 따라 다르게 작용합니다. 그래서 반기는 말이 있고 반갑지 않은 말이 있습니다. 그러니까 말을 하려면 이와 같은 상대방의 청감심리를 파악하는 것이 중요합니다.

말은 반갑기도 하지만 아주 불편하게도 하기 때문에 심지어 말이 많아서 그게 싫다는 말도 하는 것입니다. 이때 말이 많다는 것은 말마디 수가 많다는 뜻이 아닙니다. 자기와 무관한 언골성 검토가 안된 말을 하니까 청감이 곤두서지 않는다는 뜻입니다.

그러므로 말의 형성은 언골성 검토가 우선입니다. 해야 될 말과 안해야 될 말을 분별하지 못하는 사람은 쓸데없는 소리를 한다고 느껴서 무슨 말이 그렇게 많으냐고 싫어하게 됩니다. 다시 말하면 언골성은 상대와 나와의 삶에 관심의 초점이 되는 주파수입니다.

AM에 맞춘 라디오를 가진 사람에게 FM주파수를 들여 밀면 들리지도 않고 귀찮기만 합니다. 또 사이클이 91.7이면 정확하게 91.7에 맞춘 언골성이어야 하는데 91.8이라든가, 91.2라고 하는 언골성의 주파수를 맞춘 말이라고 한다면 잡소리가 더 커서 짜증만 나고 말게 됩니다.

그러니까 말을 하려면 말의 골격을 제대로 세워야 합니다. 하려고 하다가 즉석에서 거부당하는 말은 언골성 구조상에 문제가 있는 경우입니다. 또 말의 문을 여는 것도 언골성입니다. 특히 요즘은 만나서 말하기 전에 휴대폰으로 미리 약속을 하는 것이 말의 시작(開言)입니다.

언골성은 이때 맨 처음으로 열리는 말의 문입니다. 여보세요~가 됐건 안녕하십니까가 됐건, 누구시냐는 질문 다음에는 바로 "왜 그러시지요?"라는 말이 나오는데 바로 이 부분이 말의 '언골성'입니다.

그런데 이 언골성은 최대한 아주 간단한 구조를 가져야 상대방의 청감의 벽을 뚫고 들어가는 데 유리합니다.

예를 들면 『나는 누군데 뭐하는 사람이고 전에는 이런 일을 했었는데 지금 어떤 사람을 만났다느니, 만났더니 그 사람이 하는 이야기가……』라고 하는, 뭐 이런 식의 언골로 상대방에게 들어가면 언골성에 큰 문제가 있어서 청감의 벽을 뚫을 수가 없습니다.

듣는 사람이 빠르게 언골성을 확인하지 못하므로 "그런데 무슨 말씀을 하시려고 하지요?"라고 대뜸 따지듯이 물어보게 됩니다.

그러니까 언골성은 최대한 간단하면서 재빠르게 전체 골격이 파악도록 짜야 합니다. 그래서 상대방이 무슨 말을 듣게 될 것이라고 하는 청감이 발동해서 이제는 듣고 싶은 상황으로 역전을 시켜야 합니다. 하고 싶기도 하고 듣고 싶기도 하다면 말을 상통경지(相通境地)에 이르게 하려고 만든 말이 날개를 달고 나르게 됩니다.

그러나 부실한 언골성으로 접근하면 관심이 없으니 끊자고 하고 만날 필요가 없다고 보인다고도 하고 다음에 생각해 보고 전화 준다고 하거나 손님하고 대화 중이라고 하면서 더 이상 대화하기를 꺼려하게 됩니다.

그럼에도 불구하고 자꾸 전화를 건다면 어떨까요? 물고 늘어지듯 일단 만나나 보자고 하면 어떨까요? 애들처럼 떼를 쓰고 매달리면 어떨까요? 한 번만 더 만나 보자고 밀어붙이면 어떨까요? 이게 언골성의 문제입니다. 언골을 잘못 짰거나 상대에게 맞지 않는 언골구조입니다.

아파트를 사고 싶다는 사람에게 전원주택의 언골을 말해 봤자 그 사람은 귀에 들리지를 않습니다. 청감의 벽을 막고 열어 주지를 않기 때문입니다.

세 번쨉니다. 상대방의 언골성이 마음에 들면 이제 개화(開話)가 되었습니다. 그러나 개화된 상대방은 아직도 믿지 못합니다. 입맛에 쭉 당겼다가도 다시 문을 닫게 되는 경우가 있고 입맛에 맞을지 말지를 더 확인하려고 하는 속셈도 있습니다.

대개는 좀 더 구체적인 이야기를 들어 보고 그다음에 결정하기 위한 경우가 보통입니다. 그렇다면 이제는 청감에서 논리성 확인을 하려고 할 것입니다.

청감의 논리성이란 언골을 뼈대로 한 전신 확인입니다. 다시 예를 든다면 맞선을 보는 여성의 예를 들어 볼까요? 나이는 몇이다, 학벌은 어느 대학이다, 직장을 뭐다, 가정은 어떻다, 키는 크다…….

부동산으로 예를 들어 볼까요? 임야다 전답이다, 몇 평이다 어디다, 평당 얼마다, 도로는 닿아 있다…… 바로 여기까지가 언골성입니다.

이제 여기서부터는 논리성입니다. 논리성은 먼저 어떤 사람이냐고 하는 인품을 보는 것으로부터 시작해서 상식과 법리로 접근해 들어갑니다.

다시 맞선을 보게 되는 경우로 말해 보겠습니다. 풍기는 인상(인륜적인 면)으로부터 만남의 태도(상식적인 면)로부터 그 사람의 사람 됨됨이(법리적인 면)까지를 바로 이 청감이 모든 것을 육하원칙에 입각해서 종합적으로 살피게 됩니다.

부동산으로 예를 들어도 비슷합니다. 공인중개사인가 아닌가? 본인 땅인가, 아는 사람 땅인가? 지불조건은 어떠하며 투자가치는 어느 정도인가의 여부까지…… 그러나 청감의 논리성은 이 정도로 간단치가 않습니다.

다시 말하면 모든 것이 상식과 순리와 법리에 맞아야 합니다. 특히 부동산의 경우라면 여기서도 몇 단계를 더 필요로 합니다. 다른 물건과 비교하기 때문입니다. 무엇보다도 불가측성이 문제입니다.

맞선을 본 경우에도 똑같습니다. 그래서 한두 번의 만남 가지고 결혼까지 간다는 것은 어렵습니다. 논리성은 드러나는 논리성도 중요하지만 드러나지 않는 논리성이 더 크게 작용하는 특성이 있기 때문입니다.

사람을 얼굴만 보고는 평가할 수 없다는 것이 장애로 가로막아서 좀처럼 결정하기 어려운 것이 보이지 않는 논리성입니다. 그렇다면 보이지 않는 논리성이란 무엇일까요? 그래서 바로 진실성이라고 하는 다음 계단을 올라가게 됩니다.

네 번쨉니다. 청감에서의 진실성은 목적하는 말의 결과를 얻는 데 있어서 어쩌면 가장 중요한 요소라고 볼 수도 있습니다. 언골성이 인정을 받고 그 어려운 논리성도 통과를 했다고 칩시다. 이제는 결심으로 올라가는 계단 앞에 섰습니다.

사람은 누구나 이때가 힘이 듭니다. "다 좋은데……" 이렇게 말하면서 머뭇거리는 사람들이 많습니다. 그럴 때 다른 사람은 쉽게 말합니다. "그러면 결정하지 뭘 망설여?" 그러나 남은 모릅니다.

이제 결정하면 본인은 전 재산을 다 집어넣는 격이며 여성은 인생 전체를 그 남자에게 맡기는 격입니다. 사람이 이때 고민하지 않는다는 것은 있을 수도 있지도 않습니다.

그래서 인생은 끝없는 선택이라고도 말하는데 언제나 선택에는 갈등이 있습니다. 그렇다면 왜 고민하고 갈등할까요? 내일은 보이지 않는 미지의 세월이기 때문입니다.

이다음에 어떻게 될 건가를 아는 사람은 세상에 아무도 없습니다. 문제는 그걸 모르니까 고민하고 계속 생각에 잠기는 것입니다.

그러니까 이 경우는 머뭇거리는 것이 아닙니다. 밥으로 비유할까요? 밥이 끓는다고 밥이 아니라 뜸이 들어야 밥이지요? 이 말은 어쩔 수 없이 생각할 시간을 주어야 한다는 것입니다.

뭘 꾸물거리느냐고 빨리 결정하라 하면 본인은 재촉하는 바람에 마음이 상하게 됩니다. 끝내 족치면 안 한다고 그냥 치워버리라고 하고 맙니다.

생각할 시간을 주어야지 그렇게 급하게 어떻게 결정을 하느냐고 항의합니다. 중매쟁이나 중개인이 볼 때는 오래 끄는 것 같아도 사실 본인으로서는 아주 정상이거든요. 예를 들면 뜸들일 때는 뚜껑을 열면 밥이 안 된다는 것이 논리입니다.

아무튼 이런 과정을 거쳐서 혼자 오랜 시간을 소모했다고 해 봅시다. 중매쟁이는 하루가 천 날 같았을지라도 당사자는 천 날도 하루와 같은 상대성이 있는 짧은 시간입니다. 그래서 정작 당사자 본인은 오히려 너무 일찍 결정하는 게 아닌가 싶은, 아직도 확신이 다 못 선 상태에서 만나자고 연락이 옵니다.

바로 이때, 당사자는 만나서 뭐라고 할까요? 내심은 이미 그러기로 한다는 쪽으로 결론을 내고 만나자고 하였지만 그래도 만나면 말이 이렇게 나옵니다. "영 결정을 못 하겠어요—"라고…….

바로 이때부터가 청감의 진실성이라고 하는 계단에 오르는 것입니다. 이미 결심을 하였더라도 최종 점검을 하기 위한 것이 이 단계입니다. "어떻게 할지 결정을 하기는 해야겠는데."

이런 말이 나오면 도와주어야 하는 것이 청감상의 진실성입니다. 틀림 없다—믿어라—라는 말은 좋은 말이 아닐 수도 있습니다. 내가 보증한다는 말도 좋은 말에 속하지 않는 수도 있습니다.

오히려 이해가 간다고 하는 말이 좋은 말일 수도 있으며, 나라도 그렇겠다고 하면서 신중히 생각하라고 여유를 주는 말이 더 효과적일 수도 있습니다.

굳이 말을 하려면 "그러나"라든가 "하지만"이라고 하는 말로 내가 장담은 못 하지만 내 경험에 의한 느낌과 판단은 결정을 해도 된다고 보인다는 정도가 괜찮을 것도 같습니다. 그러면서 반드시 "장래 일을 누가 알까마는……"이라고 하든가, "어차피 내일 일은 모르는 것이며 어찌 보면 운도 있는 것이다"라고 해 주는 것이 좋다고 생각합니다.

이처럼 지금 드린 말씀들은 바로 진실성에 속하는 내용입니다. 진실성의 문제는 중매쟁이나 중개인의 몫인 경우가 많습니다. 아니고 맞선의 경우에는 상대남자의 몫이 더 많을 수도 있습니다.

다시 말하면 신뢰성의 문제입니다. 물론 어떻게 믿느냐 거나 믿으면 안 된다는 논리가 팽배한 것이 세상이란 말은 맞습니다. 믿어 줄 사람도 없고 믿지도 않는다는 말이 맞습니다.

그러나 분명한 사실은 그래도 여전히 신뢰가 살아 움직이고 있다는 사실입니다. 당연 애초부터의 신뢰는 아닙니다. 과정상에 높은 계단에 오르면 이 신뢰라고 하는 진실성은 여전히 건강하다고 하는 말씀입니다.

다섯 번쩹니다. 끝으로 득실성입니다. 득실성은 이미 언골성이나 논리성을 거치고 진실성까지 올라온 마당에서는 논할 필요가 없다고 보기 쉽습니다. 매번 계단을 하나씩 오를 때마다 사실은 득실성이 작용했기 때문입니다. 그러나 최종 결심을 이행할 때는 다시 고개를 드는 것이 득실성의 문제입니다.

득실성은 사안에 따라 기준을 달리합니다. 결혼의 득실성은 행복이며 부동산의 득실성은 돈입니다. 그러나 차라리 돈이라면 계산기로 눌러라도 본다지마는 행복의 득실성은 만져지는 것도 보이는 것도 아닙니다.

그래서 어떤 일이고 말이 나가서 열매를 거두려면 한없는 난관에 부딪치고 도중에 낙과로 떨어지게 되는 수가 많습니다.

물론 득실성은 당사자의 계산일 뿐입니다. 잘될 거라고 하는 격려 이상의 말은 어렵습니다. 그러니 이 문제에 대한 처방전은 무엇일까요? 인생은 한평생 인생의 득실을 심고 가꾸는 것이라고 하는 애매한 말씀이 답변입니다.

바로 거두는 것이 있고, 일정 기간이 지나가고 나서 두었다가 거두는 것이 있고 심지어는 관 뚜껑을 덮고 난 다음에야 안다는 말도 있습니다. 그러므로 인생은 득실을 따지기 어렵습니다.

이에 대하여 선인들은 이런 말을 했습니다. "인생이란 얻는 것보다 잃는 것이 더 많다." 아주 절망적인 말이구나 싶지마는 그게 다는 아니라고 봅니다.

그러나 어찌 보면 인생은 준 것만큼 받지 못하는 것이 실체인지도 모릅니다. 제가 지금 '대화학 콘체르토'를 연구하는 것을 예로 들어도 그렇습니다. 쓰는 수고에 비하여 얻어지는 것은 무엇일까요? 그러니 저 혼자 미친 것이라고 해도 과언이 아닙니다.

모든 것은 제가 좋아서 자기가 좋아야만 하는 것이 인생입니다. 말도 그렇고 듣는 것도 그렇습니다. 그러므로 후회해도 보상은 받지 못합니다. 그러니 그러려니 하고 그런 것으로 만족하는 삶이 인생이라고 하면 너무 늘어졌습니까.

/제9장/

추어 (醜語)

거친 말이 삶의 기쁨을 꺾는다

삶의 보람이랄지 가치 그리고 기쁨과 행복은 주고받는 말 속에서 솟아납니다. 단정적인 말일 수도 있으나 상당 부분 말에 들어 있는 것이 행복이라 해도 큰 무리는 아니라고 보는 것입니다.

말이 더럽고 거칠면 솟아난 기쁨은 슬픔으로 추락되고 맙니다. 사람은 자신도 모르는 사이에 사람에게 삶의 활기를 주기도 하고 넘치던 활기를 꺾어 버리기도 합니다. 그래서 말에 대한 연구로 밤을 새우면서 다시 한번 외치고 싶은 것은 말을 좀 신중하게 하자고 하는 말씀입니다.

그러나 누가 이걸 모를까요? 도식적이고 진부한 권고라서 이렇게 말씀드려서는 '대화학 콘체르토'라고 하는 본 연구의 가치가 의심스럽겠다 싶기에 이 시간에는 말을 신중하게 하는 것이란 어떤 것인가를 생각해 보기로 하겠습니다.

깨끗(潔語)하고 아름다운(美語) 말을 하자는 것입니다. 더럽고 추한 말을 가려내어 정선(選定語)된 말을 하자는 것입니다. 세정(洗淨語)된 말을 하자는 것입니다.

첫째로 그렇다면 신중치 못한 말이란 어떤 말인가를 분석해 보겠습니다. 여기서 『추어 표㉙』을 만들어 보겠습니다.

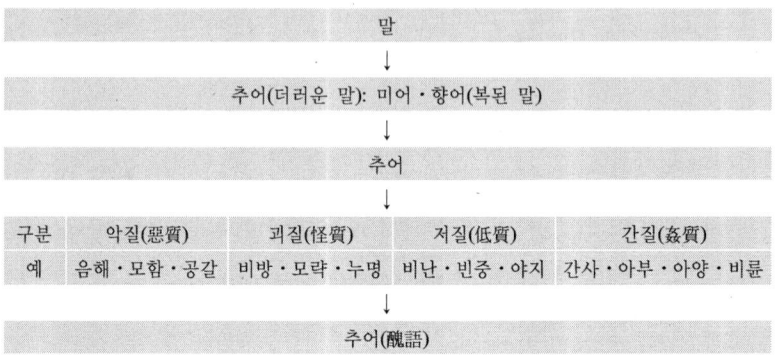

말			
↓			
추어(더러운 말): 미어·향어(복된 말)			
↓			
추어			
↓			
구분	악질(惡質)	괴질(怪質)	저질(低質)	간질(姦質)
예	음해·모함·공갈	비방·모략·누명	비난·빈중·야지	간사·아부·아양·비륜
추어(醜語)			

매년 행사처럼 날아오는 황사처럼, 맑은 하늘 같은 사람의 심령을 더럽히는 말이 너무 많습니다.

더러운 것을 빗대어서 사람은 몸에서 나오는 것(대소변)보다 입으로 나오는 말이 더 더럽다는 성경의 말씀처럼, 사람은 아름다운 입으로 더러운 말을 자신도 모르게 마구 토해 냅니다.

작은 골방에서 실례를 하면(방귀를 뀌면) 너나 나나 악취를 마셔야 하듯이 우리의 입에서 독하고 악한 더러운 말이 쏟아져 나오면 그래서 오염된 말의 결과는 모든 사람의 마음을 상하게 하고 피차 순식간에 생기(生氣)가 살기(殺氣)로 변하여 서로의 삶을 힘들게 하고 맙니다.

무엇이 인생을 오염시킬까요? 맑힐 방도는 무엇일까요? 먼저 더러운 말을 '추어'라고 하겠습니다.

추어는 더럽다는 말만 가지고 다 표현을 못 합니다. 세상에서 없어져야 할 추어는 우리 몸속, 피부 속, 심장 속, 뇌리 속, 말속에 우리도 모르는 자리에 담겨 있습니다. 그러니까 깐깐하게 헤집고 들춰 보지 않으면 이 녀석의 정체를 찍어 낼 수도 없습니다. 그런데 여기서 한 가지 꼭 기억하고 넘어가야 할 것이 있습니다.

죄는 미워도 사람은 미워하지 말라는 그 말이 딱이겠군요. 추어는 사람의 입에서 나오지만 사람은 미워하지 말자는 것입니다. 미워해 보았자 역시 미워하는 나 자신도 마찬가지인 것을 내가 모를 뿐이라고 하는 사실 때문입니다. 이 말은 나도 모르고 너도 모르는 사이에 우리 모두는 역시 추어가 몸에 배어 있고 추어로 옷도 젖어 있다는 뜻입니다.

추어를 내 뱉는 사람은 그 사람의 인격문제라고는 하겠지만 인격과 인품의 문제 이전에 '대화학 콘체르토'와 같은 교육문제가 보다 근본적인 문제입니다.

잘 모르고 추어를 쓴다든지, 무의식중에 습관으로 나온다든지, 아니면 지금 드리는 이런 말씀 한마디면 달라지고 말게 될 정도라고 한다면 이것을 가지고 인간의 질을 말하고 인격이나 인품을 말하면서 사람까지 미워할 수는 없다고 하는 말씀입니다.

추어에 젖은 것은 말리고 닦으면 됩니다. 말리고 닦기 위하여 이제부터 추어의 정체를 꿰뚫어 보는 탐색에 들어가겠습니다.

두 번쨉니다. 쉽게 간단히 말하면 『더러운 말』이 추어입니다. 사실

무근을 사실이라고 밀치고 조작한 말도 추어입니다. 흠이 없는 사람을 헐뜯어서 흠집을 내는 말이 추어입니다.

세상에 만연한 것이 추어인데 추어의 정체를 꼼꼼 따져 정밀하게 들여다보지를 않음으로 추어가 대낮에 활개를 치고 다닙니다. 말로써 상대방을 비하하는 것이 추어입니다.

부부간에도 추어가 침투되면 말이 나빠집니다. 사업에도 추어가 끼어들면 동료 간이나 거래처와의 틈이 생기고 관계가 깨어집니다. 그러므로 추어는 아예 첫 번 떡잎일 적에 뽑아 버려야 합니다. 그런데 이 더러운 추어에도 여러 등급도 있고 급수도 있습니다.

물이 급수와 등급이 있는 것처럼 추어에도 갖가지 급수와 등급이 있습니다. 물로 말씀드리면 산천어나 은어는 1급수에서만 산다지요? 우리의 말도 등급이 있고 추어도 급수가 있습니다.

3급수 이하로 내려가면 물고기도 병신이 된대요. 등이 굽고 입이 삐뚤어진답니다. 간이 썩고 위장이 헐어 버린답니다. 마침내 거기서도 더 내려가면 모든 물고기가 떼죽음을 당한답니다.

저는 인간의 추어에도 이와 같은 급수가 있다는 것을 알았습니다. 적어도 1급수는 못 돼도 2급수는 돼야 한다고 생각하는데 이미 3급수의 도를 넘어서서 4급수에 들어서고 있다는 진단을 하였습니다.

3급수A+라고 해도 탁류 급이랍니다. 여기는 생명력이 강한 미꾸라지나 메기, 붕어가 살기는 산답니다. 3급수F−에 이르면 잡아 보았자 그 고기는 냄새가 나서 먹을 수가 없답니다. 4급수는 아무리 A+을 받아도 척추가 휜답니다. 내장이 갈기갈기 찢어지기 직전이랍니다. 눈도 제대로 뜨지 못하여 장애물에 부딪혀서 전신에 상처가 나고 무엇보다도 맥을 못 추고 병병 한답니다.

아무튼, 지금 우리는 병든 말의 저급수의 물에서 살아갑니다. 말로 인해 상처를 받고 우울증에 시달리고 밥맛도 잃고 자식도 귀찮고 사업도 별 신경을 못 씁니다. 거의 올 때까지 막판 한계에 와 버렸습니다.

언제 사랑했던가? 언제 1급수에서 살았었던가? 믿었던 사람이 돌아섰고 머리끝까지 분한 마음과 원한이 사무쳐 버렸습니다. 누가 이렇게 만들었을까요? 바로 말, 이 말이라고 하는 것이 총 칼 없는 무기가 되어 심장을 찌르고 갈랐습니다.

갈라진 심장에 왕소금을 뿌린 것도 말입니다. 도무지 씻어 낼 방법이 없습니다. 나뒹굴다 못해 고통의 신음으로 천지가 진동합니다. 말 말 말, 도대체 이 말이라는 게 무엇이기에 사람을 이렇게까지 못살게 하는 걸까요?

또 달리 말하면 말은 크게 또 추어와 미어로 구분합니다. 추어는 더러운 말이지만 '미어'는 복된 말입니다. 추어는 들으면 들을수록, 추어는 하면 할수록, 추어는 골방 속 실례(?)와 같아 너도 그렇고 나 역시도 더러워집니다.

추어는 병사가 은신한 벙커에서 터지는 수류탄과 같아서 어쩌면 모두가 4급수 이하의 파편에 멸망하고 말지도 모르는, 부부는 이혼으로 사업은 부도로, 인간관계는 절교로 나타납니다.

그러나 아름답고 복된 말 미어와 복어는 귀하기가 짝이 없습니다. 정질의 정제된 언어가 말이라는 기능이 되어 황사를 거둬 내고 물을 맑힙니다.

그러므로 우리는 적을 알 듯 추어를 알아 둘 필요가 있습니다. 추어가 세상을 더럽히면 추어를 쓸어 내야 합니다. 골방에 실례를 하였다면 얼른 창문을 열어야 합니다. 창문을 연다는 것은 바로잡고 사과하고 다시는 실례(?)가 나오지 않도록 주의하는 것입니다.

상처받은 아내에게 용서를 구하고 소원해진 친구에게 사과하고 돌아선 거래처에 정중히 사과하는, 바로 이것이 창문을 여는 것이며 이것을 우리 정신문화연구시리즈 '대화학 콘체르토'에서는 복된 말이라는 뜻을 줄여서 복어라고 하는 것입니다.

세 번째입니다. 그렇다면 구체적으로 추어란 무엇일까요? 추어에는 크게 4가지의 종류가 있습니다. 첫째는 『악질추어』입니다. 다음은 『괴질추어』입니다. 셋째는 『저질추어』입니다. 마지막은 『간질추어』입니다.

먼저 악질추어란 무엇일까요? 악질추어의 상석에는 단연 『욕지거리』가 앉아 있습니다.

바로 이 욕—그러면 욕이 추어 중에 추어일까요? 욕은 욕이라고 하고 추어에서는 제외시켜 놓았습니다.

우리 정신문화연구시리즈에는 별도로 욕에 대한 과목으로 욕설학이 있어서 욕은 거기서 논할 것이기에 여기서는 생략하였습니다. 하지만 욕에 못지않은 것이 악질추어입니다.

욕은 욕이라고 하고 더 이상 설명이 필요 없습니다. 그런데 악질추어는 그래도 욕보다는 나은 것이냐? 욕이나 악질추어나 그게 그것이고 말만 다를 뿐인데, 사실은 이럴 게 아니라 '극악질'이라고 하려고도 했습니다. 극에 극을 열 번 더해도 부족한 추어 중에 추어가 바로 이 악질추어입니다.

　악질추어는 상대방을 음해하는 것이 상석입니다. 음해란 있지도 않은 사실을 있다고 말하면서 사실이 확실하다고 하는 논리를 갖췄기 때문에 피해당사자가 이에 대항하기 위한 물증제시가 불가능할 뿐더러 교묘하게 심증적으로도 변명을 할 수가 없도록 고도의 악성으로 정교하게 완전무장이 철벽같은 경우입니다.

　그래서 음해를 당하는 사람은 일단 여기에 걸려들면 빠져나갈 방도가 없게끔 사방을 철책으로 둘러쳐진 논리의 코너에 몰려서 일방적으로 자신의 모든 것이 부서져 내리는 생사람 잡는 고문에 시달리게 합니다.

　이런 경우, 가증하다고 하고 그악스럽다고도 하고 요지부동 꼼짝도 못한다고 말하는데 이처럼 억울하게 피해를 당하는 사람들이 얼마나 많은지 모릅니다. 이때 악질추어의 음해를 돕는 녀석이 『모함』입니다. 모함도 허위사실을 진위사실로 위장한 말의 독소이며 더러움입니다.

　마침내 음해에 의한 모함에 걸려들어서 깊숙이 빠져들면 법으로도 방법이 없고 논리로도 방법이 없게 되어서 억울하게 옥살이를 한다든지 아니면 꼼짝없이 인생이 허물어질 때까지 세월만 기다릴 수밖에 없는 딱한 처지에 빠져 버립니다.

　그렇다면 이런 경우 도대체 어떻게 해야 할까요? 답은 예방이 최선인데 예방의 시기를 놓쳤다면 누군들 어찌할까요? 그래서 더러운 말의 공기와 물의 수질을 더러워지기 전, 사전에 대처해야 한다는 것이 우리 정신문화연구시리즈의 주장입니다.

악질추어에 속하는 『공갈』도 마찬가집니다. 다만 공갈은 단기간의 특성이 있어서 음해나 모략보다는 훨씬 감내하기 쉽다고 보기도 하는데 공갈도 악질 중에 악질에 속하는 추어입니다. 그렇다면 사기나 협박은 어떤 것일까요? 역시 악질추어입니다.

네 번쨉니다. 또 세상을 더럽히고 인생을 괴롭히는 추어 중에는 악질추어에 이어 괴질추어가 있습니다. 괴질추어는 악질추어와 같이 직접적인 괴로움을 당하는 것이 아니라 간접적인 괴로움을 당하는 것으로서 당하는 고통의 질에 차이가 있습니다.

이러지도 저러지도 못하는 애매한 괴로움을 주는 것이 말 그대로 괴질추어입니다. 괴질추어는 괴질(怪疾)이란 병명과 동일한 의미로 채택한 용어입니다. 괴질이 무엇입니까? 병인(病因)을 알 수 없는 질병입니다.

이런 병을 돌림병이라고도 하고 역질이라고도 하는데 현대에도 이와 같은 신종괴질이 나타나서 홍콩지역으로부터 발생된 '샤스'라는 괴질로 인해 한때 우리나라 전역도 비상이 걸리고 중국 쪽에 유학생을 둔 학부모가 애간장을 태운 적이 있습니다(초고작성당시).

이렇게 신출귀몰하는 괴질은 언어에도 동일하게 발생됩니다. 괴질추어는 항상 새로운 모습입니다. 어디서부터 왜 이런 질병이 발생한 건지 근원을 찾기도 어렵고 대처하기도 어렵습니다.

이와 같은 괴질추어의 대표적인 것이 『비방』입니다. 선거 전에 많이 살포되는 비방은 더러운 소문으로 삽시간에 번져서 샤스처럼 고통을 줍니다. 특히 악질추어와 달리 괴질추어의 경우에는 누가 왜 이런 괴질추어를 살포하는지 가해당사자를 지목하기가 어렵습니다.

한마디로 고약하고 어려워 우선 상대라고 할 진원지를 알기 어렵습니다. 상대가 있어야 항의를 할 건데, 하기야 타당후보 누구라는 짐작을 할 수는 있겠습니다마는 증거가 없습니다. 그래서 모략에 걸려듭니다.

괴질추어는 결국 모략을 씌우고 강제로 누명을 뒤집어씌워 상대의 전력을 약화시킴으로 말미암아 비교우위를 점하자고 하는 것이 괴질추어의 속성이거든요.

이것은 선거만이 아닙니다. 남녀 간 사랑에도 괴질추어가 끼어듭니다. 악성 소문이 나돌고 모략으로 경쟁자를 물리치기 위한 추하고 더러운 괴질추어는 특히 삼각관계에나 연적(戀敵)의 무기가 되어 고통을 줍니다.

바로 이런 것이 인생을 병들게 하는 말의 오염입니다. 하지 마라－그러면 쓰느냐－이런 말로는 물리지 않아 일단은 생략하겠습니다.

다섯 번쨉니다. 이번에는 저질추어입니다. 저질추어는 '비열(卑劣)'이나 '비겁(卑怯)'이라는 단어로도 설명됩니다. 비열과 비겁이란 어떤 것일까요? 드러나지 않는 줄 착각하는 사람이 자기의 유익을 위해 꾀를 부리는 경우입니다. 이를테면 상대가 따를 수밖에 없다는 약점을 이용하여 눈에 빤히 보이는 교언(꾸민 말)으로 자기 입장을 정당화하는 수법입니다.

그런데 피해자는 그 속을 너무나 환하게 들여다본다는 것이 악질추어나 괴질추어와 다릅니다. 문제는 거부하면 그나마의 작은 이득도 사라지게 되어 던지고 싶은 심정인데 그러면 선의의 제3자가 더 큰 피해를 보게 된다든지, 이런 사안의 특성을 이용하는 것이 비열이고 비겁입니다. 이와 같은 비열하고 비겁한 추어를 저질추어라고 정했습니다.

저질추어는 이제 말한 비열과 비겁을 바탕으로 형성된 표피 중에는 비난과 빈정 그리고 야지가 있습니다. 빈정거리는 상대를 만나면 어떻다고 할까요? 짜증 난다고 하는 게 정답 아닐까요? "잘해 보아라 나는 구경이나 할란다－" 이런 식으로 심정을 건드리는 말을 빈정댄다고 합니다.

비난은 좀 다릅니다. 어떻게 다르냐가 중요한 건 없습니다. 한마디로 모두가 다 더러운 말이라고 하는 사실입니다. 추잡한 말이요, 추악한 말이요, 인간말종이라고 혹평받아 마땅한 저급한 말의 오염입니다.

빈정대는 말－헐뜯는 말－비아냥대는 말－중상모략하는 말－유언비어를 퍼트리는 말－헤아릴 수도 없는 더러운 말이 얼마나 많은지 모릅니다.

저는 이 연구를 위해 말에 대한 단어를 600여 개 찾아내 분류 해 보았습니다. 이제 곧 그 결과를 말씀드리게 될 것임으로 헤아릴 수 없이 많다는 온갖 추어에는 어떤 것이 있는지 내려가면 쓰레기 처리장이 있을 겁니다.

전에 잠시 청와대 홈페이지에 『해우소』라고 하는 데가 있었지요? 거기 뭐 먹을 게 있는지 그곳을 헤집는 사람도 많은가 봅니다. 저같이 연구할 게 있는 사람도 거기는 비위가 상했습니다. 아무튼 본 연구에서는 추어라고 했지만 결국 저는 추어보다 더 극단적인 『죽일 놈의 말』이라는 뜻을 가진 『殺語』라고 부를 것이니 내려가서 또 말씀드리겠습니다. 끝으로 '야지'라는 단어도 저질추어의 상석에 있습니다.

여섯 번쩹니다. 아무리 자기관리를 잘해도 어쩔 수 없이 자꾸 달라붙는 것 중에는 '간질추어'라고 하는 것도 있습니다. 간질추어는 '간사한', '간신(奸臣)', '간부(奸婦)'라고 하는 단어에서 선택하였습니다.

위 『추어 표⊗』에서 보는 것처럼 간질추어는 간사스럽게 아부하고 아양을 떨어오는 경우를 가리키는데 어찌 보면 아부나 아양이나 간사한 말투들은 더럽다고 하는 추어라고 말하면 심한 게 아닐까도 생각됩니다.

물론 악질이나 괴질이나 저질보다는 그래도 간질은 약간 덜 더러운 것으로 간주해도 될 거라고 생각합니다. 그럼에도 더러운 말 속에 포함한 데는 이유가 있습니다. 그것은 비륜을 이에 포함하였기 때문입니다.

'비륜(非倫)'이란 인륜에 반하는 말을 가르칩니다. 이는 불륜 통정을 위하여 음란한 눈빛으로 주고받는 간악한 말들로 이에 속하는 모든 말들을 더러운 말이라 하지 않을 수 없다는 것입니다. 사실 지금 세상에서 이보다 더러운 말도 없을 거다 싶은 비륜추어들이 만개해 있습니다.

인륜을 저버리는 비인륜적인 부정한 행위를 위하여 간질추어가 간교한 미소로 복된 삶의 환경을 파괴하고 병들게 하고 있습니다.

특히 개인 휴대전화가 등장하면서 이 간질성 비륜추어는 황사처럼 대지를 가득 채웠습니다. 이것은 간사한 말이나 아부, 아양에 못지않습니다. 아부나 아양은 주로 밤과 술과 접대부들의 전유물이지만, 비륜추어는 개인 휴대전화 보급률이 늘어남에 따라 가정부인들에게까지 오염되어 있습니다.

세상이 맑아져야 합니다. 비 갠 화창한 햇살처럼 세상의 공기가 맑아지고 세상의 물이 맑아져야 합니다. 바로 말이 아름다워져야 합니다. 그러려면 우리의 삶을 지배한 더러운 말을 몰아내야 합니다.

지금 추어가 무엇인가에 대하여 드린 말씀은 그중에 아주 일부에 불과하다고 생각합니다. 부부 사이에도, 부자지간에도, 형제지간에도 우리는 갑자기 비집고 들어오는 추어의 정체를 발견하고 골라서 뽑아내야 합니다.

/제10장/

소리론

＃ 사람은 말, 짐승은 소리

　　　　　　　　　　　　　말을 연구함에는 말도 소리이
므로 소리에 대하여 생각지 않을 수 없습니다.

　앞서 제1장 총론에서 언급했던 말과 소리에 관하여는, 사람의 입에
서 나오면 말이지만 소나 닭이나 개의 입에서 나오면 그것은 말이 아
니고 '소리'라는 말씀을 드린 바가 있으나 이는 극미한 단견의 예에
불과합니다.

　말을 생각하고 말을 연구하는 데는 미흡하나마 소리에 대하여 좀
더 논해야 하겠습니다. 말도 이 세상에 존재하는 한 소리는 소리입니
다. 그러나 소리와 말의 근본 차이는 소리는 단순 물리적인 소리일
뿐이지마는『말은 물리적인 동시에 영적이면서 인격적』이라고 하는
것입니다.

　말은 소리라고 하는 물리적인 현상을 매개로 하여 존재하기 때문
에 단순 한 가지만의 기능을 가진 소리와는 근본적으로 다르다는 말
씀입니다.

사람이 몸을 이용하여 생명이 살아 있는 것처럼 말은 소리를 이용하여 말 자신의 생명을(말격과 말성을) 유지합니다. 그러나 나뭇가지가 부러지면서 나는 소리는 그 안에 말과 같은 인격이 없습니다.

단지 개는 개라는 몸을 가지고 낯선 사람을 보면 짖어대는데 이것을 사람의 언어와 비교하면 억지입니다.

말과 소리는 다릅니다. 말은 말격과 말성을 가지고 수많은 언질이 되어 각양 언체와 언성으로 인격적이고 논리적인 인간성을 가지고 있습니다.

그러나 소리는 말이 가지는 논리나 말이 갖춘 육하원칙과 같은 원리를 갖지 않고 물리현상에서 나오는 단순 소리의 범주에 한정되어 있습니다.

하지만 노래를 소리라고 하는 것과 같은 예외도 있어서 말을 연구하는 데는 필수적으로 소리에 대한 연구를 병행함으로써 말의 독창성과 소중한 말의 가치를 보다 바르게 알 수가 있습니다. 먼저 『소리표ⓒ』을 만들어 보겠습니다.

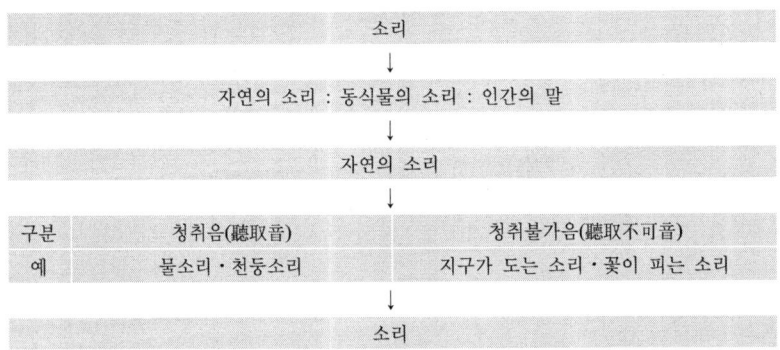

	소리	
	↓	
	자연의 소리 : 동식물의 소리 : 인간의 말	
	↓	
	자연의 소리	
	↓	
구분	청취음(聽取音)	청취불가음(聽取不可音)
예	불소리·천둥소리	지구가 도는 소리·꽃이 피는 소리
	↓	
	소리	

첫 번쩹니다. 소리는 단순 몇 가지로 구분하는 것이 불가능합니다. 그러나 우선 크게 2가지로 구분하면, 첫째는 자연의 소리이며, 다음은 우리 인간이나 동식물이 내는 언성이 없는 소리와 인간이 하는 말소리입니다. 그러나 자연의 소리도 어디서부터 어디까지를 자연이라고 할 것이냐의 문제는 또 있습니다.

유정체에 속한 산새 소리와 무정체에 속한 물소리는 다르지만 묶어서 자연의 소리라고 할 것이냐, 아니면 동물의 소리 중에 조류의 소리로 나눌 것이냐의 문제가 있기 때문에 자연을 어디까지로 볼 것이냐는 복잡한 문제가 있습니다.

여기서 자연이라 함은 물소리와 바람 소리는 포함하나 새소리는 제외할 수도 있고 포함할 수도 있습니다. 새는 움직이는 동물이며 동물 중에서도 다시 분류하면 조류에 속하기 때문입니다.

어찌하건, 그렇다면 이제 자연의 소리는 무엇일까요? 천둥소리와 파도소리와 소낙비 오는 소리가 자연의 소리입니다. 폭포에서 떨어지는 물소리가 자연의 소리입니다. 엄청난 태풍을 몰고 오는 바람은 바람자체는 소리를 내지 않지만 나무에 부딪히거나 산과 바다에 부딪치거나 전깃줄 사이를 지나갈 때는 소리가 나는데 이렇게 나는 소리는 바람 자체의 소리는 아니지만 역시 자연의 소리라고 할 것입니다.

이 밖에도 자연의 소리는 우리가 미처 떠올리지 못하는 것들이 많이 있습니다. 북극지방의 빙산이 무너져 내리는 소리도 자연의 소리이며 열대 밀림의 나무들이 부딪치면서 나는 소리도 자연의 소리입니다.

그런데 실제 자연의 소리는 대단히 많은 것 같아도 찾아보면 그 수가 생각보다 그렇게 많지는 않다는 것을 알게 됩니다. 고작 추려 보았자 백 개를 추리기도 쉽지 않아서 천 개나 만 개를 찾아내기는 정말 어려운 게 자연의 소리라는 생각도 듭니다.

그러나 인간이 하는 말은 각각 민족의 방언만도 6천 개가 넘으며, 6천 개가 넘는 그 모든 방언들은 다시 수천 개씩의 객체와 같은 격(품사)을 가지고 있어서 물소리나 바람 소리와 같은 하나의 소리(말)의 영역을 차지하고 있습니다.

그렇다면 과연 말소리에 비하여 자연의 소리는 이렇게 간단할까요? 요는 자연의 소리는 『들리는 소리』와 『들리지 않는 소리』로 구분되어 들리는 소리보다 들리지 않는 소리가 더 많다는 것과 들리는 소리와 듣지 못하는 소리를 합하면 단순 백 개, 천 개에다가 다시 백 번, 천 번을 곱하여도 부족하다는 것을 알 수 있습니다.

들리지 않는 자연의 소리 중 대표적인 것은 지구가 구르는(자전) 소리입니다.

이 거대한 지구는 사람이 만든 물레방아 도는 소리와는 비교할 수 없는 굉음을 내며 돌아갑니다. 물레방아소리가 개미 소리라면 지구는 천둥소리의 수천만 배의 소리를 내며 돌아갑니다. 지구가 도는 소리는 어디까지 퍼져 갈까요?

연구한 결과는 모르겠지만 제 추측으로는 1억 5천만km 거리에 있는 태양에서 들으면 우리가 듣는 물레방아소리 정도로 들리는 게 아닐까요?

황당한 발상일지도 모르지마는 우리 지구가 속한 태양계의 9개의 행성(수성 금성 지구 등)과 50개의 위성(지구의 달)들은 타오르는 태양의 불타는 소리를 들으면서 태양계 어디서나 휘파람소리만 하게 들리든 아니면 천둥소리처럼 크게 들리든 그 거대한 몸집을 굴리는 엄청난 소리를 내고 있다는 것은 이미 과학적으로 입증된 사실이기도 합니다.

왜? 그렇다면 제가 왜 이런 말씀을 드리겠습니까? 『사람의 귀는 듣는 것보다 못 듣는 것이 더 많다』는 말씀을 드리기 위함입니다.

귀는 보기에도 그렇고 실제로도 참 신기합니다. 반듯하게 펴지 않고 골을 지우고 차츰 좁아져서 결국은 귀 안에 든 고막이라 부르는 진동체가 알맞은 진동의 주파수로 흔들게끔 만들어져 있습니다.

그래서 열 번 울리면 이것은 무슨 소리이며, 열두 번이 울리면 이것은 무슨 말인가를 가려내는 참 신기한 기계(구조)입니다.

우리 몸에 달고는 있으나 우리 자신도 알지 못하는 이 이상한 기계가 사람의 말을 세세하게 구별하고 장단고저를 감지합니다. 도대체 귓속에는 무엇이 들어있을까요? 정답은 바로 생명이 들어 있다고 하는 것입니다.

생명이 존재하는 한 귀는 이 일을 문제없이 감당합니다. 그러나 아무리 똑같이 깎아 만들어도 나무 귀나 돌 귀나 흙으로 만든 귀는 생명이 없어서 알아듣지를 못하고 결국 사람도 생명이 끊어지면 귀는 멀쩡해도 역시 알아들을 수가 없습니다.

그런데 생명이 살아는 있어도 알아듣지를 못하는 소리가 있습니다. 바로 수많은 자연의 소리가 그것입니다. 지구가 돌아가는 소리는 너무 커서 듣지 못합니다. 만일 이 소리를 알아들었다가는 바로 그 즉시 고막이 터져서 못 쓰게 됩니다. 아니면 고막을 터지지 않게 만들었다면 터지지 않으니까 제대로 다 잘 들을 것 같지마는 그러나 그렇게 되면 귀가 따가워서 그 소리 때문에 다른 모든 소리는 알아듣지 못할 것입니다.

폭포의 굉음 아래서는 대화가 통하지 않는 꼴이 될 것입니다. 공부고 뭐고 정신이 하나도 없어서 소리라는 소리가 온통 전부 다 들린다면 사람이 10년도 못 살고 골치가 아파서 못 견딜 것입니다. 상상도 못 하는 고통에 시달릴 게 분명합니다.

그래서, 그러니까 아예 살아가는 데 방해가 되는 진짜 엄청난 소리는 들어서도 안 되고 들을 필요도 없도록, 해당이 없게끔 틀어막아 버려서 해로운 것은 도통 듣지를 못하게 되어 있습니다. 우리가 자연의 소리라고 해서 듣는다는 것이란 잘해야 고작 백이요 천에도 못 미칠 뿐입니다.

두 번쨉니다. 사람의 소리(말)는 10m를 넘어서면 보통으로 말할 경우 들리지 않아서 큰소리로 해야 합니다.

그러나 100m를 넘게 되면 여간 큰 소리로 말해도 알아들을 수가 없어서 '야호ー'라고 하는 정도 외에는 듣지 못합니다. 그래서 손짓으로 오라고 하는 수밖에 없는데 이 말은 이제 들리는 거리에 관한 말씀을 드리기 위해서입니다.

자연의 소리는 너무 크면 막아서 들리지 않는데 반대로 귀를 한 뼘 거리에 갖다 대도 역시 들리지 않는 것이 또 자연의 소리입니다.

이제 곧 개나리, 진달래, 벚꽃이 피겠군요. 벚꽃이 필 때는 셀 수도 없는 소리가 천지에 진동합니다.

벚나무의 가느다란 가지가 찢어지면서 벚꽃들이 송이송이 피어납니다. 그런데 나뭇가지를 꺾으면 소리가 나지만 벚꽃을 피우기 위해 벚나무의 살(피부)이 찢어질 때는 소리가 나지 않을까요? 당연 소리가 납니다. 그러나 들리지는 않습니다.

분명 자연의 소리는 소리인데 우리 귀에는 들리지 않습니다. 달래냉이도 겨우내 언 땅 거죽을 뚫고 새순이 나옵니다. 소리가 날까요, 나지 않을까요? 분명 소리가 납니다. 그러나 그 소리도 들리지 않습니다.

개미가 기어가는 소리나 굼벵이가 땅을 파는 소리도 잘 들리지 않습니다. 땅에다 귀를 갖다 대고 들어야 겨우 나뭇잎 소리 정도밖에 들리지 않습니다.

이처럼 자연의 소리는 우리의 귀로 듣지 못하는 것이 더 많습니다. 그러나 이런 소리들을 하나도 듣지 못하여도 아무 불편은 없습니다. 그러므로 인간이 말을 하고 듣는 것의 가치가 무한대입니다.

그러니까 인간의 말도 커다란 의미에서는 자연의 소리에 속한 것일까요? 속하기는 속하여도 그렇지가 않다는 말씀입니다. 인간의 말은 자연의 소리가 아닙니다.

이에 대하여는 학자마다 견해를 달리할 수도 있다고는 생각합니다. 인간의 말도 자연 속에서 존재하므로 역시 자연의 소리(凡聲)라고 하는 학자의 주장은 우리 정신문화연구시리즈의 주장과 다르다고 하겠는데 분명한 것은 그분은 그런 주장이고 저는 이런 주장이라는 점입니다.

이는 맹자가 모든 인간은 악의 본성이 있다 하여 성악설을 주창하였으나 순자는 모든 인간은 착한 본성을 가졌으므로 선하다고 하여 성선설을 주창한 것처럼 그렇게 상반되는 주장이라고 이해하셔도 저는 이를 수용하겠다는 말씀은 드립니다.

그렇다면 서두에 드린 말씀이지만 다시 한번 인간의 말은 자연의 소리에 포함하지 않는다는 저의 주장을 말씀드리겠습니다.

인간의 말이 자연의 소리가 아니라는 주장은 이미 생각학과 '대화학 콘체르토'에서 지금까지 말씀드린 말의 근원이 하나님이시라는 것이 근거입니다.

인간의 말은 지구나 태양이라고 하는 하나님의 피조물과 달라서 인간도 똑같은 하나님의 피조물이지만 육체는 창조하였으나 우리의 영혼과 언어는 창조하신 게 아니라 하나님의 속성 중 자존(스스로 계심)의 분배물이라고 하는 점 때문입니다.

그래서 언어는 하나님의 특별한 선물입니다. 그래서 언어는 지구가 태양을 돌아가거나 태양이 은하를 돌아가는 그 엄청난 속도의 빠르기로도 따라오지 못하는 하나님의 속성 그대로라고 하는 말씀입니다. 그러므로 자연의 소리를 연구하고 알면 알수록 우리에게 말을 주신 하나님께 감사할 따름입니다.

세 번쨉니다. 자연의 소리가 아니요, 말도 아니면서 소리인 소리가 있습니다. 온갖 동물들의 소리입니다. 동물들의 소리는 사람의 말처럼 원리나 원칙은 없으나 동물의 수만큼 많아서 소리를 말하려면 역시 복잡니다. 이번에는 『동물의 소리 표㉠』을 만들어 보겠습니다.

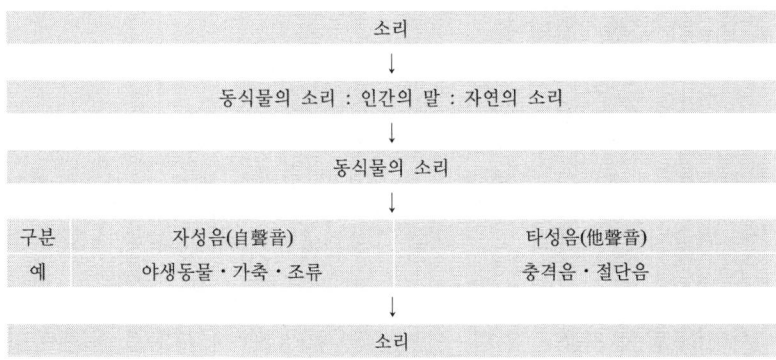

	소리	
	↓	
	동식물의 소리 : 인간의 말 : 자연의 소리	
	↓	
	동식물의 소리	
	↓	
구분	자성음(自聲音)	타성음(他聲音)
예	야생동물 · 가축 · 조류	충격음 · 절단음
	↓	
	소리	

사람이 하는 말이 아닌 것은 모두가 다 소리입니다. 그런데 이 소리는 자성과 타성으로 구분됩니다. 우리의 말처럼 스스로 만들어 내는 소리는 자성음입니다. 외부의 영향에 의하여 내는 소리를 타력에 의한 타성음이라 합니다.

먼저 자성음을 알아보겠습니다. 자성음이란 소리를 내는 유성체질(有聲體質)을 가진 음체(音体)가 생명력을 가지고 소리를 내고자 하는 발성의 의지로 스스로 소리를 제작해 내는 것을 말합니다.

여기에 속하는 자성음체는 헤아릴 수가 없습니다. 크게 생명체인 짐승이나 식물과 무생명체인 광물로 구분됩니다. 또 짐승은 야생동물과 가축동물로 구분되고 세분하면 각각의 종과 각각의 속과 각각의 과로 구분되므로 이게 간단치 아니합니다. 그러나 자성음체는 동물과 식물과 광물의 세 가지로만 구분하겠습니다.

하지만 '대화학 콘체르토'는 동식물에 대한 분야가 아니므로 종이 어떻고 속과 과가 어떤 것까지는 미치지도 못하고 중요하지도 아니하여서 생략할 수밖에 없습니다. 중요한 것은 스스로 내는 소리와 사람의 말과의 관계입니다.

사람의 말도 자성음에 속합니다. 동물의 말도 같은 자성음이지만 사람의 말과 동물의 말은 격과 성을 달리한다는 것은 이제 잘 아실 줄로 믿습니다. 중요한 것은 바로 이것입니다. 사람의 말을 짐승의 소리로 격하시키는 문제입니다.

사람의 말이 격을 갖추지 못할 경우, 우리는 "개 같은 소리하지 말라"고 나무랍니다. 개 같다고도 않고 "개 소리 좀 하지 말라"고 욱지릅니다. 여기서 잠깐 생각해 봅시다. '개소리'라고 하지 않고 '개말'이라고 하면 어떨까요?

"그 개말 좀 그만해라—" 이렇게 나무라지 않고 꼭 '말' 대신 '소리'라는 단어를 쓰는 것에서 말의 격이 내려(格下)갑니다. 이로써 말과 소리가 어떻게 다른지를 알 수 있습니다. 그러니까 말은 존귀합니다. 소리보다 격이 높아서 말은 말 대접을 제대로 받고 있습니다. 그러니 말을 지키지 않으면 결국 말이 더러워진다는 문제에 대하여 어찌 우려하지 않을 수가 있겠습니까?

네 번쨉니다. 이번에는 타성음에 대한 말씀을 드립니다. 망치질을 하면 소리가 납니다. 나뭇가지를 부러트리면 소리가 납니다. 바위에 돌을 던지면 소리가 나고 얼은 강물이나 녹은 강물 위에 돌을 던져도 소리가 납니다. 이런 소리는 외부 힘의 작용에 의하여 들리는 소리로서 이것은 타성음이라 부릅니다.

타성음은 자기의 의지와 무관합니다. 의지도 없는 무성체(無性体)가 스스로 낼 수 없는 소리를 내게 되는 외부의 물리적인 현상은 충격이나 가압이나 절단의 연유이거나 자연의 힘에 의한 발성현상에 의하여 소리를 내게 됩니다. 이런 경우를 사람의 말에 견주면 비인격적인 꼭두각시로 비교됩니다.

사람의 말은 인격체답게 누구의 간섭이나 통제와 관계가 없어야 합니다. 그러나 돌로 바위를 칠 때 나는 소리는 통제나 간섭과 같은 외부에서 관여하는 원인에 의해 나기도 하고 않기도 하고 크게도 나고 적게도 납니다. 그러나 사람의 말은 외부와는 관계가 없습니다.

누구나 자기가 하고자 하는 대로 '아'도 되고 '어'도 되는 게 사람의 말입니다. 이것은 말이란 자기 의지인 동시에 자기가 책임을 진다는 뜻입니다.

돌은 깨어지면서 꿍음을 냈다고 해서 돌에게 시끄럽다 하지 않습니다. 또 왜 돌을 보고 그런 소리를 내느냐고 따지지 않습니다. 돌이 깨어지면서 나는 소리가 그렇게 아니라 얼음이 깨어질 때 나는 그런 소리를 내라고 가리키고 타이를 수가 없습니다.

그러나 사람은 추어를 내면 그러지 말고 미어를 내라고 타이르고 가리킵니다. 이는 바로 말과 교육이며 이는 곧 말에 대한 연구이며 바로 이 책이 말하는 '대화학 콘체르토'가 되는 것입니다.

다섯 번쨉니다. 얼마 전 '소리바다'라는 한 업체의 상호가 저작권 문제로 시끄러웠던 적이 있었습니다. 하기야 바다에도 소리가 있습니다. 바닷속에도 소리가 있습니다. 소리바다는 대단히 널찍하다 싶지만 소리는 육지에도 공중에도 충만합니다.

유성과 무성으로도 나누는데 무성의 세계에도 유성이 있습니다.

예를 들면 개미는 사람의 소리를 듣지 못합니다. 그것은 사람이 말하는 말의 진동과 개미가 듣는 귀의 진동이 구조적으로 무관하게 만들어졌다면(저도 모르는 예를 들었습니다) 개미와 사람의 말은 지구의 자전하는 소리와 우리의 귀와는 무관한 것과 마찬가지입니다.

이와 같습니다. 돌은 돌이 깨지는 소리를 듣지 못하지만 사람은 말을 듣는 기능과 말을 하는 기능을 동시에 가졌습니다. 어떻게 말하고 어떻게 들어야 할까요? 난 그렇게는 못한다는 논리는 회피입니다. 말에 대하여 이렇습니다. 못해서 못 바꾸는 게 아니라 안 해서 못 바꾸는 경우입니다.

아무리 괴로워도 혼자만 괴로워하면 아무도 모릅니다. 반대로 별로 대수롭지 않은 말도 독하게 하면 상대가 바로 놀랍니다. 언어의 무한한 선택권은 세상의 소리와 말이 얼마나 어떻게 다른 것인가를 알게 되면 우리가 말하는 것에 대하여 고개가 숙여집니다. 그래서 이제 아름다운 말 '미어'와 '향어'와 '살어'에 대하여 자세히 살펴서 알아보려고 합니다.

/제11장/

살어 (殺語)

＃ 죽여 없애버려야 할 말이 있다면?

　　　　　　　　　　　말에는 좋은 말이 있고 나쁜 말이 있습니다. 나쁜 말에도 몹시 나쁜 말이 있고 더 나쁜 말이 있습니다. 이렇게 최고로 나쁜 말을 '살어(殺語)'라고 하겠습니다.

　'살어'는 더 이상 이 세상에 나돌아다니지 못하게 아주 『죽여 없애 버려야 하는 말』이라는 뜻으로 제가 만든 신조어입니다. 살어는 말은 말이지만 '살기(殺氣)'가 넘치는 몹쓸 말입니다.
　이런 말들이 세상을 더럽히고 사람들의 삶을 괴롭게 합니다. 그러나 제가 죽인다고 하는 말을 오해하지는 마셔야 합니다. 사람을 죽인다는 것이 아니고 그 말을 죽여 버려야 한다는 뜻입니다.

　사람은 누구나 자신도 모르는 사이에 죽여 없애야 하는 살어를 아무 생각 없이 하고 있습니다. 그건 저도 그렇고 여러분도 마찬가지입니다.
　그러므로 우리 정신문화연구시리즈의 '대화학 콘체르토'의 중요한 목적 중의 하나는 바로 없애 버려야 할 '살어'를 찾아 죽여 버리고 반대로 아름답고 복된 '미어'와 '향어'를 더욱 개발하고 장려하자고 하는 데 그 목적이 있습니다.

죽여 마땅한 살어의 첫 번쨉니다. 『폭언(暴言)』입니다. 논리와 이치를 무시하고 자기주장대로 밀어 붙이는 폭언은 폭력과 폭행의 전주곡입니다.

폭언은 심한 욕으로 사람을 찔러서 상처가 나게 하고 마음의 눈물이 피와 같이 흘러내립니다.

"나가 뒈져 버려라." "죽고 싶어 환장을 했느냐." "눈깔에 보이는 게 없니?" "눈깔을 확 빼 버려 버린다." "대가리를 삭 부셔 버린다." "아가리 못 닥쳐." "배 때지를 확 쑤셔 버린다." "귓구멍에 말뚝을 박았느냐." "너 같은 거 안 잡아 가고 귀신은 뭘 먹고 사는가 몰라." "그래 나 미쳤다 미쳤다구—어쩔래?" 이런 폭언은 죽여 버려야 할 살어입니다.

두 번쨉니다. 살어에는 『협언(脅言)』도 있습니다. 상대방을 공갈 협박하는 말입니다. 이런 말은 『혐언(嫌言)』이라고도 하겠는데 같은 종류입니다.

그러나 대개 공갈 협박하는 사람들을 보면 본심과는 다르게 말만 이렇게 한다는 특징이 있습니다. "너 죽여 버릴 거다" 누가 이렇게 말했다면 죽이지는 않는다는 뜻입니다.

죽인다고 하고 죽이는 경우보다 순식간 죽이는 게 살인자들이며 살인자들은 공갈 협박이 없습니다. 말로만 겁을 주고 행동이나 본심은 그렇지 않은 이 몹쓸 말도 없애야 합니다.

세 번쨉니다. 과격하다는 뜻의 말에는 격하다고 할 때 사용하는 『격어(激語)』와 위험하다고 할 때 쓰는 글자로 『위언(危言)』이란 단어가 있습니다.

격한 단계의 격어는 폭언으로 가기 위한 과정입니다. "시끄러워." "그만둬." "알았어, 글쎄." "그만해라, 알았다 그랬잖아." 이런 말들이 격어요 위언에 해당합니다.

그러면 빨리 감지해야 하는 것이 있는데 그것은 이 사람이 화가 나 있구나 라고 하는 것입니다.

감정이 격해진 사람하고는 더 이상의 대화는 안 되니까 여기서 그쳐야 하는데 개중에는 타는 불에 기름을 퍼부어서 극단에 오르게 해서 폭언, 폭행, 구타로 이어지기 일쑤입니다. 격어와 위어의 상태에서 방책을 쳐야 합니다.

네 번쨉니다. 이번에는 『극언(極言)』입니다. 대개 극언이란 좀 더 참지 못해서 너무 빨리 튀어나오는 말들입니다.

극언을 『막말』이라고 하는데 여기서 막이라고 하는 것은 '되나 따나'라는 뜻도 있지만 마지막이라고 하는 의미가 많습니다. 극단적으로 딱 자르고 성급하게 끝장을 보자고 하는 대표적은 말은 "안 되겠다, 우리 이혼하자"라고 하는 말이 있습니다.

"거래 못 하겠네요," "다신 만나지도 맙시다," "다 때려치웁니다," "없던 걸로 합시다," 이런 말들이 전부 극언에 속합니다. 그런데 이런 극언은 꼭 후회합니다. 한번 나간 말을 돌릴 수는 없고 일은 벌어집니다. 그래서 말은 최소한의 여유를 두고 막말은 참아야 합니다. 그래야 방법이 나오고 말의 목적이 달성됩니다.

다섯 번쨉니다. 사람을 혼란에 빠트리는 『망어(妄語)』라는 것이 있습니다. 망어는 판단을 흐리게 만들고 혼란에 빠트리는 못된 속성을 가지고 주로 옛날의 경우에는 간신배들이 많이 했던 말입니다.

지금도 정치 쪽에는 망어가 많은데 윗사람의 판단이 나에게 불리하게 돌아갈 적에 소위 말하는 통수권자의 마음을 뒤흔드는 수작으로 망어가 튀어나옵니다.

문제는 정치에만 이런 게 아니라 우리 사회의 특히 직장에서 망어가 많은 힘을 발휘합니다. 일본이 독도를 자기네 땅이라고 하는 경우를 망언이라 하는데 망어와 같은 말입니다.

여섯 번쨉니다. 말 중에 가장 간악한 말은 거짓말입니다. 거짓말은 늑대가 양의 탈을 쓴 것처럼 사람이 양의 탈의 쓴 형상문자로 이를 『양언(佯言)』이라 합니다.

사람인자 변에 양자를 붙이지 않고 호랑이 虎(범호)자를 붙이면 호랑이 같은 사람이 되나 양 羊자를 붙였으니 양같이 착하고 순하고 거짓 없는 사람으로 위장이 잘된 것처럼 보이려 하는 게 거짓 佯자인데 정말 이 거짓말은 죽여 버려야 합니다.

"큰돈을 벌게 해 준다." "내 말이 맞다 믿어라." "다 얘기가 돼 있다." "청와대에서 직접 도와준다." 이런 거짓말은 가정에도 깊은 뿌리를 내리고 부부간에도 거짓된 양의 탈을 쓰고 앉아 있습니다.

남편의 양언과 아내의 양언이 결국 살인도 하고 자살도 하게 만드는 까닭에 빨리 사람을 죽게 두지 말고 말을 때려죽여야 합니다.

일곱 번쨉니다. 『악언(惡言)』은 이미 말씀드려서 잘 아실 겁니다. 그 대신 『암어(暗語)』에 대하여 말씀드리겠습니다. 암어는 비밀리에 꾸민 음모가 담긴 말입니다. 이때는 반드시 대개 누군가를 위해(해코지)하려고 하는 것이 목적입니다.

문제는 위해를 받게 될 본인은 까맣게 모르는 사이에 암어가 오고 간다는 것이 무서운 일입니다. 그런 줄도 모르고 만나자고 하는 대로 장소에 나갔다가 실종도 되고 목숨도 잃습니다.

우리는 암어로 위해를 도모하지 말아야 할 것이나 반대로 나를 위해하기 위한 암어에 걸려들지 않도록 주의도 해야 합니다. 이와 같은 암어는 군대에서 암호라는 형식으로도 사용되고 있습니다. 독수리·백두산 이런 말들도 역시 암어에 해당됩니다. 『흑언(黑言)』도 같은 말입니다.

여덟 번쨉니다. 암어와 비슷한 말에는 『해어(害語)』가 있습니다. 상대방에게 물질적으로 손해를 끼치게 하거나 인격적으로 해롭게 하여서 그로 인한 반사 이익을 취하려고 할 때 해어를 사용합니다.

해어는 고자질입니다. 아니면 누명을 씌우거나 유언비어(流言蜚語)를 퍼트리는 것도 있습니다. 해어도 역시 잡아 죽여야 합니다.

아홉 번쨉니다. 이번에는 『모언(侮言)』입니다. 모언이란 앞서 말의 질에 관하여 말씀드리면서 모질(侮質)로 설명한 바가 있었습니다. 이때의 '모'라는 말은 업신여기거나 모욕되게 한다고 하는 뜻입니다. 업신여긴다는 것은 상대가 이미 나보다 약한 경우에 나타나기도 하지만 나와 대등할 때는 시기심으로 작용합니다. 그래서 어쩌고저쩌고 하며 상대를 깎아내리는 경우가 모언인데 치사하고 더러운 말에 해당됩니다.

열 번쨉니다. 『탁언(濁言)』입니다. 탁언은 추어와 같이 더러운 말에 속합니다. 속이 들여다보이지 않는 탁류는 그 속에 무엇이 들어 있는지 모릅니다.

딱히 이거다 저거다 명료하게 집어내지도 못하는 탁언은 어딘지 모르게 상대방을 해롭게 하는 데 사용됩니다. "그 사람?" 이런 식으로 말을 꺼내 놓고 "왜 그러느냐?", "아느냐"고 물으면 "아니야 아무것도" 이런 식으로 꼬리를 흐리는 말도 탁언입니다.

그러다가 좀 더 공격이 필요하다 싶으면 또 풀어놓습니다. "그 사람 난 별로던데" 이런 식의 말입니다. 왜 별로냐고 물으면 "그냥 어쩐지 그래" 이러니 참 환장할 노릇 아닌가요? 이거 죽여 버립시다.

열한 번쨉니다. 『흉언(兇言)』이 있습니다. 흉언이란 흉한 말이라고 직역도 하겠지만 그보다는 『흉보는 말』로 이해하는 게 좋겠습니다. 흉은 왜 봅니까? 소득도 없고 이해관계도 없는 사이에도 흉을 봅니다. 이런 경우는 말의 습관이 잘못된 경우여서 단지 심심해서 하는 말이 흉보는 말이 되는 경우입니다.

누구에게나 다 흉은 있습니다. 흉허물이 없는 사람은 없다는 말은 진리입니다. 흉보는 사람은 이미 한 가지 흉이 더 있는 사람인데 그게 무엇이냐 하면 『남의 흉을 잘 본다』라고 하는 것입니다.

열두 번쨉니다. 이번에는 『탕언(蕩言)』입니다. 탕언은 방탕한 생활을 위하여 사용하는 사회 악성 언어입니다. 불륜을 위한 갖은 말들이 모두 탕언입니다. 요즘은 모든 탕언들이 다 휴대전화에 모여 있습니다. "만나자." "몇 시에." "어디서." 이 모든 부정한 만남을 위한 말들이나 만나서 소곤대는 말들은 전부가 다 탕언입니다.

그리고 그것을 자랑스레 떠벌린다면 탕언 중에 탕언인데 그것은 '치언'이라고 해서 따로 또 있습니다. 탕언은 신세를 조지는데 나만 조지는 게 아니고 자식들의 신세도 조집니다. 전화로 탕언도 하고 전화로 사업도 하면 둘 중에는 사업 쪽이 망합니다. 탕언은 재수가 없거든요. 죽여 버립시다.

열세 번쨉니다. 『치언(恥言)』입니다. 치언은 '탕언'과 남매지간입니다. 부끄러운 것을 판단치 못하고 떠벌리는 것이 치언입니다. 치언의 상석은 불륜을 자랑하는 경우입니다. 불륜을 새끼 치자고 연결해 주는 것이 치언입니다.

그러면 불륜을 저질렀을 땐 아무한테도 말하지 말고 꽁꽁 묻고 입 딱 닫아야 할까요? 그러면 가증죄(加憎罪)가 추가됩니다. 하루에 곤장만 대씩이 추가됩니다. 누가 그러느냐고요? 제가 그러더라고 하십시오. 빨리 회개하고 돌아서야 합니다.

열네 번쨉니다. 『염언(艶言)』이라는 것이 있습니다. 앞선 연구에서 추어(醜語)를 연구하는 중에 간질(奸質)이라고 했던 말씀 기억하시지요? 그때 밤과 술과 여자 이야기를 하면서 접대부가 떠는 아양을 간질이라고 했는데 원래 이것은 염질이라고 해야 합니다.

염질을 할 때는 이 염언이 튀어나옵니다. 염언이란 호리는 말입니다. 요염한 자태로 흐느적거리는 말이 유혹을 위한 염언입니다. 조심하십시오.

열다섯 번째입니다. 미친놈처럼 날뛰면서 상식에 벗어난 허튼소리를 마구 지껄이는 것으로 『광언(狂言)』이 있습니다.

다듬지 않은 생각에서 정제되지 않는 말로 나오는 것이 광언인데 독도를 자기네 땅이라고 하는 경우에 쓰는 망언이란 단어는 광언이라고 해야 직성이 풀릴 일입니다. 망언은 '떳떳치 못하다', '이치에 맞지 않는다'라고 하는 뜻이며 광언은 말 같지도 않은 말입니다.

열여섯 번째입니다. 『황언(荒言)』입니다. 황언은 황질(荒質)로 이미 우리가 익히 알고 있는 말입니다. 거친 말에 대하여는 생략해도 될 것이므로 역시 같은 탕언 중에서 『투언(鬪言)』에 대하여 말씀드립니다.

투언이란 싸울 때 쓰는 말들인데 싸울 적에는 어떤 말투를 쓰며 어떤 양상으로 말들이 오고 갈까요? 그쪽은 생략하고 이렇게 말씀드리겠습니다.

투언이란 말만 하면 싸우려고 덤비는 것처럼 말에 시비를 걸고 넘어지는 경우를 가리킵니다. 하는 말마다 말꼬리를 잡는다는 것도 투언에 가깝습니다. 또 아예 말투가 투언인 사람이 많습니다. 그러나 싸움은 말로 하는 게 아니고 법으로 하고 논리로 하는 것인 줄 몰라서 그렇습니다.

대개 투언형의 사람은 결국 보면 나중에는 자기가 지고 맙니다. 시시비비를 차분하게 가리는 논리력이 부족하기 때문에 어리석게도 투언을 무기라고 들고 나온다고 보아야 합니다.

죽여야 마땅한 살어(殺語)시리즈가 진행 중입니다. 열일곱 번쨉니다. 이번에는 『허언(虛言)』입니다. 허언은 『공언(空言)』과 같은 말이나 엄밀하게 말하면 좀 다르기는 합니다. 아무튼 허언이나 공언은 우리가 흔히 말하는 헛소리입니다. 헛소리도 두 가지인데 하나는 내용이 없는 경우고 다른 하나는 객쩍은 잡담입니다. 쓸데없는 소리가 이에 해당합니다. 헛소문을 퍼트리는 것도 루머나 유언비어로서 허언으로 보아도 됩니다.

열여덟 번쨉니다. 괴상망측한 말로서 『귀언(鬼言)』이라는 것이 있습니다. 이를 괴언이나 궤언이라 하면 달라집니다. 귀언은 이상야릇한 말을 귀언이라 하는데 궤변과도 다릅니다. 뭔 소린지 하긴 하는데 도무지 종잡지를 못할 때 '귀신 씻나락 까먹는 소리'라고 하면 이게 귀언에 해당합니다.

열아홉 번쨉니다. 이번에는 『요언(謠言)』입니다. 정체불명의 뜬소문을 퍼트리는 것을 요언이라 하는데 어디서부터 나온 말인지 근거는 없습니다. 그러므로 요언은 요언을 듣더라도 다시 퍼트리는 사람이 최종 책임을 져야 합니다. 왜냐하면 자기가 거기에 공감한다는 것이 아니면 그렇게 되라고 협력하는 형태이기 때문입니다.

"그렇다더라"성의 '카더라 통신'이 요언입니다. 문제는 이로 인해 선의의 피해자가 발생하면 이것은 전한 자의 책임입니다. 흔히 뭣보고 뭣 봤다는 식의 이런 요언도 죽여 버려야 하는데 요언을 듣고 들은 말을 전하는 마지막 사람이 요언을 죽여야 합니다.

스무 번쨉니다. 이번에는 『고언(苦言)』입니다. 소위 쓴소리가 고언인데 사실 고언은 죽여 버릴 말이 아닐 수도 있습니다. 상감마마께 고언을 하는 충신의 말을 간언이라고도 하고 고언이라고도 하는데 나름대로 이 고언은 가치가 있습니다.

그런데도 살어에 포함하는 데는 이유가 있습니다. 이때의 고언은 엎친 데 덮치는 악성을 가리킵니다. 아픈 사람을 더 괴롭게 질러 버리는 것도 고언이라 할 수 있습니다.

말하자면 "너 잘됐다" 하고 찬스라도 온 것처럼 이때라고 생각하고 더 괴롭게 찔러 버리는 것이 고언이라는 탈을 쓴다면 이것도 죽여야 합니다. 오늘 참 많이 죽이고 있네요.

스물한 번쨉니다. 희롱하는 말을 뜻하는 『희어(戲語)』입니다. 사람을 기분 나쁘게 하는 말에는 여러 가지가 있습니다. 사극에서는 이럴 경우에 "네가 나를 능멸하느냐?"라고 하는데 이것을 말로 표현하면 희어에 해당됩니다.

옛날에는 이 희어를 '시야까시'라고 했습니다. 희롱하는 추태와 추파가 희어입니다. 지나가는 다방아가씨에게 던지는 말에 가장 많은 것이 희어입니다. 놀리는 말이라 해도 격이 있어야 되는 딸 같은 아가씨에게 "야, 한번 줄래?" 이런 게 희어입니다. 죄송합니다. 이런 말을 써서…… 아무튼 이런 것이 희어입니다.

스물두 번쨉니다. 『한어(恨語)』입니다. 한어는 한을 맺는말과 한을 토해 내는 말로 구분합니다. 자기의 신세를 한탄하는 말이라면 다음 연구에서 말하는 계어에 속할 것이나 남에게 한을 품는 말은 살어에 속합니다.

"가다가 사고나 나서 콱 뒈져 버려라." 이런 경우가 한어입니다. 그래서 죽은 사람이 있는가는 모르겠는데 그렇게 말한 사람이 잘되는 것을 본 적은 없습니다. 오히려 말한 대로 자기가 나빠지는 것은 많이 보았습니다.

이와 비슷한 말로서 『원어(怨語)』라고 하는 것도 있는데 원어는 『원망하고 불평하면서 네 탓으로 돌리는 핑계성의 말』입니다. 이것도 또 죽여 버립시다.

스물세 번쩹니다. 이번에는 『외어(外語)』입니다. 외국어도 외어인데 여기서 말하는 외어란 그게 아닙니다. 역시 작살을 내서 죽여야 하는 이 외어란 겉 다르고 속 다르게 기만하는 말입니다. 외교적 언사라고 하는 것은 속과 겉이 같지 않습니다.

"사장님 너무 보고 싶어서 눈이 다 짓물렀어요." 이렇게 말하면 염어에 해당되지만 외어도 됩니다. 외어는 그대로 들으면 안 됩니다. 사실은 전혀 보고 싶지 않았다고 하는 것이 본질입니다. 다만 말로써 상대를 휘어잡기 위한 수단으로 활용될 뿐입니다. 외어가 판친다면 세상은 썩어 갑니다. 역시 때려죽여야 합니다.

끝으로 스물네 번쩹니다. 『파언(破言)』입니다. '파언'은 기초를 무너트리는 말입니다. "끝장을 내 버리자." "더 생각할 것도 없다." "죽여 버리자." 이게 파언입니다. 저도 파언 한마디 하겠습니다. 몽땅 전부 다 싹 죽여 버립시다.

/제12장/

계 어 (戒語)

이런 말, 저런 말, 조심해야 할 말

아예 죽여 버려야 하는 '살어'
에 이어서 이 시간에는 『아주 조심해야 하는 말』을 계어(戒語)라 하고
이 연구를 시작하겠습니다.

'계어'란 『경계해야 하는 말』입니다. 축구에서 규칙에 어긋나면(반칙)
옐로우 카드를 내밀고 경고를 줍니다. 그래도 또 반칙을 하면 이번에
는 레드카드를 내밀고 퇴장을 시킵니다. 살어는 퇴장입니다.

극단적인 말로 죽여 버린다고 한 살어와는 달리 주의 카드에 해당
하는 계어가 있는데, 계어를 통해서 우리가 말을 하고 듣는 것에 대
하여 새로운 각성을 일으켰으면 하는 마음입니다.

첫 번쩹니다. 현대는 인터넷문화의 발달로 인하여 말의 머리와 다
리와 손발을 잘라 버린 『각어(脚語)』가 판을 치는 세월입니다. '각어'
라는 말은 제가 만든 말입니다. 이는 자기들끼리만 통하는 패거리집
단의 『은어(隱語)』라고도 해석할 수 있습니다.

말이 변해 가고 있습니다. 우리말이 만신창이가 되어 가고 있습니다. '감사합니다'라는 말은 "ㄱㅅ"로, '반갑습니다'는 "방가여"라고 하거나 "방가"라고 하고 있습니다. "ㅋㅋㅋ", "ㅎㅎㅎ"……. 필요할 때도 있으나 과용하면 말의 혼란이 올 우려가 있으므로 제2의 바벨탑이 되어 무너질까 걱정입니다. 더 이상은 논하지 않겠습니다.

세월 따라 말이 변한다고 탓하는 것은 세월을 보고 흐르지 말라고 하는 것과 같은 것이라고도 하겠습니다마는 저야 이제 얼마 남지 않아 이 세상을 떠나게 될 것이고, 세상에 더 산다고 해도 힘도 못 쓰고 글도 못 쓰고 산송장으로 살게 될 날이 언제 올지도 모른다고 생각하다 보니 많은 생각을 하게 됩니다.

게다가 '대화학 콘체르토'라고 하는 이 연구까지 하면서 생각해 보니, 우리가 받은 이 고귀한 말을 누가 어떻게 올바르게 지켜서 후손 대대로 주신 하나님의 의도대로 사용하게 할 것인가가 자주 걱정이 되곤 합니다. 이게 어찌 저 한 사람만의 걱정이고 우려겠습니까?

요는 좀 더 삶에 유익한 방향에서 말이 발전해야 한다고 하는 걱정입니다. 죽여 없앨 말은 죽여 버리고 살릴 말은 살리고 더 좋은 말이 있다면 찾아내어 널리 쓰이게 만들어야 하고…….

그런데 말이 부패하고 썩어 갑니다. 은어가 판을 치고 말이 걸레조각처럼 능지처참(陵遲處斬)을 당하고 있습니다. 이러다가 부관참시(剖棺斬屍)까지 당하는 것은 아닐까요?

말은 살아가는 당대의 세대가 쓰는 것입니다. 죽은 자는 더 이상 말을 쓰지 않기 때문에 후대들이 어떻게 쓰든 세상을 떠났으면 더 이상 간섭할 수도 없고, 해서도 아니 됩니다.

그러나 저 같은 경우는 아직은 세상에 살아 있고 소꼬리보다 약간 더 긴 인생의 날을 앞두고 있습니다. 물론 얼마나 살다가 갈 건지 모르니까 후대들이 어떤 말을 어떻게 쓰건 내가 이래라저래라 할 필요가 없을 것도 같습니다. 그러니 어찌 보면 주는 밥이나 먹고 쓸데없는 일에 신경 쓰지 말아야 하는 것은 아닐는지…….

급격하게 말이 변해 가는 현대를 바라보면서 무엇이 내 할 일인가를 생각해 보았습니다. 정신문화연구시리즈의 수많은 과목들, 그중에 지금 써 가는 '대화학 콘체르토'라고 하는 과목 — 그러나 잘나가다가 이제 여기까지 온 마당에 갑자기 전신에 힘이 죽 빠집니다. 말이 죄다 엉망진창이 되는구나 싶어서 말입니다.

그러나 생각합니다. 이런 말을 듣거나 말거나, 아무튼 버려야 할 말은 버려야 하고 조심해야 할 말은 조심해야 한다는 힘없는 밧줄을 잡고 '대화학 콘체르토'의 이 힘겨운 언덕을 올라갑니다. 불통으로 급격하게 바뀌어 가는 말에 꺾인 기를 다시 세워 가면서 말입니다.

일단 '각어'와 '은어'가 '계어'의 첫째입니다. 그 이유는 세상을 떠난 사람이야 불통이라도 관계없지만 아직 이 세상에 살아야 할 날이 좀 더 남아 있는 저와 같은 사람들은 따라갈 수도 알아들을 수도 없기 때문입니다.

물론 못 알아들으면 열심히 배워서 따라가면 알아듣게 될 거라는 말은 인정합니다. 그래서 좀 관심을 가진 덕에 저는 그래도 어느 정도까지는 알아듣습니다.

그런데 더 배워야겠다는 의욕이 솟다가도 금세 마음이 상해 버리고 맙니다. 이런 말을 배워야 할까 말아야 할까로 심히 고심하게 되기 때문입니다. 왜냐하면 말에는 급수가 있고 격이 있는데 이런 말들은 격도 없고 말적인 요소도 없기 때문입니다.

단지 돈을 동그라미라고 하는 것과 같은 비어나 다름없는 살어에 가깝다고 하는 점 때문입니다. 그래서 살어를 연구하던 앞 연구에 이것을 '살어'에 포함하려고도 생각했으나 약간 숨을 죽여서 경계해야 한다는 쪽으로 '계어'의 첫 번째에 넣었습니다.

'각어(인터넷용어)'를 '계어'로 분류해야 하는 정당한 이유는 있습니다. 각어는 국어라고 하는 민족 전체의 언어가 가지고 있는 공공성을 갖지 못한다는 이유입니다. 각어는 아무나가, 그저 대충 아무 생각도 없이 그냥 만든 것입니다.

만든 사람이 언어에 대한 지식도 없고 감각도 없으며, 각어는 말이 말로서 가져야 할 말성이나 말격을 가졌느냐는 문제에 대하여 아무런 논리도 갖추지 않은 무책임한 말이라는 사실 때문입니다.

이것을 자식에 비교하면 밥도 아닌 밥을 먹인다거나 약도 아닌 약을 먹이는 것에 비유되는 것이며 그로 인해 자식이 불구가 되건 바보가 되건 생각 없이 기르는 부모와 같다는 계산이 나옵니다.

그래서 마침내 말의 불구자를 양산시켜서 끝내는 고귀한 민족의 언어에 난도질을 해서 세상을 파멸로 이끌고 간다고 보는 것입니다.

결국 나는 나대로요 너는 너대로 하는 말이 되어 숭고한 언어를 멸살시켜서 마침내 혼란이 초래되는 길로 가고 있다고 하는 사실입니다.

뿐만 아니라 각어는 저와 같은 장년 세대가 못 알아듣는 것처럼 언젠가는 또 역시 현대의 젊은이들도 다가오는 차세대가 각어를 쓰면 역시 그때는 또 알아듣지 못한다고 하는 언어파괴의 악순환의 고리로 이어진다는 것을 불 보듯 뻔히 알고 보인다고 하는 것이기도 하기 때문입니다.

　말은 누구나 할 수 있지만 누구나 만들어서는 아니 됩니다. 새로운 말을 만들려면 새로운 말의 가치가 풍족하여도 말의 말격을 보완하는 범위를 넘어가면 아니 됩니다. 말로 말을 연구한 전문가가 만들고 건전하게 보급할 가치가 없는 말은 만들어 내지 말아야 하는 것입니다.

　그렇다면 이 일을 어찌하면 좋을까요? 이렇게 해야 된다고 생각합니다. 생선회를 뜨는 것처럼 말의 포를 뜨는 이 각어를 쓰는 사람을 단속하고 인터넷에 각어를 떠서 올리거든 올라오는 족족 삭제를 해야 한다는 것입니다.

　그래도 각어를 계속 쓰는 사람은 법을 새로 만들어서 단단히 그 값을 치르게 해야 합니다. 큰일이 나고 있습니다. '계어'의 첫 번째는 바로 이 '각어'에 대한 경계입니다.

　다른 반대의견도 있으십니까? 인정합니다. 물론 긍정적인 요소도 있습니다. 가장 큰 문제는 무질서라는 것입니다. 그러니까 언어문화 창달이라는 관점에서 생각해 봐야 한다는 말입니다.

　두 번쨉니다. 또 경계해야 마땅한 계어에는 『비어(卑語)』와 『속어(俗語)』가 있습니다. 비어는 품위 있고 점잖은 말을 일부러 비틀어서 쌍스러운 단어를 끌어다 쓰는 말을 가르칩니다. 속어의 경우도 같은 뜻이라 한데 묶었습니다. 머리를 "대가리"라 하거나 "대갈통" 또는 아예 "꼴통"이나 "해골"이라고 부르는 것이 비어입니다.

사실 비어와 속어는 무한정으로 많습니다. "주둥아리"니 "아가리"니 하는 것이나 어부를 "뱃놈"이라고 하고 교도소를 "큰집"이라고 부르는 것들도 역시 비어나 속어에 해당합니다.

아내를 부를 때도 저속한 단어가 튀어나오고, 아들딸들도 밖에 나가면 우리가 알아듣기 어려운 비어가 몸에 배어 갑니다. 이것도 역시 문제입니다. 말이 쌍스러워지면 사람의 인생도 쌍스러워집니다.

아내를 "밥쟁이"라 하거나 "솥뚜껑 운전수"라고 부른 결과 이혼율이 높아지고 말았습니다. 적어도 이런 비속어를 안 쓰는 경우라면 방송에서 사용하는 방송용어가 그래도 여전히 말의 품격을 유지하고 있는 것을 부인하지 못합니다.

일부 방송언어가 시비의 대상도 되고 그래서 문제가 되기도 하지마는 이런 경우는 전문방송인이 아닌 제한된 프로그램에 일시 고용된 사람들의 문제지 정통 직업방송인의 언어는 지금도 정제되고 다듬어지고 있으므로 우리가 같은 말이라도 나는 어떻게 하는가에 대한 거울은 역시 방송입니다.

세 번쨉니다. 『농언(弄言)』이라고도 하는 농담인데 원래는 희롱할 롱자를 쓰는 롱담(弄談)입니다. 말 그대로 직역하면 농담은 희롱하는 말인데 실없는 말장난이라는 뜻입니다.

그렇다면 이것은 살어인지 계어인지 애매합니다. 계어로 분류한 이유는 대부분의 농언은 상대를 고의적으로 놀리고자 한다기보다는 친근감을 나타내기 위하여 시도하는 까닭에 이는 살어라고 보기에는 가혹하다고 생각했기 때문입니다.

물론 농담이 진담이 되고 그래서 피차간에 불편해지기도 하다가 끝내는 싸움이 되기도 하는 것이 농담이기는 하지마는 그래도 적당한 농담은 오히려 분위기를 부드럽게 하여서 인간관계를 더욱 친밀하게 하는 역할을 하는 경우도 많습니다.

그래서 이제는 농담이나 농언이라는 말 자체가 바뀌었습니다. 유머라고도 하고 위트라고도 하는 대용어로 좌중에 폭소를 자아내게도 하여서 말의 맛을 돋우는 양념처럼 쓰이기도 합니다.

특히 이성 간에는 이와 같은 유머가 풍부한 사람이 쉽게 상대의 호감을 사기도 하기 때문에 농담을 살어에 넣을 수는 없습니다.

단 그러나 농담은 신중해야 합니다. 자칫 잘못하다가는 상대방의 심기를 건드려서 안 하느니만 못한 경우가 많다는 사실입니다. 그래서 계어로 분류합니다.

네 번쨉니다. 다음은 『징언(懲言)』입니다. 징언이란 야단을 치는 말인데 여기서는 『충고하는 말』로 이해하시기 바랍니다. 말이란 하다가 보면 자신도 모르게 훈계를 하거나 충고를 하거나 아니면 야단을 치는 징언화되기가 일쑤입니다.

그런데 사람은 누구나 지적하고 나무라고 가르치려 하면 싫어하는 본능이 있습니다. 이 싫어하는 약한 부분을 건드리기 쉬운 말이 징언입니다.

이런 이야기가 있습니다. 앞(제1장)에서도 한 적이 있었던 말인데, 일단 술자리에 앉거든 두 가지 말을 참으라는 것입니다. "왜 그러느냐" 하고 "고쳐라"라고 하는 말 두 가지입니다. 둘 중의 하나가 나오면 술자리는 싸움자리로 급변하는 것이랍니다.

징언은 특히 술이 좀 취한 사람이라면 누구나 아주 싫어한다는 것입니다. 그런데 술과 관계없이도 징언 좋아할 사람은 별로 없습니다. 반대로 사람은 치켜세워 줘야 좋다고 합니다. "너 잘났다." "네가 최고다." "인간성 짱이고 의리도 짱이다." 인간은 누구나 이렇게 말하면 좋아합니다.

그러니 징언은 계어에 속합니다. 상대방에게서 내게로 오는 조심함이 아니라 내게서 상대방으로 나가는 조심입니다. 그러니 내가 조심하고 주의해야 할 계어에 해당됩니다. 이와 동일한 의미를 가진 계어에는 좋은 의미로 쓰는 『간언(諫言)』도 있습니다.

다섯 번쨉니다. 경계대상이 되는 계어로 이번에는 『풍언(風言)』이라는 신조어로 말씀드리겠습니다.

'풍'이라는 단어는 『허풍 떤다』라고 해야 알아들으실 것 같습니다. 아니면 『뻥친다』거나 『뻥쟁이』라고 하면 확실하게 알아들으셨을 것입니다. 이를 '풍언'이라고 하였으나 풍도 풍이지만 요즘 흔히 쓰는 말에 『김을 빠지게 하는 말』이라는 뜻으로도 이해하시기를 바랍니다.

두 가지가 모두 계어에 속합니다. 먼저 허풍을 떠는 풍쟁이의 말은 당연 경계해야 합니다. 또 한 가지 경계할 것은 열심을 고꾸라트리는 효과라 할 바람(김; 효력)을 빼 버리는 말, 이게 바로 풍언입니다.

열심히 잘한다고 하는 사람한테 안 된다고 기를 죽이면 진짜 안 되는 경우가 대단히 많다는 것은 이미 통계로 나온 이야깁니다.

기독교는 안 된다고 의심하면 될 것도 안 된다고 하고 "네가 믿는 네 믿음대로 될 것"이라고 하는 말씀은 기독교 믿음의 뿌리와도 같습니다.

이 두 가지는 관심을 가지고 조화롭게 경계해야 될 말입니다. 안 될 것을 된다고 하면 그건 풍입니다. 또 될 것을 안 된다고 하는 것도 역시 김을 빼는 풍언입니다.

여섯 번쨉니다. 이번에는 『폐언(廢言)』입니다. '폐언'이란 원래 『없애 버린 말』이라는 뜻입니다. 말은 말인데 왜 없애 버렸을까요? 이제는 그런 말이 필요가 없거나 더 품위 있고 좋은 말이 있어서 그것은 없애고 대신 이것을 쓰는 경우입니다.

이렇게 없애 버린 폐언은 부지기수입니다. 통일 신라가 멸망하고 고려가 또 멸망하고 이씨조선이 대한민국으로 오늘에 이르기까지 — 천년의 세월이 흘러가면서 얼마나 많은 말들이 폐어로 사라졌을까요?

법에도 폐법이 있습니다. 그런데 '악법도 법'이라는 말은 있으나 폐법은 법이라고 하지 않습니다. 악법은 악법이라도 지켜야 하는 데 비해서 폐법은 악하지 않아도 지킬 필요가 없습니다. 말씀이 한참을 다른 데로 갔던 감이 있습니다. 그러나 제가 말하는 폐언은 이런 의미보다는 했던 말을 안 한 말로 폐기시킨다는 뜻을 가진 '폐언'이었습니다.

"무슨 소리냐?" "내가 언제 그랬느냐?" 한 말을 없애 버리면 싸움밖에 날 게 없습니다. 바로 이게 경계의 대상이 되는 계어입니다. 일이 이렇게 되면 어떻게 하면 좋을까요? 나중에 빠져나갈지도 모르는 사람의 말은 이 점을 감안하고 듣는 수밖에 없습니다.

혹 아니라고 잡아떼고 폐언해 버리면 그 말을 믿고 쏟은 나만 어렵게 되는 까닭에 폐언의 소지 유무를 잘 생각해서 들어야 합니다. 중요한 대목은 자주 꼭꼭 집어 두는 것도 한 방법이 될 것입니다.

비슷한 뜻을 가진 말에는 말을 바꾼다는 뜻으로 『환어(換語)』라는 것이 있고, 폐어보다 더한 말은 아예 존재하지 않는 말로서『사어(死語)』라는 것도 있는데 성경 구약의 히브리어가 이(사어)에 해당합니다.

일곱 번쨉니다. 경계해야 할 계어에는『괴어(怪語)』또는『괴담(怪談)』이라고 하는 말이 있습니다.

괴어나 괴담은 공히 이상야릇한 말이라는 뜻을 가지고 있습니다. 여고괴담이라고 하는 말을 들었으나 제가 하고자 하는 계어에 해당하는 괴어나 괴담이란 견해를 좀 달리하는 의미로 말씀드리려고 합니다. 이때의 이상하고 야릇하다고 하는 것이란『처음 듣는』아니면『알지 못하는』이라고 하는 뜻입니다.

지금까지 겪어 보지도 못하고 들어도 본 적이 없는 말은 이상야릇하게도 들립니다. 전혀 알지도 못하는 생소한 내용을 받아들이라고 권하는 경우가 이에 해당됩니다.

많은 돈을 투자를 해 보라든가, 아니면 생소한 분야에 참여하라고 하면서 설명하는 말은 괴어나 괴담하고 다를 게 없습니다. 이런 경우는 일단 경계대상이며 계어에 해당합니다.

모르는 것은 오랜 시간을 두고 충분히 검토하고 어느 정도 알고 난 후에나 생각해 볼 일입니다. 비슷한 말에는『기언(奇言)』이 있습니다. 역시 이상한 말을 기언이라고 합니다. 이 역시 마찬가지로 조심해야 하는 말입니다.

여덟 번쨉니다. 이번에는『낭어(浪語)』라고 해서 어쩌면 여러분에게 아주 생소할지도 모른다고 느껴지는 계어 중의 한 가지입니다.

낭어란 함부로 막 지껄여 대는 무절제한 말입니다. 이 말은『다언

(多言)』과 짝을 이루게 되나 다언이란 말이 많음을 뜻하므로 약간 다르기는 합니다.

그러나 낭언도 다언성이라고 하는 점에서는 비슷합니다. 다언은 경계대상이고 낭언은 더욱 경계해야 합니다. 왜냐하면 너무 많은 말을 한다는 것은 언어심리학상으로 보나 일반 상식으로 보나 거기에는 저의가 있을 수밖에 없습니다.

좀 엉뚱한 비유가 될지 모르지만 부부간에는 별로 말을 많이 하지 않습니다. 이 말은 진실한 관계라면 많은 말이 필요치 않다는 반증입니다.

하지만 불륜 사이에는 말이 많습니다. 많아도 너무 많습니다. 그래서 외식을 나가 보면 대뜸 알 수 있는 것이 부부냐 불륜이냐의 판단입니다. 불륜관계의 사람들은 음식이 나올 때까지 계속 말을 합니다. 그러나 부부는 어색할 정도로 일체 말이 없는 편입니다.

말이 많다는 것은 무엇인가가 부족하다는 증거입니다. 빈구석을 채우려고 하는 안간힘을 쓰는 현상이 다언입니다. 낭언도 역시 마찬가지입니다. 일단 지나치다 싶게 말이 많으면 무조건 한 수 접고 경계심을 발동해야 합니다.

아홉 번째입니다. 이번에는 『핍언(乏言)』이라고 하는 역시 생소하실 거다 싶은 계어입니다.

핍언이란 묻는 말에 제대로 대답을 못 하고 절절매는 경우를 가리킵니다. 말이 궁하면 태도도 불안합니다. 말이 궁한 까닭이 무엇일까요? 원칙에 맞지 않거나 법에 위반일 경우에 대답을 할 수가 없기 때문입니다.

이와 같은 핍언 현상은 절대적으로 내가 만들어 내서 감지해야 하는 영역입니다. 상대방으로 하여금 핍언케 하려면 정곡을 찌르는 날카로운 질문을 해야 합니다.

상대가 생각지도 못하는 예리한 부분을 찔러 버리면 대답을 못 하고 허둥대는데 바로 이런 경우에는 조심하고 경계해야 합니다. 말문이 막힌다는 것은 허점을 막을 논리나 법리가 빈약하다고 하는 증거입니다.

그러나 이를 역으로 내가 핍언의 경지에 왔다고 하면 그럴 땐 어떻게 해야 할까요? 아예 그건 모른다고 단칼에 모르면 모른다고 하는 것이 당당한 것입니다. 모른다는 것은 부끄러운 것이 아닙니다.

모르는 것을 아는 것처럼 하려니까 핍언 현상이 나타나서 상대방이 의심하고 경계를 하게 되는 것입니다. 양쪽 둘 다 이해가 되셨습니까? 핍언은 수상쩍은 일입니다.

끝으로 열 번쨉니다. 『교언(巧言)』입니다. 가식으로 꾸며 낸 말을 교언이라 합니다.

논어에는 교언영색(巧言令色)은 선(善)이 아니라는 말이 있습니다. 아주 정교하게 꾸민 것의 대표적인 경우는 배우들이 하는 연기이고 영화의 화면입니다.

전부 가짜를 진짜같이 꾸민 교언영색입니다. 말에도 이와 같은 교언이 있고 영색이 있습니다. 바로 지나친 아부와 아첨입니다. 아니라도 과공비례(過恭非禮)라는 말도 있습니다.

문제는 친절함과 상냥함과 아부의 예민한 실선을 세미하게 관찰하고 감지할 수 있어야 만이 교언의 정체파악이 가능합니다. 이처럼 계어를 계어로 감지하기란 때로 정말 어렵기가 한이 없습니다. 이것이 경계의 대상이냐? 아니면 공연한 기우가 될 것이냐? 이 부분이 참 쉽지 않습니다.

계어를 미어(美語)나 향어(香語)로 잘못 인정하면 그게 문제요, 반대로 계어가 아닌 것을 계어로 여길 경우에도 보통 문제가 아닙니다. 여러분의 관심 어린 계어 감각을 기대합니다.

/제13장/

수 어 (水語)

물 흐르듯 부드러운 말이 세상을 맑히고

　　　　　　　　　　　　　　쓰지 말아야 할 말이 있고 경
계해야 할 말이 있고 칭찬받아 마땅한 좋은 말이 있으나 이쪽도 저쪽
도 아닌, 그저 무해무덕한 평상의 말이 있습니다.

　이렇게 많은 말은 우리가 세상을 사는 동안 말로 인한 해도 없고
덕도 없는 듯하나 사실 '대화학 콘체르토'에서는 가장 중요한 본질입
니다. 이를테면 이는(말은) 인생을 살아감에 있어 절대적 요소인 물과
같습니다.

　물은 우리가 느끼지 못하는 우리 생명의 전부요 제일가는 보배입
니다. 말도 생명이라고 할 때 말을 유지하는 말의 물과 같은 역할은
『일상의 말』이라는 뜻의 『상어(常語)』라는 단어가 담당한다고 하고
있습니다. 이를 다른 말로는 『평상어』라고 할 것입니다. 특별한 의미
를 부여하지 않고도 편하게 사용하는 『통상어』나 『보통의 말』입니다.

　이렇게 일상에서 편안하게 쓰는 말을 저는 저의 말 구분 용어로
'수어(水語)'라는 글자를 선택했습니다. 수어는 말의 생명이 되어 우리

몸이 70%가 물이라고 하는 것처럼 우리가 하는 말에서 차지하는 중요성이 70%에 달한다고 하는 데서 물과 같다고 하여 '수어'입니다.

인체에서 물이 끊기면 몸이 죽듯이 말에서도 수어공급이 부족하면 말이 빈약하고 말이 병들고 말도 죽고 맙니다.

첫 번쨉니다. 말의 문을 여는 것을 『서언(序言)』 또는 『개언(開言)』이라 합니다. 수어란 무엇일까요? 편안하여 소통에 아무 문제가 없는 말이 수어입니다.

수어는 말이 가진 말의 격과 성에 아무런 하자가 없어서 피차간에 물이 흐르는 것처럼 무난하게 말이 가진 뜻을 주고받는 말의 역할을 무난하게 감당하는 말의 모범이 되는 말입니다. 수어는 아무런 장애 없이 피차간의 의견을 교환하는 말의 모범생입니다.

그래서 수어는 참 쉽기도 하지만 한편 참 어려운 말이기도 합니다. 내가 하기에 좋고 상대가 듣기에도 거리낌이 없는 순적한 수어는 어떻게 구사할 것인가? 우리 정신문화연구시리즈는 이 문제로 고민하지 않을 수 없는데 이는 우리 정신문화연구시리즈 최고지선(最高止善)이 되는 말의 최정상이 바로 이 '수어'이기 때문입니다.

두 번쨉니다. 수어를 다른 말로 하면 『현언(現言)』이라 하겠습니다. '현언'이란 현재 사용하는 말이라는 뜻이지마는 이는 『우리의 말들』이라는 의미를 담은 단어입니다.

『우리는 지금 어떻게 말하느냐』의 문제가 현언입니다. 『지금 필요한 말이 무엇이냐』가 현언입니다. 『현재하고 있는 말』이 현언이며, 『지금 해야 되는 말』이 현언입니다.

현언은 현재 주어진 말해야 하는 말의 내용을 중심으로 하여 지금 하지 않으면 안 되는 말입니다. 현언은 지금 말을 할 것이냐 말 것이냐의 문제를 거쳐서 선별되어 현재 사용 중에 있는 말입니다.

세 번쨉니다. 현대는 수많은 형태의 현언들이 존재하는 세월입니다. 그 가운데 첫째의 현언은 서로 간에 직접 만나서 하는 말에 해당하는 『면언(面言)』이 있습니다.

말은 만나야 말할 원인이 발생합니다. 만남이란 알고 보면 현언을 위함입니다. 현언이 없는 만남은 만남 자체의 가치가 반감이거나 아니면 전무합니다. 그러므로 당연 면언에는 면언이 가지는 말의 최고 지선을 향하여 완벽한 『수어(水語)』의 격을 갖출 필요가 있습니다.

네 번쨉니다. 그러나 현언의 첫째(면언)를 제치고 현대는 『전언(電言)』이 상석을 차지했습니다. 전언이란 전화로 하는 말입니다.

이제 개인 휴대전화가 등장함에 따라 면언이 아니면 현언이 존재치 못하던 언어문화에 전언이라고 하는 커다란 혁명이 일어났습니다.

그러다 보니 이제 말의 거의 대부분을 면언보다 전언이 차지하였습니다. 그러므로 이제 우리는 현언에 대하여 말하기 전에 먼저 전언을 논할 수밖에 없는 상황이 되었습니다.

다섯 번쨉니다. 전언(전화)이 차지하는 현언의 비중은 많은 사람들이 이에 대한 보급이나 각종 데이터로 우리 정신문화연구시리즈가 수고하지 않아도 전언은 소중한 말의 영역으로 부동의 말 점유율 최고를 차지한 것에 이론이 없습니다.

그러므로 '대화학 콘체르토'는 이제 전언에 대하여 상당분량의 논조를 할애해야 마땅합니다. 그러나 이미 무한 발달한 전언문화는 어느덧 '대화학 콘체르토'가 왈가왈부할 범주를 넘어서 버렸으므로 별도의 장을 열어 보다 심도 있게 논해야 한다고 생각됩니다. 그러므로 뒤로 미루고 우리 정신문화연구시리즈는 주어진바 수어에 대한 고찰을 계속할 것입니다.

여섯 번쨉니다. 현언은 『자언(自言)』과 『타언(他言)』으로 구분됩니다. 나만 말하거나 너만 말하는 것은 모두 온전한 현언형태라 할 수 없습니다.

그럼에도 혹간 면언에서 혼자만 말하는 사람을 만납니다. 말은 둘이 만나면 대략 반반씩 하고 들어야 하는데 말을 혼자 독점하거나 90%를 혼자 지껄이는 사람은 현언의 자언과 타언에 대하여 이해를 해야 할 것입니다.

이것은 전언의 경우에도 똑같습니다. 전화는 내가 걸었는데 말은 상대가 혼자 하는 경우가 있습니다. 듣다못해 "나도 말 좀 합시다", "잠깐 제 말 좀 들어 보세요"라고 하는 경우도 현언이 가진 자언과 타언에 대한 배분에 대하여 간과하기 때문입니다. 말을 수어라고 할 때의 수어는 이렇게 막히지 않는 상통성 언어구사를 취해야 한다는 의미입니다.

일곱 번쨉니다. 말의 근원은 하나님께로부터 분배받은 하나님의 영이시며 생각의 결실이라고 하는 것은 이미 드린 말씀입니다. 물리적인 말의 근원이 되는 것은 『모어(母語)』라고 한다는 것과 모어를 확

대하면 모국어『(母國語, 國語)』라고 하는데 모어와 모국어 사이에는『향어(鄕語)』라고 하는『방언(方言: 사투리)』이 있습니다.

그런데 중요한 것이 있습니다. 말은 누구나 어머니의 품에 안긴 어린 시절에 배운다고 하는 것입니다. 서울사람이면 서울말을 하고 경상도 사람은 경상도 사투리를 쓰듯이 한국 사람은 한국말을 합니다.

이렇게 지당한 말씀을 드리는 이유는 따로 있습니다. 바로 말은 어머니의 품에 안길 그때, 그러니까 아직 말을 하지 못할 적에 어머니가 하는 말을 듣고 배운다고 하는 것이며 이렇게 배운 말이 일생 말하게 되는 기초가 된다고 하는 사실입니다.

그러므로 어머니는 자기도 모르게 말을 가르치는 선생님입니다. 다시 말하면 어머니의 말, 즉 모어가 좋아야 우리의 말이 좋아진다고 하는 것입니다. 그때 그렇게 어머니 배 속에서부터 배우게 되는 말이란 굳이 붙이면 태어(胎語)라 하겠습니다.

여덟 번쨉니다. 말에는『경어(敬語)』가 있습니다. 경어는 말격의 높이입니다. 말에도 말의 키가 있습니다. 바로 수어의 생명과도 같은 것이『말의 높이』입니다. 그렇다면 경어는 수어인가요? 아니면 다음 연구에서 논하게 될『미어(美語)』일까요?

경어는 미어라고도 하겠으나 사실은 수어입니다. 수어는 말의 키가 알맞은 격을 갖추어 상대의 눈높이에 비견되는 적정 말 높이의 조정이 된 것이라야 이를 수어라고 할 수 있습니다.

이와 같은 수어의 적정 말 높이는 간략하게 상, 중, 하로 구분되는데 경어는 수어높이의 상급이며 이는 말을 논하는 '대화학 콘체르토'이기도 하지만 실제는 윤리와 도덕의 중심이기도 합니다.

그렇지만 경어의 활용만이 최고의 수어라는 뜻은 아닙니다. 경어보다 더 높은 말이 있기 때문에 여기서 말하는 경어는 높여라 내려라의 문제가 아니라『맞추어라』라고 하는 의미입니다. 키가 큰 사람이라서 상대의 눈이 높으면 위로 보아야 하고 키가 작아서 상대의 눈이아래이면 내려 보아야 한다고 하는 것입니다.

수어는 말 그대로 언어의 수위조절이 중요합니다. 마구 넘치지도않고 너무 메마르지도 않는 말의 적정선을 조절해야 한다는 것이 수어이며 경어를 논하는 의도입니다.

아홉 번쨉니다. 수어의 키에는 경어보다 낮은『평언(平言)』이 있습니다. 평언은 존대와 하대라고 할 경우에는 평대(平對)에 해당하지만여기서 드리는 말씀에는 복합적인 의미가 있습니다.

여기서 말하는 평대란 존대와 하대의 중간에도 해당되지만 보다중요한 것은 말의 맥을 유지하여야 한다고 하는 뜻을 가지고 있습니다.

말의 맥이라 하는 것은 말의 중심이며 중심은 사안입니다. 다시 말하면 평언이란 말이 흐르는 내용의 중심이 되는 주제에서 이탈하지않아야 한다는 것입니다. 참고로 말이나 문체에서는 최하가 해라체,다음은 하게체, 하오체, 하소서체, 하옵니다체, 하시옵소서체 등등으로 따로 배워야 합니다.

열 번쨉니다. 수어에서 하대(下對)에 해당되는 적당한 말을 구하기 어렵습니다. 하어라는 단어가 부적절하고 비어라는 말도 의미가 다르기때문입니다. 구태여 이름을 붙인다면 이 경우는『하언(下言)』입니다.

하언은 윗사람이 아랫사람에게 말하는 하대라고 보아야 합니다.

그러나 하언의 또 다른 의미는 말의 내용이 유지되지 않는 말이나 말의 격이 현저히 떨어지는 말은 평언에 이르지 못한다는 말씀입니다.

열한 번째입니다. 말이 나가서 하는 일이란 무엇일까요? 이때는 『협언(協言)』이란 단어를 쓰겠습니다.

협언이란 말과 말이 만나 서로를 나타내고 나타난 말의 목적에 따라 피차간에 원하는 결실을 얻어내는 과정을 가르칩니다. 그러니까 모든 말은 협언이라고 하는 사명을 가지고 입 밖으로 나가게 되는데 이것을 '협상'이나 '협의'라고도 하고 '상의'라고 하거나 쉽게 '얘기' 한다고 하는 말로 사용합니다.

열두 번째입니다. 이번에는 『형언(形言)』입니다. 형언이란 말할 내용을 말로 실체화시키는 것으로서 말로 하고자 하는 내용을 형상화시킨다고 하는 뜻을 가진 단어입니다. 문제는 우리가 말을 함에 있어서 바로 가장 어려운 부분이 형언이라고 하는 것입니다.

"필설로 형용할 수 없다"라고 할 때의 형용은 형언이라고 해도 됩니다. 수어는 형언의 묘를 얼마만큼 실상화시켜서 말을 하느냐고 하는 것에 수어의 가치가 있습니다.

열세 번째입니다. 형언에 성공하면 상대가 알아듣습니다. 이럴 때 "말이 통하느냐"라고 하면서 통한다, 안 통한다고 말합니다. 이것이 『통언(通言)』입니다.

통하기 위하여 말을 하는데 불통하면 피차가 힘이 듭니다. 상통경지에 이르는 말의 결실을 위해 우리는 지금도 부단히 애쓰고 말을 만들어가는 중입니다.

　열네 번쨉니다. 말이 통하지 않으면 편지를 씁니다. 편지는『글로
써 하는 말』입니다. 그래서 글자가 생겨나고 마침내는 이메일까지 등
장했습니다. 편지를 써 보내건 이메일을 발송하건 아니면 문자메시지
를 보내는 것들도 응용된 말의 범주에 포함됩니다.
　이런 말을『문어(文語)』라고 합니다마는 국문학에서 말하는 문어와
는 좀 다른 뜻을 담습니다. 일단 문어란 성대나 입을 이용하지 않는
또 하나의 말입니다.

　열다섯 번쨉니다. 문어와 같이 글자가 말이 되기도 하지만 눈이 말
을 하는 경우도 있는데 이를『목어(目語)』라고 합니다.
　목어는 말이 가진 많은 내용을 함축하고 간단하게 말의 효능을 십
분 발휘기도 하는 또 다른 말의 영역입니다. 주로 이성 간 사랑의 도
구로 많이 활용되는 목어는 수어에서도 말 이상의 의사가 담겨 있습
니다. 그래서 말은 눈을 보면서 해야 하고 말은 눈을 보면서 들어야
할 필요가 있습니다.

　열여섯 번쨉니다. 말이란 공기를 전달매개체로 해서 반드시 귀로
들어야 말이지마는 말 중에는 들어도 듣지 않은 것으로 해야 하는『밀
어(密語)』가 있습니다.
　단둘이 만나서 사랑을 고백한 말은 단 두 사람만 듣고 알아야 하는
비밀에 속합니다. 말은 말인데 남이 들어서는 안 되는 말―이것이 바
로 밀어입니다.

일단 밀어는 드러나면 효과가 사라집니다. 정치에도 그렇고 기업에도 그렇고 부부와 연인 간에도 밀어가 존재합니다. 문제는 이런 밀어가 죽여 없애 버려야 마땅한 불륜지간의 탕언으로 악 이용되기고 한다는 점입니다

열일곱 번쨉니다. 이번에는 『미언(微言)』입니다. 미언은 넌지시 건네는 아주 의미가 깊은 말을 미언이라 합니다.

열 마디, 백 마디를 해도 미언 한마디가 그보다 낫습니다. 결혼승낙을 받으려고 갔는데 반대의 벽에 부딪히면 얼굴에 그늘이 지고 힘없이 돌아서는 연속극을 보게 됩니다.

대문간으로 나오는 순간 남자의 어머니가 넌지시 건네는 말이 있습니다 "걱정 마라" 그러면서 눈을 맞추어 주면 한 시간의 피로가 일순간에 사라지고 희망이 솟습니다. 이것이 미언입니다. 미언은 언제 어디에나 백 마디 말보다 더 큰 말의 힘을 가지고 있습니다.

열여덟 번쨉니다. 이번에는 제가 많이 만들어서 사용하는 『조어(造語)』입니다. 조어에는 그가 말하는 것을 도와준다는 뜻을 가진 『조어(助語)』도 있는데 두 가지를 동시에 논하겠습니다.

造語는 이루 말할 수 없을 만큼 하고자 하는 말의 뜻을 명료하게 규명해 주어서 인류 역사 이래 지금껏 끊임없이 만들어지고 있는 말의 영양이요 말의 보약입니다.

특히 한자문화권에 속한 한국은 물론 일본이나 중국의 문학사는 조어문학이 골격을 이루고 있다고 보아 틀림이 없습니다. 그러나 새로운 造語를 만든다는 것은 얼마나 어려운지 만들어 본 사람만이 알

수가 있습니다.

알고 보면 공자나 맹자나 노자나 순자와 같은 모든 언어문학의 정상에 우뚝 선 분들은 예외 없이 우리의 심령을 찌르고 깨우치는 놀라운 조어의 성인들이었음을 알 수 있습니다.

하지만 조어는 저같이 부족한 사람이 잘못 만들 경우 조잡하고 자칫 의미 전달에 오류가 생길 수도 있다는 문제점이 있습니다. 그래서 고쳐야 할 것이 있으면 연락해 주시라고 간간이 말씀드린 바가 있습니다. 助語에 대하여는 생략하고 다음 연구 중 '助言'에서 말씀드리겠습니다.

열아홉 번쨉니다. 제가 이렇게 여러분과 격의 없이 말씀드리는 것과 여러분이 글자를 통해서나 말을 통해서 역시 진지하게 읽어 주시고 들어주시는 것을 『관어(款語)』 또는 『관화(款話)』라고 합니다.

제 연구가 이렇게 되면 참 어렵지 않을까도 생각됩니다마는 어렵다고 생각하지 마시기 바랍니다. 관어라는 말은 앞서(제1장) 말한 대화의 장(場), 즉 대화할 분위기가 되어야 한다고 하는 뜻의 말입니다. 소위 말하는 무드가 잡혀야 된다는 말과 같습니다. 관어나 관화는 무드나 같은 뜻을 가진 우리말로서 한자문화에서 연유한 것입니다.

여러분, 어떻습니까? 수어가 수어다운 현언으로 존재하려면 분위기가 성숙되어야 하지 않겠습니까? 아무 데서나 느닷없이 삐쭉 사랑한다고 말할 사람은 없겠지요? 만 원짜리를 주고받는 거라면 그냥 길가에서 해도 되는 일입니다.

그러나 수천억대의 거래일 경우는 길가에서 하면 안 된다고 하는 것이 말에 있어서 '관어'입니다(제1강 참조 요망).

스무 번쨉니다. 말과 무드니 분위기니 하는 관어라는 말이 나왔으니 이번에는 『흥언(興言)』이라는 단어로 말씀드리겠습니다. '흥언'이란 말을 하고 듣는 것의 흥겨움(관심집중+환경)입니다. 노래로 비유하면 반주입니다. 반주 없는 노래는 팍팍하지요?

수어는 흥언을 중요한 요소로 할 때 더욱 부드럽습니다. 그러나 이때 중요한 것은 나 혼자만의 일방적인 자기도취성 흥언이 되어서는 안 된다고 하는 점입니다. 부부지간의 사랑과 같아서 상대에게 맞춘 흥언을 구사해야 하는 것이 수어입니다. 흥언은 상대의 관심이 어디로 가는가에 따라 때로는 엉뚱할지라도 산 이야기를 하다가 말고 갑자기 그가 가자고 하는 대로 바다이야기로 따라갈 수도 있다는 의미입니다.

스물한 번쨉니다. 수어가 물 흐르듯 대화를 이끌지 못하면 둑을 만난 물처럼 말도 막혀 버립니다.

그러나 물은 막히면 돌아간다지만 말은 한번 막히면 돌아가는 데 힘이 듭니다. 그렇지만 어쩌겠습니까? 돌아가는 수밖에 없습니다. 바로 이 경우, 그러니까 말이 막힌 경우에 해당하는 것이 『냉어(冷語)』입니다. 冷語之境에 처하면 어떨까요? 상대의 말이 멈춰 버립니다.

『무언(無言)』지경이 되고 말았다는 뜻입니다. 강물이 얼어붙듯 그렇게 얼어서 굳어 버렸습니다. 그리고 점점 더 차가워집니다. 연인 간에 이런 증상이 참 많습니다. 그래서 바글바글 속을 끓이고 태웁니다.

스물두 번쨉니다. 사태가 이 지경이 되면 얻으려고 했던 결과가 낙과되기 쉽습니다. 이때 얻고자 했던 것을 『입언(立言)』이라 합니다.

원래의 입언이란 『후세에 모범이 될 만한 말』이라는 뜻을 가졌지만 사안으로 비유하면 목적입니다. 사랑의 관계가 깨진다거나 하려고 했던 계약이 안 된다거나 하는 것이 바로 입언의 실패입니다. 그러면 이때는 어떻게 해야 할까요? 다음 스물세 번째에 답이 있습니다.

스물세 번쨉니다. 처방은 이것입니다. 바로 『회언(悔言)』이 약입니다. 회언이란 수어에서뿐만 아니라 인생 전체에서 아주 중요한 말입니다.

특히 하나님을 믿는 믿음은 반드시 회언이라고 하는 회개가 절대적입니다. 회개 없는 신앙은 하나님께로 가지 못합니다. 이것은 수어에서도 마찬가지입니다. 돌이켜 잘못을 고백하고 용서를 구하는 것이 회언입니다. 그러나 이때 대부분의 사람들이 회언 대신 변명이나 핑계를 들이밉니다. 안 되지요, 안 됩니다. 빨리 돌이켜야 합니다.

마지막 스물네 번쨉니다. 말의 문을 닫는 것을 『종언(終言)』이라 하거나 이미 말씀드렸던 『폐언(閉言)』이라고 한다면 마지막 끝으로 한마디 더 하는 말을 『첨언(添言)』이라 합니다.

저도 한마디만 첨언을 하겠습니다. 물 흐르듯 잔잔한 호수에 노를 저어 가고자 하는 욕망을 가지고 여기까지 말씀드리고 있습니다.

부족함이 많더라도 끝까지 순풍에 돛단배처럼 편안한 수어로 복된 삶을 살아가시는 데 다소나마 보탬이 되었으면 하는 마음 간절합니다.

/제14장/

미어(美語)

대를 이어 물려주고 싶은 말이 있다

마침내 신개념정신문화연구시
리즈 '대화학 콘체르토'가 추구하는 말의 정상에 이르렀습니다.

죽일 놈의 말이 있어서 우리 마음이 어두웠으나 이젠 반대로 찬란
히 빛내고 살려야 할 기분 좋은 말이 있어서 여러분과 함께 기쁘고
반가운 마음으로 정말 좋은 말이 어떤 것인지를 찾아 나서기로 하겠
습니다.

칭찬받아 마땅하여 후손 대대로 물려주고 싶은 말에는 어떤 것들
이 있을까요? 모쪼록 아침저녁 아름다운 말을 주고받아 미어로 인하
여 복에 복을 더 많이 쌓아 가시는 데 유용하게 활용하여 주시기를
바랍니다.

첫 번쨉니다. 아름다운 말이라고 할 때는 그 이름에만 해도 몇 가
지가 있습니다. 첫째로 아름다울 '미'자 『미어(美語)』를 소개합니다.

아름다운 사람을 뽑는 미인 선발대회는 인격에 등급을 정한다고
하는 부정적 요소 때문에 해라, 하지 마라 시비가 많습니다. 그러나

'대화학 콘체르토'에서는 하는 걸로 정합니다. 아름다운 말의 제일은 '미어'입니다.

미어는 말의 높이가 알맞고 미어는 말의 격과 말의 성이 아름다우며, 미어는 말의 톤도 듣기 좋고 미어는 들을수록 정감이 넘치는 말입니다.

미어는 말의 구조 자체가 아름다워서 가뜩이나 아름다운 것에 생각지도 못한 교양이 넘치고, 예상치도 못한 지혜와 슬기가 넘칩니다. 미어에는 굳은 마음을 풀어 주는 해심제(解心劑)가 들어 있어서 미어 한 마디에 눈빛이 달라지고 한마디의 미어에 등지고 누었던 남편이 돌아눕습니다. 맺혔던 감정이 눈 녹듯 녹아내리고 닫혔던 마음 문이 열립니다.

두 번쨉니다. 아름다운 美語가 있고 맛있는 『미어(味語)』가 있습니다. 味語는 소금과 같아서 그때그때 때마다 필요한 맛과 간을 맞추어 주는 말입니다. 사람의 말에는 기다림이 있습니다.

기다림이란 아내에게도 있고 남편에게도 있습니다. 며느리도 시아버지가 이 말 한 마디만 해 주시면 하고 기다리는 말이 있습니다. 『말과 때』, 미어는 때를 놓치지 말아야 합니다. 부부싸움을 하고 아이들 방에 건너가서 누운 아내가 기다리는 순간 그 때에 말이 味語입니다. 그 때 하면 만사가 다 해결되는 만사 O.K – 이것은 오직 味語에만 들어 있는 말의 맛입니다.

단비를 기다리는 오뉴월 메마른 대지가 물을 기다리듯 한 마디의 味語는 모든 것을 없었던 걸로 하고 화해로 나타납니다. 누구시지요? 지금 당신의 味語를 목마르게 기다리는 사람에게 당신만이 해 줄 수 있는 味語는 무엇입니까?

세 번쨉니다. 美語처럼 예쁘고 味語처럼 아름다운 또 하나의 말이 있습니다. 그의 이름은 『향어(香語)』라고 합니다.

말에는 아름다운 외모가 있어서 이를 美語라고 부릅니다. 말에는 맛을 내는 味語도 있지만 말에는 꿀 같은 향기를 내는 것이 있어 이것을 '향어'라고 부릅니다.

"상냥하여라." "부드럽거라." "그리고 정겨울지라." 정겨움이 넘치는 말이 '향어'입니다. 그런데 이 정겨움은 어디서 나올까요? 태생에서 나온다고 하면 땡! — 이십니다. 어디서 나온다고요? 바꾸는 생각에서 나오는 것이 정겨움이요 그것이 향어입니다.

틀린 비유인 줄 알면서 한 말씀 드리겠습니다. 분명 틀리는 비유라고 짚어 드렸습니다. 미인의 조건이 되는 얼굴은 태생입니다. 그래서 미모는 근본적으로는 바꿀 수가 없습니다. 그러나 마음씨는 미모와 달라서 얼마든지 바꿀 수가 있습니다. 바로 당신의 말을 정겨운 말, 香語로 바꾼다는 것은 미모를 바꾸는 것에 비하면 식은 죽 먹기입니다.

네 번쨉니다. 미어의 또 다른 이름에는 『가언(佳言)』이 있습니다. 美人과 佳人은 무엇이 다를까요? 똑같은 '아름다울' 美자요 똑같이 '아름다울' 佳자라서 이게 애매한 질문입니다. 그런데 저는 다르다고 생각하는 사람이기에 이번에는 '가언'이라 하고 드릴 말씀이 있습니다.

말에는 美語가 있고 佳言이 있습니다. 똑같이 아름다운 말이라는 뜻으로 들리겠지만 美人은 선천성이고 佳人은 후천성이라고 하는 것이 다릅니다. 말도 美語는 원천의 아름다움과 덕망이지만, 佳言은 교양과 지혜로 아름다움의 격을 높인 말입니다. 누가 그러느냐고요? 제가 그러지 누가 그러겠습니까?

다시 말하면 전자는 본바탕의 생긴 얼굴이며 후자는 곱게 단장한 화장한 얼굴입니다. "복에 복을 더하사……." 이런 말이 있습니다. 『아름다움에 아름다움을 더한 것』이 佳語입니다.

다섯 번쨉니다. 미어란 어떤 것인가를 찾아서 이번에는 『활어(活語)』를 만나 봅니다. 활어란 『흥언(興言)』과 비슷하다 싶지만 다릅니다. 말속에 들어 있는 생기이며 『말을 하면 피어오르는 생기』입니다. 『맑아지는 분위기이며 기분 좋아지는 묘약』입니다.

부부가 싸우면 왜 아이들의 얼굴이 금세 어두워지지요? 그러나 부부가 화해하고 웃으면 아들의 얼굴도 금세 밝게 펴지고 단방에 활짝 웃습니다. 미어 속에 들어 있는 이 '활어'의 성분이 그렇게 만듭니다.

여섯 번쨉니다. 미어에는 배울 것이 있습니다. 그래서 미어란 『학어(學語)』가 되어 자녀들이 보고 들으면 들은 대로 배우게 되는 힘이 있습니다. 이것은 자녀들만을 예로 들어서는 미치지 못합니다. '학어'는 후배를 가리키고 교훈하며 부진한 경영에 활로를 찾아 줍니다.

그러므로 미어란 유익한 배움의 길을 트는 힘을 가져야 미어라고 할 수 있습니다. 다시 말하면 좋은 말(美語)이란 무엇인가를 알게 하는 것이 '학어'라는 말씀입니다.

일곱 번쨉니다. 미어는 『혜어(慧語)』일 때 미어답습니다. 혜어는 지식보다 값진 지혜의 등불이 되어 어두운 방 안에 전원을 올리면 밝게 비취는 전등과도 같습니다.

혜어를 펼치는 사람은 한 마디로 문제를 풀어내는데 이 혜어는 비유나 예화 속에 많이 들어 있습니다. 그런 후에 "우리 그러지 말고 이렇게 하면 어떻겠습니까?"라고 말하면 이 한 마디의 혜어가 꼬인 관계의 실타래를 풀어 시원스러운 결말을 짓게 합니다. 바로 당신의 말 속에 이처럼 소중한 '혜어'의 보배가 가득합니다.

여덟 번쨉니다. 이번에는 『선언(善言)』입니다. 『착한 말』을 선언이라 하는데 말이 착하면 사람의 마음이 움직입니다. 이처럼 선언은 당신을 인정받게 하는 미어입니다. 그런데 대개의 선언은 받을 만큼 많은 구박을 받을 대로 다 받고 그 구박을 이긴 다음에 꽃을 피웁니다. 오래 참고 역시 그 후에도 여전히 '선언'을 계속한다면 당신은 참 아름다운 사람입니다.

이런 경우는 간혹 70~80년대 TV 드라마에서 보게 되는데 착한 사람이 난폭한 사람을 감동시키고 순하게 만드는 것이 '선언'의 힘입니다.

'살어(殺語)'의 첫 번째 자리에 자리 잡고 앉은 것이 '폭언'이었는데, 바로 그 폭언은 이 '선언'으로만 이길 수 있습니다. 그런데 난폭한 말이나 행동을 녹이는 선언은 끝까지 착함을 가져야 이깁니다. 몇 번 착한 선언을 말하다가 그만두면 그것은 선언이 아닙니다. 도중에 지켰던 선언을 내던지지 말고 참아 보십시오. 포악한 상대가 달라지는 날이 올 것입니다.

아홉 번쨉니다. 미어의 골격이 무엇일까요? 그것은 『정언(正言)』이라 합니다. 정언이란 『이치에 맞는 올바른 말』입니다. 그러나 이때의 정언을 단순 '바른 소리'로 이해하시면 '바른 소리가 말대꾸'라는 쪽으로 빗나가고 맙니다. 정언이란 바른 소리는 바른 소리지만 『아름다움을 갖춘 올바름』이라고 해서 단순 바른 소리 하고는 다릅니다. 말이 아름답다는 것은 말 자체가 합리적이고 올바르다고 하는 뜻입니다.

말 자체가 올바르다고 하는 것이란 무엇일까요? 대들고 따지고 어째 그렇게도 말을 못 알아듣느냐고 하는, 이것은 절대로 똑순이 기질이 아닙니다. 똑순이 아시지요? 똑순이가 아니고 '정순이'라야 한다는 말씀인데 정순이가 무엇일까요? 이 정도면 잘 알아들으셨을 거라고 믿겠습니다. 그 밖에도 정언은 '포언'이나 '홍언'의 요소가 있는데 그 대목에 가서 보다 자세한 말씀을 드리겠습니다.

열 번쨉니다. 말이 아름다우려면(미어스러우려면) '정언'이어야 할 뿐더러 『당언(讜言)』이어야 합니다. 당언이란 "지당하신 말씀이십니다"라고 할 때의 그 '지당함'입니다.

이때의 '지당함'이나 '당언'이라고 하는 말은 정언과 비슷하여서 『하는 말이 이치에 맞는다』고 하는 뜻입니다. 그렇습니다. 말이란 겉만 뻔지르르해서는 절대로 미어가 될 수 없습니다. 물론 화장도 예쁘게 잘하고 얼굴도 예쁘고 고와야 미인(美語)이지만 실은 몸이 건강해야 진짜 미인입니다. '건강미인'이란 말씀 아시지요? 말에도 건강미가 있는데 여기에 해당하는 것이 바로 '正言'과 '讜言'입니다.

열한 번쨉니다. 권장하여 마땅한 아름다운 말 '美語'는 말 속에 하는 그 말의 깊이가 있습니다. 이렇게 깊이 있는 말은 이를 『심어(深語)』라고 합니다.

말을 아름답게 한다는 것이란 결코 쉬운 것은 아니다 싶군요. 몸도 튼튼해야 하고 생각도 올발라야 하고 얼굴도 예뻐야 하고 화장도 잘해야 하고 향기도 넘쳐야 하고…….

게다가 또 말에는 얄팍한 말과(薄語) 두터운 말이(厚語) 있고 얕은 말과 깊은 말이 있습니다. 그런데 깊이가 있는 '심어'라는 말은 말을 하고 난후 자리를 파한 후에도 같이 있던 사람들의 『머릿속에 남게 되는 말』입니다. 『자꾸 되새겨 보게 만드는 말』 이것이 심어입니다.

새겨 볼수록 말의 의미가 깊은 말은, 설사 당시에는 반박을 당하였어도 그 후에 달라집니다. "내가 그때는 아니라고 했었는데 집에 가서 다시 생각해 보니까 그 말이 맞는 것 같더라." 이런 경우가 아름다운 말, 곧 '심어'입니다. 당신의 말에 '심어'가 담겼다 싶으면 이를 가꾸셔야 합니다.

열두 번쨉니다. 말에도 빛이 있습니다. 아름다운 미어는 빛을 냅니다. 이것은 『휘어(輝語)』라고 하겠습니다. 휘어는 혜어(慧語)와 다릅니다. 혜어는 새겨 볼수록 의미가 깊고 이치를 밝히는 슬기가 가득 찬 것이 혜어인 데 반하여 휘어는 대화의 분위기가 달라지는 것을 의미합니다.

이와 같은 휘어는 비장의 카드처럼 적기에 내어놓은 반전을 위한 '조커'라고 하겠습니다. 조커라고 아세요? "그렇다면 이렇게 하는 방법은 어떻겠습니까?" 하고 상대와 대화를 하면서 『상대도 좋고 나도 좋은 새로 튀는 빛나는 아이디어-』 이것이 '휘어'입니다.

그러니까 언쟁이 터지려고 할 때 언쟁하게 될 원인을 미리 감지한 남편이 아내에게 이렇게 말하는 것도 휘어입니다. "그건 그렇다고 치고 당신 홈드레스나 한 벌 사러 갈까?" 아니면 "이리 와 봐요, 내가 어깨 좀 주물러 줄 테니까" 이런 것들이 휘어입니다.

열세 번쨉니다. 이번에는 『희어(喜語)』입니다. 그러나 이제 말하는 '희어'는 발음은 같지만 '戱語'하고 다릅니다. 후자의 희어는 '살어(殺語)'거든요. 그러나 이제 말하는 희어는 『기쁜 말』이라고 하는 뜻입니다. 단, 『웃음을 담은』이라는 조건이 붙어 있습니다. 말이 아무리 어쩌고저쩌고 해도 말에는 미소가 담겨 있어야 합니다. 그래야 말의 진심이 통합니다. 웃지 않고 하는 말은 설령 "좋아요"라고 해도 진짠지 가짠지 알 수가 없습니다.

"아니, 싫으면 싫다고 해" 이렇게 되묻게 됩니다. 말에 '희어'적 요소가 빠진 말이어서 그렇습니다. 그러니까 미어는 이제 말씀드리는 이 喜語的인 요소를 매우 필요로 한다는 말씀, 이것 잊지 마시기 바랍니다.

열 네 번쨉니다. 아름다운 미어는 『근어(謹語)』이어야 합니다. '근어'란 말을 삼가서 한다고 하는 『말의 조심성』입니다.

친하다고 센 농담을 했다가 면박을 당해 본 적이 있으십니까? 아내라고 아무 생각 없이 지껄였더니 아내가 되게 삐쳐서 애를 먹어 보신 적은 없으십니까? 그게 제 경우도 참 황당하더라고요. 삼가 말을 조심해야 하는데 '근어'에 대한 지식 불찰입니다. 근어는 일본어를 공부해 보면 이 근어가 얼마나 많은지 심지어는 돈도 그냥 돈이 아니고 '오카네'라고 해서 앞에 '오'자를 붙이는데요. 실은 이것이 공경어, 겸양어인데 아울러 이것은 지금 논하는 '근어'의 성분을 다분히 가진 말입니다.

이번에는 노래하는 가수를 예로 들겠습니다. 가수가 노래를 부를 때 가장 어려운 곳이 어딘가 하면 첫째가 시작 부분(도입부)입니다. 시작이 반이라는 말이 여기도 통하는 격입니다. 일단 가수는 첫 음만 잘 잡고 나가면 그 노래는 성공이라고 보아도 된답니다. 말도 마찬가지입니다.

첫 입을 떼기가 가장 어려운 것이 말입니다. 첫 번부터 말이 엉키면 엉망이 되는 것은 노래나 말이나 똑같습니다. 근어는 어른에게 말할 때나, 상사에게나 아내에게나, 친구에게도 항상 말조심을 잊지 말라는 뜻입니다. '근어'란 말을 시작하는 '시어(始語)'라고 이해하셔도 되겠습니다.

열다섯 번쨉니다. 이번에는 『겸어(謙語)』라고 하는 '겸양어(謙讓語)'를 소개합니다. 이 말은 역으로 반어(反語)를 써서 말씀드려 볼까요? 겸어의 반대말은 『만언(慢言)』입니다.

이 '만언'은 '살어(殺語)'라고 할까 아니면 '계어'라고 할까를 망설이다가 거기서 빼고 아무 데도 쓰지 않았던 말이었습니다. 이 '만언'을 풀어 보면 '겸어'가 어떤 말인지 이해하기에 좋을 것입니다. '만언'이란 『깊이 생각하지 않고 함부로 하는 말』이라는 뜻을 가졌습니다.

한마디로 말하면 『건방진 말』이라는 뜻이 더 정확한 표현입니다. 그러나 만어의 반어인 이 '겸어'는 건방진 말에 반대말인 『공손한 말』입니다. 공손한 말하면 새색시가 떠오릅니다. 그러나 새색시만이 아니라 우리 모두의 말이 '근언'스럽고 '겸어'스러워야 이것이 미어입니다.

열여섯 번쨉니다. 이번에는 어쩌면 아름다운 말 가운데 으뜸일지도 모를 말씀을 드리겠습니다. 그것은 『조언(助言)』입니다. 조언이란 『말로 돕는다』는 뜻이라는 것은 아시지요? 세상에 좋은 일이 너무 많지만 누군가를 돕는다는 것보다 더 좋은 것은 없습니다.

도움은 하나님께로부터 온다고 하고 도운 것의 최정상은 예수님의 십자가의 죽음이라고 말하는 것이 기독교입니다. 그런데 돕는 것의 첫째는 돈으로 돕는 것입니까? 넘어진 사람을 손으로 일으키는 것도 도움입니다.

그러나 총론에서도 말씀드렸듯이 말보다 더 큰 도움이 무엇일까요? 절망에 빠진 사람에게 『내가 힘은 없지만 도와줄 테니 힘을 내라』 어쩌면 이것이 이 세상에서 가장 아름다운 말이라고 생각합니다. 이것이 바로 '조언'입니다. 돕는 말, 도와주겠다는 말, 이것은 사랑하는 마음이 없으면 못 하는 말입니다.

당신은 지금 누구에게 이 말을 하면 좋을까요? 당신의 따뜻한 말을 기다리는 사람은 없습니까? 말이 말보다 아름다운 것은 돕는 말이며 실행입니다. "걱정 마, 내가 도와줄게……." 이는 참 아름다운 말임에 틀림이 없습니다.

그렇다면 한층 더 높은 조언 중의 조언은 무엇일까요? "이리 와 봐, 내가 가르쳐 줄게"입니다. 그러니 가르쳐 주는 것이야말로 이 세상 조언 중에 최고의 조언이라고 하겠습니다.

열일곱 번쨉니다. 이번에는 『홍언(弘言)』입니다. 이 말은 제가 만든 조어인데 『너그러이 이해하는 말』입니다. 너그러움은 상대의 좁은 생각을 펴 줍니다. 잘못했던 생각을 고치게 합니다. 옹졸한 사람을 만나면 너그러운 마음도 사라지지만 나보다 더 너그러운 사람을 만나면 가슴까지 시원해집니다.

"그것들이 뭔 철이 있겠어?" 부모가 너그러워야 합니다. "그 사람의 입장은 그럴 수도 있겠지" 또는 "내가 이해하고 말면 그 사람도 생각이 있겠지." 사람은 이렇게 너그럽게 대하면 나도 편하고 상대도 편해집니다.

그러나 속이 좁은 사람은 반대로 말합니다. "그런 놈은 본때를 보여 주어야 인간이 된다고." "내가 등신이냐? 어떻게 이해를 해?" 너그럽게 생각할 마음 자체가 없는 사람에게는 바다가 보이지 않습니다. 꽉 막힌 절벽만 보입니다.

그러나 너그러운 사람은 병풍바위도 비켜 갑니다. 벼랑 끝에서 싸우지 않습니다. 둘 다 떨어져 멸망하는 극한의 위기를 넘깁니다. '홍언'은 불효자도 효자로 만들고 악처도 양처로 만들고 주정뱅이 노름꾼 남편도 변화시키는 힘이 있습니다. 넓게 이해하고 너그럽게 다독거리고 넉넉한 말로 품을 수 있는 '홍언'에는 무엇이 있는지 깊이 생각해 보시기 바랍니다.

열여덟 번째입니다. 홍언과 비슷한 의미의 아름다운 말이 또 있습니다. 그것은 『포어(抱語)』입니다. 홍언이 너그럽게 이해하는 말이라면 '포어'는 『감싸 안는 말』입니다. 감싸 안는다는 것은 무엇일까요? 『덮는다는 뜻』입니다.

덮을 것이란 무엇이겠습니까? 그것은 『허물』입니다. 실수입니다. 부족함이며 나약함입니다. 잘못입니다. '포어'는 잘잘못을 시시콜콜 까발리지 않고 묻어 주고 덮어 주는 아름다운 미어입니다.

병든 사람은 병상에 누이고 안정을 시켜 주어야 합니다. 따뜻하게 해 주고 걱정하지 않도록 안심을 시켜야 합니다. 말에도 병든 말이 있습니다. 이해하기 힘든 말이 있습니다. 이해해서는 안 될 말이 있습니다. 끌어안고 안정시킬 필요가 없는 말도 있습니다. 용서하면 안 되는 악질도 있습니다.

그러나 '포어'는 그런 것까지도 덮어 주고 안아 주는 정겹고 따뜻한 말입니다. 그러나 "나도 알아, 나도 그렇게 해 줄 수도 있는 놈이고…… 그런데 이 녀석은 아니야" '포어'는 원수도 사랑하는 지경에까지 이르러야 합니다.

아예 틀렸다거나 아예 아니라는 생각을 뭉개 버린 것이 포어입니다. 『우선 당장은 내가 좀 손해를 보지, 뭐』 포어는 계산기를 누르지 않습니다. 어려우십니까? 그러나 우리는 이런 포어 속에 안겨서 자랐습니다. 바로 부모님의 마음과 말이 포어입니다.

열아홉 번째입니다. 아름다운 말로 치면 『격언(格言)』이나 『금언(金言)』을 따라갈 것이 없습니다. "노력 끝에 성공"이나 "실패는 성공의 어머니"와 같은 금과옥조(金科玉條)의 격언과 금언들이 우리를 향하여 인생의 험한 길을 밝게 비춰 줍니다. 그런데 우리는 여기서 한 가지 사실을 발견하게 됩니다. '격언'이란 무엇이냐? 바로 우리 정신문화연구시리즈에서 누누이 강조해 오는 『격을 갖춘 말』이 격언입니다.

격이라는 것은 논리와 이치입니다. 그러니까 말은 말격을 갖춰야 말이고 사람은 인격을 갖춰야 사람입니다.

미어는 아름다움을 갖춰야 미어이며 미어를 가르고 자세히 들여다보면 아름다운 격언과 금언들이 찬란한 미어의 요소인 것을 알게 됩니다.

그런데 격언이나 금언은 옛 성현들이 이미 다 만들어서 이제는 더 이상 만들 것이 없을까요? 그게 그렇지 않다는 말씀입니다. "아이가 뭘 알아" 간단히 이렇게 말하면 그것이 금언이 되지마는 "저 녀석은 한두 번이 아니야" 이렇게 말하면 추어(醜語)로 전락합니다.

스무 번쨉니다. 『약간 궤를 달리한다』고도 하겠으나 아름다운 말에는 이제 말씀드리는 두 가지 포함됩니다. 하나는 스님들이 하시는 『설법(說法)』이며 또 하나는 목사님들이 하시는 『설교(說敎)』입니다.

아름다운 말을 논함에 있어서 이 두 가지는 아닌 것도 같아 넣지 않아도 된다고 생각하기 쉬우나 저는 포함시켜야 한다고 생각해 왔습니다.

그래서 이 연구의 골격을 잡으면서 아예 초고에 이 두 가지는 앞자리에 적어 놓았는데 제 경우는 지금처럼 뒷자리에 배치받는 것이 저 나름대로의 예우라고 여겨서 이 자리에 앉혔습니다. 배경은 이렇습니다.

제가 좋은 말, 나쁜 말에 대하여 많이 생각을 하고 나름대로 열심히 자료를 추렸을 것 아닙니까? 그러면서 이 세상에 살아 움직이는 많은 말들을 여러 가지로 조사해 보았습니다. 그리고 그 모든 말들에게 등급도 매겨 보았습니다.

그런데 진짜 아주 아름답고 중요한 좋은 말이라 하면 많은 사람들이 스님의 설법이나 목사님의 설교를 떠올릴 것 같더라고요. 기독교인인 저도 당연 그랬습니다. 세상에 목사님이 하시는 말씀대로 살면 그보다 더 아름다운 것이 무엇일까? 혼자 생각하면서 목사님이야말로 좋은 말, 아름다운 말, 꼭 필요한 말만 골라서 하신다는 생각을 하였습니다.

그런데 목사님 얘기만 하면 다른 종교인들이 삐치지 않겠어요? 그래서 대표로 스님만 한 분을 올려드린 것입니다. 다시 말하면 세상에 존재하고 존재해서 마땅한 아름다운 미어 중에 미어에는 각각 판정은 달리할지언정 분명 '설법'과 '설교'가 아주 큰 비중을 잡고 앉아 있습니다.

그러나 설법이나 설교는 이 '대화학 콘체르토'로 접근할 수 없는 또 다른 신앙의 영역이라고 하는 것은 우리가 잘 아는 상식입니다. 그러므로 이미 서두에서 『약간 궤를 달리한다』고 하였습니다마는 우리가 이 '대화학 콘체르토'로는 다 말할 수 없는 참 아름다운 말씀이라고 추천 드립니다.

스물한 번쨉니다. 못지않게 아름다운 미어에 속하는 것 중에는 『기도(祈禱)』와 『축원(祝願)』이 있습니다. 어쩌면 역시 이것도 궤를 달리하는 것이라고도 하겠습니다.

그러나 사실 기도는 아름답기 한이 없습니다. 기도는 아주 정갈하게 정제된 언어이기 때문입니다. 기도는 무엇보다도 진실 중에 진실이라는 것이 본질입니다.

진실한 말이라는 것은 이미 언급했다시피 진실은 사람의 마음도 움직이지만 하나님의 마음도 움직일 만큼 위대한 힘을 가졌기 때문에 기도에는 흠결이 없습니다. 여러분도 그렇겠지만 기도를 가짜로 하는 사람은 없습니다. 그래서 기도하는 마음은 순결하므로 이 세상의 어떤 아름다운 말에도 못 미칠 수가 없습니다. 축원도 그렇습니다. 누군가에게 잘되도록 빌어 주는 말이 축원이므로 축원도 참 아름다운 미어 입니다.

스물두 번째입니다. 또 하나의 아름다운 미어에는 성인 성자의 말씀 『성언(聖言)』이 있습니다. '성언'은 인생을 깊이 묵상하신 성현들의 정신과 넋이 담겨 있는 보석같이 귀한 보배로운 말씀입니다.

그래서 동서양의 고전을 귀하게 여기고 이를 깊이 묵상하는 사람의 삶은 복되고 보람찹니다.

제 경우는 아무래도 영어보다는 한문을 가까이 하면서 살아왔던 까닭에 서양 쪽보다는 동양 쪽 고전을 많이 본 경우입니다. 그러나 안타까운 것은 어떤 분들처럼 전문적으로 배운 것이 아니라서 노자나 논어에 대하여 집중 연구를 하기에는 미치지 못하고 그저 개략적으로만 아는 정도라고 하는 사실입니다.

그래서 짧은 지식이지만 그래도 고전에서 말하는 성현님들의 말씀과 그분들의 사상을 어설프게나마 이해는 하는데 이것이 저에게는 어떤 지식에 못지않은 아주 소중한 재산이 된다는 것입니다.

또 있습니다. 다시 또 궤를 달리하는 말씀이 될지도 모르지마는 한 가지 말씀드린다면 무엇보다도 제가 많이 본 책은 성경입니다. 성경도 성경이지만 성경을 알기에 유익한 관계 서적들을 많이 본 것이 오늘날 이처럼 아름다운 말을 설파하는 동력이 되고 있습니다. 다시 말씀드리고 싶은 것은 미어 중에 미어는 '성언'입니다.

스물세 번째입니다. 또 다른 아름다운 말에는 『영어(永語)』라고 부르는 참으로 신비로운 미어가 있습니다. '영어'라고 할 때의 '永'이라는 글자는 『길다』, 『영원하다』, 『지속되다』라고 하는 것이 주해지마는 이 책 '대화학 콘체르토'에서 지금처럼 사용할 경우에는 『시와 노래』라고 해석해야 합니다.

시와 노래는 말은 말이지만 말과 다른 속성이 있습니다. 그것은 1 회성이 아니라 반복성이라고 하는 특성입니다. 말은 시나 노래보다 구조가 부실(?)해서 한번 말하고 지난 것을 반복해서 두세 번을 쓸 수가 없습니다. "꽃노래도 세 번"이란 말은 똑같은 말을 반복하지 말라는 뜻이며 말을 반복해서 중언부언(重言復言)하는 날에는 말의 격이 손상된다고 하는 뜻입니다.

그러나 시와 노래는 이와 반대입니다. 반복해서 사용할 수 없는 시와 노래는 시나 노래로서의 생명적 가치도 없습니다. 그런데 이때 시와 노래는 아무리 반복해도 거부감이 없으며 그럴수록 아름답고 친근해서 시의 시 된 것과 노래의 노래된 참맛이 우러나오게 되는데 바로 이것을 가리켜 『영어』라고 하는 것입니다.

시와 찬미와 노래라고 하는 것은 '영어'입니다. 얼마나 아름답다고 어떻다고 말을 하기도 어려운 것이 '영어'입니다. 뿐만 아니라 영어는 처음에 태어날 때부터 아예 더러운 말이나 저속한 말과 같은 '추어' 들로는 만들어지지도 않습니다.

미어와 가어와 향어가 오보록하게 결집되어 있는 이 또한 보석같이 아름다운 '미어'입니다. 그러니 아름다운 영어를 영가로 많이 만들고 불러야 하겠습니다.

마지막 스물네 번째입니다. 『유언(遺言)』으로 하겠습니다. 남기는 말, 인생이 생을 마감하면서 정말 끝으로 하는 말, 이것이 '유언'입니다.

무슨 말을 남기느냐의 문제는 세상을 떠나는 죽음 앞에서 하는 것이지만 우리는 시시때때로 말을 남겨야 할 때가 참 많습니다. 떠나면서 남기는 말이 있고 마치면서 남기는 말이 있습니다. 이제 저도 권장하고 싶은 '미어'에 대한 말씀을 마치게 되었으니 남기고 싶은 말이 있습니다.

아름다운 말이 아름다운 아침을 맞이하게 합니다. 아름다운 말이 행복한 밤을 보내게 합니다. 아름다운 말이 기업을 일으킵니다. 쓰러지려고 하는 것들……

그것이 부부건 사업이건 돈이건 인생이건. 아름다운 말은 지렛대가 되어 넘어지는 당신을 일으켜 주고 든든한 버팀목이 되어 당신의 행복을 지켜 줄 것입니다.

[살어(殺語)를 포함한 대화학 예시표]

'살어(殺語)'	
『폭언(暴言)』1	논리와 이치를 무시하고 자기주장대로 밀어붙이는 "나가 뒈져라", "죽고 싶어 환장을 했느냐", "눈깔에 보이는 게 없니?", "눈깔을 확 빼 버려 버린다", "대가리를 삭 부숴 버린다", "아가리 못 닥쳐", "배 때지를 확 쑤셔 버린다", "귓구멍에 말뚝을 박았느냐", "너 같은 거 안 잡아 가고 귀신은 뭘 먹고 사는가 몰라", "그래 나 미쳤다 미쳤다구―어쩔래?"
『격어(激語)』2	『위언(危言)』 "시끄러워", "그만둬", "알았어 글쎄", "그만해라 알았다 그랬잖아" 폭언, 폭행, 구타로 이어지기 일쑤.『협언(脅言)』, 『혐언(嫌言)』
『극언(極言)』3	"안 되겠다 우리 이혼하자." "다신 만나지도 맙시다." "다 때려치웁니다." "없던 걸로 합시다."
『양언(佯言)』4	虎(범호) "큰돈을 벌게 해 준다." "내 말이 맞다, 믿어라." "다 얘기가 돼 있다." "청와대에서 직접 도와준다."
『암어(暗語)』5	비밀리에 꾸민 음모가 담긴 말
『탁언(濁言)』6	"그 사람?" 이런 식으로 말을 꺼내 놓고 "왜 그러느냐?", "아느냐"고 물으면 "아니야 아무것도", "그 사람 난 별로던데"
『탕언(蕩言)』7	『치언(恥言)』 요즘은 모든 탕언들이 음란스러운
『염언(艶言)』8	염언이란 호리는 말. 요염한 자태로 흐느적거리는 말
『은어(隱語)』9	다 휴대전화에 모여 있습니다. "만나자." "몇 시에." "어디서."
『광언(狂言)』10	『황언(荒言)』
『투언(鬪言)』11	시시비비를 차분하게 가리는 논리력이 부족하기 때문에 어리석게도 투언을 무기라고 들고 나온다
『허언(虛言)』12	『공언(空言)』

『요언(謠言)』13	"그렇다더라"성의 '카더라 통신'
『희어(戱語)』14	"네가 나를 능멸하느냐?" "야, 한번 줄래?"
『한어(恨語)』15	"가다가 사고나 나서 콱 뒈져 버려라."
『원어(怨語)』16	원망하고 불평하면서 네 탓으로 돌리는 핑계
『외어(外語)』17	"사장님 너무 보고 싶어서 눈이 다 짓물렀어요."
『파언(破言)』18	"끝장을 내 버리자." "더 생각할 것도 없다." "죽여 버리자."
『욕설(辱說)』19	
계어(戒語)	
『각어(脚語)』1	말의 머리와 다리와 손발을 잘라 버린
『비어(卑語)』2	『속어(俗語)』 "대가리"라 하거나 "대갈통" 또는 아예 "꼴통"이나 "해골", 어부를 "뱃놈"이라고 하고 교도소를 "큰집", "밥쟁이"라 하거나 "솥뚜껑 운전수"
『풍언(風言)』3	『김을 빠지게 하는 말』
『폐언(廢言)』4	『없애 버린 말』 "내가 언제 그랬느냐?" 『사어(死語)』
미어(美語)	
『미어(味語)』1	당신의 味語를 목마르게 기다리는
『향어(香語)』2	"상냥하여라." "부드럽거라." "그리고 정겨울지라." 정겨움이 넘치는 말
『가언(佳言)』3	美人은 선천성이고 佳人은 후천성. 후자는 곱게 단장한 화장한 얼굴
『학어(學語)』4	배울 것이 많다.
『정언(正言)』5	『당언(讜言)』
『조언(助言)』6	생각의 갈래를 쳐 준다.
『포어(抱語)』7	되도록 이해하고 인정하고
『설교(說敎)』8	『설법(說法)』
『성언(聖言)』9	설교 법어
『칭찬』	고래도 춤추는 말…… 인재를 길러 낸다.

이상은 본 대화학 제11장~제14장까지 사용한 각양 언어란 어떤 말투를 가리키는지 표로 만들어 본 것입니다. 참고하시기 바랍니다.

/제15장/

선청 (先聽) 과 선청 (選聽)

말이 목적을 이루는 수단이다

                '어떻게 해야 말을 잘할까?' 사람은 누구나 한 번쯤은 이 문제로 고민합니다. 때로는 내일 만나서 해야 할 말을 생각하느라 밤잠을 설치기도 합니다.

   하지만 잘하는 말에는 일정한 기준이 없기 때문에 이거다 저거다 하고 정답을 가르쳐 줄 사람은 세상에 없다는 것을 알게 됩니다. 세상에 존재하는 말은 사람의 지문처럼 모두가 다 달라서 똑같이 "그래"라고 하더라도 그 모든 "그래"는 동일한 "그래"가 아니기 때문입니다.

   사지 말자는 "그래"가 있고 사자고 하기 위한 "그래"가 있고 가자는 "그래" 있고 가지 말자는 "그래"가 있어서 그때 그 일에 해당한, 그 목적 하나에만 관계되는 "그래"가 되는 것입니다. 그러니까 누구 지정한 한 남자라면 그 남자에게 말한 "그래"여서 다른 남자에게도 같은 효과의 "그래"는 아닙니다.

   이처럼 말은 이 세상에 똑같은 내가 없듯이 똑같은 말도 없습니다. 말은 같아도 그 말의 내용이 다릅니다. 혹 제가 하는 말이 어려우십니까? 하나도 어려울 것 없습니다. 말은 인격을 가진 객체요, 이 세상에 둘도 없는 해당용도에 골라 쓰기에 좋은 도구입니다.

말은 목적을 이루기 위한 수단이요 도구입니다. 목수의 짐 가방에든 도구는 집을 짓기 위한 도구로서 말이나 마찬가지의 연장입니다.

망치, 톱, 장도리, 끌과 같은 연장이 있다고 해 봅시다. 이걸 가지고무엇을 만들 거냐고 하는 것은 각 사람마다 다릅니다. 같은 옷장을만들어도 김씨네 옷장 다르고 박씨네 옷장이 다른 것은 만든 사람의생각이 다르고 용도가 다르기 때문입니다.

그러니 결론은 옷장을 잘 만들어야 한다고 할 수 있는데 이 말을, 말을 잘해야 한다고 하면 어떻게 되겠습니까? "망치를 잘해야 한다"나 "톱을 잘해야 한다"라거나 "장도리를 잘해야 한다"라고 말한다면이 말은 엉뚱한 말이 되어 버립니다. 말은 시키는 대로 잘 알아들어서 "옷장을 쓸모 있게 잘 만들어야 한다" 이렇게 말해야 말이 됩니다. 그러므로 말은 목적을 이루는 수단이며 도구입니다. 말의 도구가 언어요 글자이며 말격입니다.

이와 같은 말은 주지하시는 바와 같이 『하기와 듣기』의 기능이 있습니다.

말을 어떻게 해야 잘할 수 있느냐? 이런 질문에는 이 세상 어느 누구도 선생이 없습니다. 말을 잘하려고 하면 해야 할 말의 말격과 말성이라고 하는 육체와 영혼에 비유되는 전모를 실체화시킨 듯 선생앞에 드러내 놓고 그러니 이러이러한데 이때 어떻게 말하면 좋겠느냐 라던가 이럴 때는 어떻게 하면 잘하는 것이 되겠느냐고 물어야 그런대로 자문을 받을 수 있을 것입니다.

이번에는 이와 같이 복잡한 말(연장)과 내용(옷장)과의 관계 중에서 옷장을 잘 만들기 위한 목적달성의 절대적 요소인 『말 듣기』에 대하여 집중 탐색 연구에 들어가 보기로 하겠습니다.

첫 번쨉니다. 말은 하기가 먼저일까요, 듣기가 먼저일까요 하는 것이 먼저라고 생각하셨다면 역시 땡!—입니다. 말은 하는 것보다 먼저 듣는 것이 올바른 순서입니다. 듣기가 먼저라고 하는 이유는 말을 배운 과정을 보아 알 수 있습니다.

갓난아기를 보면 먼저 말을 하지는 않고 1~2년을 계속 듣기만 합니다. 그런 후에 말을 하기 시작합니다. 하지만 이 같은 현상은 '선청(選聽)'과 다른 '선청(先聽)'이기 때문에 혼동하지 말아야 합니다. 아무튼 이처럼 말은 듣기를 먼저 배워야 하고 그런 다음에 하기를 배워야 하기에 우리 정신문화연구시리즈의 이 '대화학 콘체르토'는 말하기는 나중에 말하고 먼저 말 듣기를 논하게 됩니다.

사람의 귀는 말이라면 무조건 다 알아듣습니다. 갓난아기가 누워서 잠만 자는 것 같아도 엄마가 하는 말이고 할머니가 하는 말이고 모조리 다 듣습니다.

쓸 말이고 몹쓸 말이고 없습니다. 영어고 중국어고 아랍 말이고 뭐고 아무 상관 없습니다. 제아무리 어려운 말도 일단은 다 듣고 천한 말이고 귀한 말이고도 가리지 않습니다. 그런 후에 엄마가 하는 말이라면 하는 대로 다 따라서 배웁니다.

그래서 갓난아기를 호랑이가 기르면 호랑이같이 으르렁거린다고 하는 이야기랑 늑대가 기른 아기가 자라서 늑대 소리를 내는 늑대소

년 영화도 있었지 않습니까?

바로 이와 같이 들은 대로 말하고 배운다고 할 때의 말은 들은 말이냐 듣지 않은 말이냐의 문제가 나타나는데 이로 인하여 바로 들은 대로 말하되 들은 것 가운데서도 고르고 가려서 듣는다고 하는『선청(先聽)과 선청(選聽)』이란 단어가 부상됩니다.

'선청'이란 들을 말과 들어서는 안 될 말을 분별하여 듣는 것입니다. 갓난아기처럼 늑대 소리고 개소리고 호랑이소리를 무작위로 듣는 것은 선청이 아닙니다. 이를테면 이것은 '전청(全聽)'이며 우리말로 하면 무엇이든 다 듣는다고 해서 '막청'입니다.

그러므로 우리 정신문화연구시리즈의 '대화학 콘체르토'는 어떤 말을 듣느냐고 하는 '선청'의 문제를 과제로 받아야 한다는 것을 알게 됩니다.

선청력이 없는 사람은 갓난아이이거나 미진아입니다. 갓난아기는 걷지를 못하기 때문에 말을 찾아다닐 수가 없고 말을 가리고 고를 능력이 없습니다.

그러니 아무 말이나 들리는 대로 듣고 그대로 따라 합니다. 그러나 성숙한 사람은 이제부터 들을 말과 듣지 말아야 할 말을 구별할 능력이 생겨서 아무 말이나 듣지 않습니다.

그러니까 선청의 논제는 얼마나 중요하다고 말로 다 할 수가 없습니다. 왜냐하면 그로 인해 자칫 늑대와 같은 짐승의 말을 하거나 옷장을 만드는 게 아니라 늑대처럼 땅굴을 파게 되어 인생이 절단 난다고 하는 말의 효용이 무용이 되기 때문입니다.

두 번쨉니다. 앞선 연구에서 사람은 어머니의 품에 안겼을 때 어머니가 하는 말을 따라서 말을 배워 왔으며 그래서 어머니는 좋은 말을 써야 된다고 하는 『모어(母語)』에 대한 말씀을 드렸습니다.

이 모어는 『향어(鄕語)』가 되고 향어는 곧 『모국어(母國語)』가 되어 한국말이 되고 영어가 되고 일본말이 된다고 하는 말씀을 드렸습니다. 바로 여기에서부터 들을 말과 듣지 않을 말과 들을 수 있는 말과 들을 수 없는 말이 가려집니다.

그래서 미국에 가서 해야 할 일이 있는 사람은 이제 그 나라에 가서 알아들을 수 있는 말을 찾아 그 나라 말을 배우러 다니기 시작하는데 이때도 역시 『하기』가 나중이고 『듣기』가 먼저라고 하는 '선청(先聽)'이 대두됩니다.

이처럼 '선청'은 옷장을 만들고 집을 짓는 것은 물론 가정을 이루고 아내와 자녀들을 낳고 기르는 인생빌딩의 최첨단 연장입니다.

그런데 집을 높이 짓고 최신식 첨단시설로 살기 좋게 꾸미려고 한다면 그에 걸맞은 많은 도구가 필요합니다. 미국말이 필요할 수도 있고 일본말이 필요할 수도 있습니다. 이것은 선청(選聽)에 해당됩니다.

이제 본론으로 들어가겠습니다. 인생이 집이라고 하면 부부도 집입니다. 자녀문제도 집이 되고 사업도 집입니다. 인생사 모든 것이 집이며 생각도 집이고 말도 집이라고 하겠습니다.

말은 연장이라고 하고 어째서 집이냐고요? 집이 인생이라면 집짓는 연장도 인생 속에는 포함되기 때문에 포괄적으로는 말과 생각도 인생이 지어야 할 집에 해당된다는 뜻입니다. 그러니까 인생에는 선택과 동질의 '선청'이 작용하는데 『'선청(選聽)'은 선택의 어머니다』라고 하겠습니다.

그렇다면 이제 정상으로 오를 채비가 다 되었습니다. 올라가서 무엇을 할 것인가도 정해졌습니다. 그것은 바로 『우리가 누구의 말을 들을 것인가?』라고 하는, 목적은 『선청 찾기』입니다.

늑대의 말을 택하면 아니 됩니다. 개소리에는 똥이 약이라 하니 함부로 지껄여 대는 『낭어(浪語)』도 아니요 이치와 사리에도 어긋나는 『망언(妄言)』을 들어서도 안 되고 미친놈 헛소리하는 『광언(狂言)』이나 『허언(虛言)』, 『공언(空言)』을 『수어(水語)』나 『향어(香語)』로 오판해서 잘못 들으면 큰일 납니다.

인생 거대한 빌딩을 짓기에 단 0.1mm의 오차도 없는 완벽한 도면을 손에 쥐어야 하고, 50m, 100m 높이의 인생빌딩 하중과 비중에 알맞은 H빔과 철근을 구해 와야 합니다.

태풍에도 안전하고 폭설에도 걱정 없고 만약에 대비한 지진에도 끄떡없는 내진 설계도 잘된 것이라야 합니다. 이 모든 것이 말 속에 들어 있는 '선청'의 핵심입니다.

세 번쨉니다. 선청(選聽)은 누구에게인가 들음으로써 선택됩니다. 이때 "누구 말 들을 게 뭐가 있어?"라든가, "내가 다 알아서 한다"고 하는 논리는, 맞다고 하면 맞지만 원리에는 어긋납니다.

사람은 반드시 꼭 누군가의 말을 듣게 되어 있습니다. 아무리 혼자 판단하고 혼자 결정하다고 해도 엄밀히 따지면 혼자 선택하는 것이 아닙니다. 그동안 자기가 경험했던 것이거나 아니면 알아 왔던 지식들이 이미 선청(選聽)으로 자리 잡고 작용하지 않은 경우는 거의 없다고 하는 것입니다.

그러니까 보았던 책이 선청(選聽)자(者)가 된 것입니다. 옛날 옛적에 들었던 말이 선청(選聽)으로 작용한 것입니다. TV에서 들은 말이 선청(選聽) 역할을 하기도 합니다. 혼자 결정하려고 하였으나 아내가 하는 말이 정상참작이 되어 그것이 선청이 되기도 합니다. 그래서 그로 인해 듣기를 마친 다음 과정으로 말하기가 진행되는 것이 원리입니다.

뿐만 아니라 사람이 어떤 결정을 하기까지에는 내심으로 계속해서 어떤 방법으로든 선청(選聽)의 지식을 찾게 마련입니다.

밤을 새우고 잠을 못 자는 것은 선청의 미세한 소리를 들어 보기 위함입니다.

그러니까 결론은 이렇습니다. '사람은 누구나 반드시 누구에게든 자문을 받는다'라고 하는 것입니다. 딱 깨 놓고 이러저러하다고 내용을 설명하고 받든, 아니면 덮어 놓고 혼자의 내심에서 받든, 사람은 말하기 전에 먼저 말을 들어 보고 싶은 본성이 있습니다. 이때 아니라고 우기는 사람은 막무가내여서 일단 차치하는 도리밖에 없습니다.

그런데 중요한 것은 대개의 사람들은 내심이 아니라 외심으로 부단히 누군가를 찾고 선청(選聽)을 구한다고 하는 것입니다.

그래서 바로 이제 이로서 본 궤도에 접어들었습니다.

찾는 사람이 누구냐? 어디서 무엇을 하는 사람이냐? 그 사람의 자문이 선청다운 선청이라고 해서 손색이 없느냐? 혹여 선청자 선택에는 하자가 없었느냐? 인생빌딩의 도면으로 훌륭하고 인생빌딩의 골조로서 하자는 없는 것이냐? 혹 골조 선택이 잘못되지는 않았느냐? 나중에 거대한 빌딩에 대단한 보수가 필요한 경우로 가는 것은 아니냐? 그러다가 무너져 내려 버리는 것은 아니냐? ……

선청에는 이와 같은 어마어마한 원자핵이 들어 있습니다. 그러니 의식 무의식중에 선택한 선청이 각을 달리한 화살처럼 결과는 영판 엉뚱하게 나간다고 하는 것은 자명하지 않겠습니까? 다시 말하면 묻기를 잘 물어야 하는 것이 '대화학 콘체르토'요 선청의 원리입니다.

네 번쨉니다. 선청(選聽)의 하자(瑕疵)입니다. 이것은 첫째도 둘째도 선청자(者) 선정을 잘못해서 발생한 하자가 대부분입니다. 꼭 물어볼 만한 사람에게 물어야 한다는 것은 진리와도 같습니다.

생각학에서 잠깐 언급했다시피 『그냥선생』이나 『아무한테나』 물어보고 그의 말을 듣는다면 일은 터진 겁니다. 도면은 건축사가 그려야 하고, 골조는 시공자가 세워야 하고, 시공사에는 품질관리부에서 품질을 검사해야 하고, 품질은 시험 성적서에 의한 기준에 맞아야 합니다.

그러니까 이 모든 것은 모두 이 분야에 각각 전문가들이 있다는 것을 알 수 있습니다. "내가 집을 몇 채 지어 보았다?" 소용없는 말입니다. "나도 고층건물 지어 보아서 안다?"소용없는 말입니다.

그러므로 우리는 소용없는 '선청(選聽)하자'의 책임을 져야 하는 선청자에 대하여 깊이 살펴볼 이유가 있습니다.

그렇다면 이는 생각학 제10장의 '난관과 상담'이란 내용과 무엇이 다를까요? 거기서는 선청(選聽)과 유관한 상담의 원리에 대한 말씀을 드린 것이고 지금은 응답자에 해당하는 사람을 찾아 나의 선청을 취하기 위한 선청자에 대한 선청자 분석이 주제입니다.

선청자 대상 기피자 응답자의 첫째는 사탄입니다. 사탄은 혼란에 빠트려서 영혼을 어지럽게 하는, 이는 현실과는 거리가 있는 신앙과 같은 영적 영역입니다. 그러나 우리가 잘 몰라서 그렇지 우리의 영혼과 생각과 말에는 보이지 않는 사탄마귀들이 무한정으로 달라붙습니다.

사탄은 제대로 가는 사람을 아니라고 우겨댑니다. 그 사람이 아니고 저 사람에게 물으라고 꼬드깁니다. 판단을 잘 못 하게 하는 것이 사탄의 본성입니다.

어떻게든 해코지를 해서 일이 안되거나 잘못되게 하는 것이 사탄이 하는 본연의 임무입니다. 그러므로 선청의 첫째는 사탄의 수작에 말려들지 않아야 하는 것이 기본입니다.

사탄의 술책에서 빠져나오면 이제 대상이 생깁니다. 책을 사서 보라든지, 누구를 찾아가 보라든지, 한 사람만 만나지 말고 두세 사람을 만나보라고 하든지…… 아무튼 이렇게 해서 선청을 위한 정보가 확보되었습니다. 그러면 이때 어떤 사람이 결정되었습니까?

먼저 사기꾼에 도둑놈에 무식하고 난폭한 놈이 결정될 수도 있다는 사실입니다. 물론 이 경우도 사탄의 장난입니다. 하지만 사탄이 교묘하게 속임수를 써서 "절대로 아니다", "맞다", "틀림없다", "믿어라" 해서 사탄의 미혹을 잘못 아닌 줄로 그릇 판단한 경우입니다.

누가 사기꾼일 줄 알았겠습니까? 누가 도둑놈일 줄 알았어요? 중국산 가짜 제품을 사서 그걸로 집을 짓게 되었으니 결과는 당연합니다.

그런데 사실 이런 경우가 얼마나 많은지 모릅니다. 남의 말을 안 듣고서야 어찌 인생을 살까마는 잘못 들어 가지고 낭패를 보는 경우가 인생실패의 거의 99.9%라고 하는 사실은 선청에 대한 불같은 경고입니다.

그래도 그나마 다행인 것은 믿는 사람입니다. 잘 아는 친구의 경우가 그렇고, 피를 나눈 형제자매의 경우가 그래도 좀 안심입니다. 이런 경우는 절대로 악의는 없으니까요. 자기도 같이 이리저리 알아도 봐 줍니다. 그리고 그 결과에 따라 필요한 말을 들려줍니다. 당연 좋고말고요. 참 바람직하다고 하겠습니다.

그래서 선청의 주류를 차지하는 가장 많이 듣는 말이 바로 여기에 해당하고 대개 이렇게 굴러(살아)가는 것이 인생수레바퀴입니다.

그렇다면 우리 정신문화연구시리즈에서는 여기에 대하여 무슨 말씀을 드리면 좋겠습니까? 모쪼록 잘 모르면 모른다고 하라는 것입니다.

의도는 선하지만 결정을 내려 주기에는 우리 모두가 부족한 게 사실입니다. 그래서 그런 까닭으로 이렇게 말합니다. "난 잘 모르니까 참고만 하고 네가 잘 생각해서 해", "생각을 결정하는 과정에 참조만 하란 소리야. 내 말대로 하지 말고 어디까지나 네가 알아서 해라"라고 하는 말입니다. 그렇습니다. 당연하고 참 사려 깊은 말 맞습니다.

그러나 본인이 뭘 어떻게 해야 한다는 건지? 지금 본인은 그걸 물어본 건데 실컷 말을 다 해 놓고 난 모르니까 네가 알아서 해라? 그러면 이런 결론이 나옵니다. 언니나 친구 했던 말 중에서 어느 것이나 한 가지를 고른다고 하는 선청의 확정입니다.

그래서 나중에 잘되면 좋지만 그 결과 빌딩이 무너졌다면 피차간에 얼마나 가슴 아픈 일일까요? 그러니 어쩌란 말이냐고요? 중요한 문제라면 적극 개입해서 보석같이 값진 선청을 찾는 일에 적극 나서야 한다는 말씀이며 지금 이 연구는 적극적으로 찾아 나서는 방법을 연구하는 중이니 함께 참여해 보셨으면 합니다.

다섯 번째입니다. 이럴 때 자주 찾아가는 곳으로는 철학관이나 도사님, 또는 무당이나 점쟁이도 있습니다. 그래서 굿을 하고 산제를 지내고 부적을 붙이고 동쪽으로는 가지 않고 무슨 성씨들하고 손을 끊기도 하고 조상의 산소를 옮기기도 하는 것을 보게 됩니다.

그러나 우리 정신문화연구시리즈는 이와 같은 방법은 단정코 아니라고 할 것입니다. 저는 그것이 '미신(迷信)'이라고 해서만도 아닙니다. 미신이란 일정한 근거가 없는 뜬구름과 같아서 그것을 잡으면 허공에 떨어져 버린다고 하는 무모한 짓이라고 하여서도 아닙니다. 인간의 말은 하나님이 주신, 하기와 듣기의 보이지 않는 영적 능력이라고 하는 이유에서만도 아닙니다.

그것은 말의 원리가 되는 이 '대화학 콘체르토'적인 완벽한 구조가 없다고 하는 이유에서입니다. 말이란 무작정 신비로운 것만은 아닙니다. 무속인 들의 말과 같이 무조건 영적이고 신적인 것도 아닙니다.

우리가 냉정하게 분석하고 이치를 자세히 살피고 차근하게 논리의 기둥을 찾아보면 말은 우리가 만지는 우리의 손과 같이 또렷한 형체라고 하는 말의 격을 가지고 있다고 하는 사실을 발견할 수 있습니다.

이것은 하기에도 그렇고 듣기에도 똑같습니다. 말을 정밀하게 분석하는 것이 우리 정신문화연구시리즈의 '대화학 콘체르토'인데 분석해 보면 말의 근원은 생각이며 생각은 자유로 선택된다고 하는 것입니다.

이를 무시하고 "이 말은 신이 하시는 말씀이다"라거나 "이 말은 내 말이 아니고 조상신이 하시는 말씀이다"라고 한다면, 이는 "이는 내 말이 아니고 직접 하나님이 하시는 말씀이다"라고 하는 것과 똑같은 말이 됩니다.

이때 분명한 사실은 하나님은 사람에게 말을 고르고 선택하라고 하는 '자유'를 주셨을 뿐이지 골라서 자기가 직접 하시지는 않는 다고 하는 것이 중요합니다.

여기서 잠깐입니다. 그렇다면 성경은 하나님의 말씀이 아니냐는 문제가 나옵니다. 그것은 하나님이 '이미 하신 말씀'입니다. 물론 이 문제를 깊이 파고 들어가는 것은 신학의 영역이므로 생략합니다. 다만 물리적으로도 그렇고 영적으로도 확실한 것이 있는데 말은 절대로 말하는 그 사람의 말이지 무속인이 말하는 대감님도 아니요 조상님도 아닙니다.

이에 대하여 좀 더 말씀드린다면 앞에 말한 분들의 신령하다고 하는 분들의 말도 결국은 그 사람의 말이라는 사실입니다. 그것이 설혹 음양오행의 원칙이나 주역의 괘를 근거한 것이라도 해도 역시 말의 열매라고 내어놓은 선청의 본질은 말하는 그 사람의 말이라고 하는 뜻입니다.

그런데도 자기 자신도 잘 모르는 그와 같이 신령한 세계나 요상한 세계의 말을 선청으로 선택하는 것은 대단한 하자가 되기 쉬운 아주 위험한 발상이라는 말씀입니다. 그렇다면 어떤 것이 선청다운 선청일까요? 이어서 말씀을 드리겠습니다마는 말의 본질이 인생에 미치는 실제적인 학문에 근거하고 논리와 법리가 합당한 『정언(正言)』, 『당언(讜言)』만이 선청(選聽)의 핵심이라고 하는 것입니다.

여섯 번쨉니다. 부부문제의 선청을 원하면 이 문제의 전문가를 찾아가야 합니다. 점쟁이를 찾아가고 예언가를 찾아가서 감동하면서 "귀신같이 잘 맞춘다"라고 하는 것은 '대화학 콘체르토'의 말하기나 말 듣기의 정석과는 동떨어진 이야깁니다.

건축문제라면 건축사를 찾아가야 합니다. 엉뚱하게 아는 형님을 찾아가서는 아니 됩니다. 하는 일마다 안 된다고 조상님의 묏자리를 들먹거려서는 아니 됩니다. 몹쓸 병이 걸렸다면 전문병원의 의사를 찾아가야 하는데 사람들이 다른 데로 가서 물어보고 병을 키웁니다. 재판이 붙었으면 변호사를 찾아가야 하는데 엉뚱한 사람을 찾아가서 재판에 지고 맙니다. 이와 같은 말은 전부 원리와 원칙을 중시해야 한다는 것이 우리 정신문화연구시리즈의 '대화학 콘체르토'의 골격입니다.

그렇다면 이제 어디를 가고 누구에게서 선청을 들어야 하는가를 알았습니다. 그러므로 이에 대한 포괄적인 정답은 전문가요, 전문서적이요, 그 분야에서 가장 지식이 뛰어난 사람을 만나고 그분의 생각과 말을 들어야 한다는 것입니다.

빌딩을 짓고 말고 하는 것하고 점쟁이가 무슨 상관이 있겠습니까? 빌딩이 넘어갈 상황인데 점쟁이가 하라는 대로 산신제를 지내는 것이 무슨 효과가 있겠습니까?

점쟁이는 빌딩에 대하여 아는 것이 없으므로 무슨 성씨를 가진 사람하고 일을 하면 빌딩이 무너진다고 하는 묘한 말을 할 수밖에 없는데 그걸 믿고 선청으로 활용하면 얼마나 어리석은 일입니까? 그래서 美語 가운데는 『학어(學語)』라는 말이 있었습니다.

아는 사람을 찾아가거나 내가 알아내는 '학어'의 의미를 되새겨야 합니다. 문제는 배우지 않아서 그렇습니다. 배우려는 노력을 하지 않아서 문제입니다.

일곱 번쨉니다. 최고의 선청은 '법(法)'입니다. 제아무리 누가 무어라고 해도 법에 어긋나는 선청은 선청이 아닙니다. 들어서도 안 되고 들으려고 해서도 안 됩니다. 법에서 아니라고 하는 것을 밀고 나가는 것은 말 듣기에서 가장 악성입니다.

법은 철학자나 역술가나 도사님네들보다 완벽합니다. 어려운 문제일수록, 인생빌딩이 너무 높을수록, 그 거대한 빌딩이 넘어지려 할 수록, 그럴수록 무슨 말을 어디서 들어야 할 것이냐고 하는 문제의 정답은 법입니다. 그런데 기독교인들은 법 위에 또 하나의 법과 같은 성경이 있습니다.

법은 법에서 하라고 하는 것이 있고 하지 말라고 하는 것이 있습니다. 성경도 이와 같아서 하라고 한 것과 하지 말라고 한 것이 있습니다. 이럴 경우 우리 정신문화연구시리즈의 '대화학 콘체르토'는 나름대로 합당한 처방전을 내어 드린 셈입니다. 법에서 하라는 것은 하고, 하지 말라고 한 것은 하지 말라는 것이 선청의 최고봉입니다.

법을 어긴 묘책은 완벽한 패책입니다. 법이 금하는 산제를 드리는 무당은 법에서 그런 사업(일)을 하는 것 자체를 막고 있는 무등록사업자요 불법입니다. 그렇다면 이 문제를 해결하고 넘어가야 되겠습니다.

법과 성경이 배치되는 경우의 문제입니다. 단언하는 것은 법과 성경은 하나의 물줄기라고 하는 사실입니다. 다만 법에서는 예수님을 믿으라고 하지 않으나 성경에서는 믿으라고 한다고 하는 상충논리는 거대한 물줄기와 보다 작은 물줄기의 차이일 뿐, 성경도 곧 법이라고 보아 문제가 없으며 이는 타 종교 중에 불교의 경전의 경우도 세상의 법과 싸울 것이 없다고 하는 것입니다.

이로써 말 듣기에 관한 선청의 연구를 마쳤습니다. 끝으로 꼭 부모님의 말씀은 별미의 선청으로 인정하시라는 말씀을 드리겠습니다.

이때 "우리 부모님은 배운 분이 아니라서 아는 게 없다"고 하면 안 됩니다. 저도 부모님 밑에서 자랐고 지금은 부모의 자리에 와 있는데 아무리 무식한 것 같아도 부모님은 신묘하신 존재입니다.

인생고층 100층 빌딩을 지어 보지 않았어도 부모님은 자식의 일이라면 이것은 기적과도 같이 값진 신비하고 별스러운 선청의 말씀을 하신다고 하는, 저는 이 신기한 사실을 진정으로 믿는다고 하는 말씀입니다.

그러나 분명 내 부모가 아닌 남의 부모는 아닙니다. 오직 나의 부모님은 세상을 모르는 문맹에 컴맹일지라도 이상하게 자식의 일이라면 안다고 하는 것입니다.

특히 부부문제는 주례선생님이 또 이상하게도 무언가를 아십니다. 부모님이 안 계시거든 주례하신 선생님을 찾아가십시오. 큰스님도 좋습니다. 목사님도 좋습니다. 복되고 아름다운 선청으로 거대한 인생의 고층빌딩에서 보람찬 삶을 살아가시기를 기원합니다.

/제16장/

듣기와 인생

인생 출발과 종말에는 말이 없다

          사람이 세상에 태어나면 처음에는 말을 못 합니다. 그리고 마침내는 역시 말을 하지 못하고 죽음을 맞게 됩니다.

그러나 처음 태어나서도 그렇고 죽기 직전에도 그렇고, 사람은 이 짧은 순간만 빼고는 일평생 말과 소리를 듣습니다. 다시 말하면 인생 80년을 산다고 보면 79년은 말을 하고 듣지만 약 1~2년간은 말을 하지 못한다는 계산입니다.

이 말은 『인생의 처음과 나중은 듣기만 한다』, 아니면 『인생의 출발과 종점에는 말이 없다』 이렇게 결론지어도 맞다는 뜻입니다.

그러니까 인생은 말없이 조용히 왔다가 역시 말없이 조용히 가는 것이라고도 하겠는데 이것은 이 책 '대화학 콘체르토'에 있어서 시사하는 바가 있다고 보는 것입니다. 『말보다 듣기가 중요하다』라고 하는 의미입니다.

대개의 사람들은 참 잘도 지껄입니다. 무슨 할 말이 그렇게도 많은

지 하고 또 하고 어제도 종일 하더니 오늘도 계속합니다. 그런데 그런 사람을 만나면 먼저 떠오르는 생각은 '참 건강하기도 하다―'라고 하는 것입니다마는 다른 한편으로는 어쩌면 '듣기는 빵점이겠구나' 싶은 것입니다.

말하기에 빵점도 문제지만 듣기에 빵점은 비교치 못할 정말 아주 큰 문제입니다. 굳이 점수를 매긴다면 말하기의 100점보다 듣기의 50점이 낫다고 본다는 사실입니다.

그래서 힘주어 말씀드릴 것은 널려진 말씀이지만 "말하기는 더디 하고 적게 하되 듣기는 많이 하라"는 것입니다. 왜? 왜 그렇게 말할까요? 그리고 과연 그 말이 맞을까요?

이 시간에는 말 듣기에 관한 두 번째 시간으로 말을 듣는 것과 인생이라는 주제를 가지고 제가 발의하고 여러분은 집중하여 생각해 보는 청음(聽音)과 인생이라고 하는 주제 아래 "너는 무엇을 듣느냐?"라고 하는 부제를 달고 말 듣기와 우리의 삶은 어떤 관계가 있는가를 집중 탐구해 보기로 하겠습니다.

첫 번쨉니다. 그렇다면 지금 제가 던진 질문과 같이 과연 여러분은 무엇을 듣습니까?

또 이런 질문을 드려 보겠습니다. 세상에 태어난 인간이 처음 듣는 말은 무엇일까요? 예수님의 경우에는 세상에 처음 태어난 순간 처음으로 들은 것은 천군천사가 불러 주었던 "지극히 높은 곳에서는 하나님께 영광이요 땅에서는 기뻐하심을 입은 자 중에 평화로다"라고 하는 노래를 들었다고 하는 것을 알 수 있습니다.

그런데 우리는, 우리는 맨 처음 어쩌면 "야, 아들이다" 이런 말을 들었을 것 같습니다. 아니면 "공주님이시네" 이런 말을 들었을 것도 같습니다.

둘 중의 하나가 아니라면 출산하느라 전신이 비 오듯 땀에 흠뻑 젖은 엄마에게 "아이고, 애썼다, 잘 낳았다"라고 하는 이런 말을 들었을 것 같습니다. 전부 틀렸습니까? 그럴지도 모르겠군요.

아직 알아듣는 청각의 기능이 작동이 안 되고 하루 이틀 지나야 무슨 소리인지 듣게 되는 건지 모르니까 아예 틀렸는지도 모르겠으나 아닐 것도 같습니다. 왜냐하면 아기는 모태 안에서도 이미 엄마 아빠의 말들 알아듣는다고 하는 말이 있으니까요.

아무튼 사람은 일평생 무슨 소리든 듣게 마련입니다. 그렇다면 일평생 무슨 소리를 그렇게도 많이 듣는다는 것일까요? 정답은 맞을 거라고(?) 생각되는데 그것은 TV에서 종일 나오는 노래나 말과 소리들일 거라고 하는 것입니다.

그러나 저와 같은 세대는 그렇지 않았습니다. 그때는 TV는 물론 라디오도 거의 없었기 때문입니다. 그러니까 지금보다는 퍽 조용했을 것 같습니다. 그러나 그래도 많이들은 이야기가 무엇이었을까요? 옛날이야기였을 것 같습니다.

"옛날에 옛날에……" 이렇게 시작하는 이야기들은 요즘으로 치면 전설 따라 삼천리와 같은 주로 권선징악이었습니다. 제가 어렸을 때는 화로가 지금으로 치면 TV였고 컴퓨터였다고 하면 딱이었으니까요.

하지만 두 달 후면 태어나게 될 제 손주는 어떨까요? 당연 TV에서 나오는 소리를 이미 태 안에서부터 계속 듣고 자라나고 있다고 보면 맞을 겁니다. 그래서 사람이 듣는 말에 대하여 첫째가 되는 것은 TV라고 하는 것이 현실이라고 보아 틀림이 없겠습니다.

두 번째입니다. TV는 재미있고 인생을 즐겁게 합니다. 누가 뭐래도 TV는 인생의 소중한 길동무가 되었습니다. TV로 아침이 오고 TV로 밤이 가는 지금은 TV의 세월입니다.

그때 그 옛날에 방 한가운데를 차지하고 있던, 그렇게도 친하고 정겨웠던 그 화로는 없어지고 그 대신 TV가 상석에 앉아 있습니다. 고마운 TV라고 우선 TV를 참 좋은 친구라고 인정하려고 합니다.

그러나 사람들이 TV를 미워하고 TV의 해악을 집중 공격하는 TV의 역기능과 해독에 대한 이야기가 참 많이 들리고 있는 것이 현실이기도 합니다. 저는 어떻게 생각하느냐고요? 저는 그렇지 않다고 생각하는 사람입니다.

TV가 없으면 나을 게 무엇이냐? TV 없는 삶과 TV 있는 삶을 선택하라면 저는 당연 있는 쪽을 선택할 사람입니다.

언론이나 TV를 제대로 잘 알지도 못하면서 남들이 그러니까 자신도 TV가 나쁘다고 하는 사람 쪽에는 찬성하지 않습니다. TV는 참 좋은 것이라는 생각에 추호도 변함이 없습니다.

얼마나 좋습니까? 거기(TV)는 인간의 눈과 귀가 보고 들을 것이 풍성합니다. 눈이나 귀도 먹어야 산다는 말에 공감하십니까? 저는 눈도 먹어야 산다고 하는 사람인데 이때의 먹는다는 것은 보는 것이요 볼거리이며 귀가 먹는다는 것은 듣는 것을 말합니다.

그런데 눈은 아무리 멀리 보았자 산이 가려서 못 봅니다. 귀를 아무리 쫑긋 아니라 빠지게 세워 보아도 역시 100m만 넘으면 못 듣습니다.

그런데 TV는 남극의 펭귄을 곁에서 보는 듯이…… 북극의 빙산을 옆에서 보는 듯이…… 밀림 속의 오지까지 안 가도 안방에서 간 것보다 더 자세하게 보여 주고 들려줍니다. 그래서 세계를 한눈에 동시에 보고 듣게 합니다.

그러니 TV가 없다면 우리가 어찌 세계 구석구석을 낱낱이 살피고 볼 것이며 어찌 하늘에서 움직이는 구름 사진을 상상이나 하겠습니까? 그러니 저는 TV가 좋다는 쪽입니다. 누가 뭐래도 TV는 꼭 있는 게 낫다는 주장입니다. "TV 없이는 못살아 나 혼자서는 못살아" 이런 노래를 불러도 인정하겠습니다.

하지만 말이란 보통 이런 식으로 잘 나가다가는 "그러나—" 이래 놓고서는…… 드디어 본색을 드러내고 TV는 못쓴다거나 아니라고 전복되는 경우가 많습니다. 저도 뒤집을 생각일까요? 아닙니다. 저는 TV에 대하여 만큼은 끝까지 뒤집을 생각이 없습니다.

"TV는 좋다—", "정말 잘 만들었다—", "그러니 TV방송국에게 정말로 고맙고 감사하게 생각한다—" 이 생각, 이 말 절대로 변함없습니다.

그럼에도 불구하고 TV의 해악을 지적하고 심지어는 TV끄기 운동도 하는 사람들도 있던데 저는 그런 주장에 반대합니다. 그것은 대의(代意)가 아니요 소의(少意)라고 생각하며, 이는 군자답지 못한 소인으로 본다는 것은 반대로 제가 소인인 탓인지도 모르지만 아무튼 저는 그렇습니다.

다만('그러나'가 아니고요) 저는 TV를 많이 보지 못하는 것이 아쉽습니다. 저는 TV 볼 시간이 별로 없다는 것이 속상한 사람입니다.

남들은 신 나게 TV 볼 시간에 저는 책을 보아야 할 때가 많기 때문입니다. 내가 보고 듣고 알아야 할 것이 TV에서는 내 입맛대로 내가 원하는 시각에 나의 욕구에 맞게 나오지 않기 때문에 TV를 보지 못하고 책을 보느라고 TV를 켜지 못하거나 TV를 꺼야 할 때가 너무 많다는 것이 아쉽다는 말씀입니다.

뿐만 아니라 또 있습니다. 이렇게 글을 써야 하니까 TV를 켜지 못한다고 하는 것입니다. 심지어는 뉴스도 못 보는 날이 태반이고 하루 종일 집에 있어도 고작 한 시간도 TV 볼 시간이 없는 날이 많습니다.

이 밤도 6시부터 지금까지 TV는 닫혀 있습니다. 밤 내 잘해 보았자 잠들기 전에 고작 30분 정도? 그것도 '자동 꺼짐'으로 켰다가는 30분도 못 채우고 10분 만에 수동으로 꺼야 될 때가 더 많습니다.

왜냐하면 연구를 위한 원고를 묵상하고 원고의 골격을 세우고 글감의 구상을 해야 하기 때문에 TV 소리가 방해가 되기 때문입니다. 그러니 편하게 마음껏 TV를 보게 되는 날에는 그렇게 재미있고 그렇게 좋을 수가 없습니다. 세상이 전부 내 것 같고 오히려 이 속에서 글감을 찾는 게 더 질 좋은 글감이 될 때도 있습니다.

시원스러운 컬러TV를 보면서 세계라도 여행하게 된다면 그것이 몽땅 나의 묵상의 대지가 되고 초원이 되고 옹달샘의 생수가 되고 드넓은 바다가 되어 시가 되고 노래가 되고 나의 말이 되어 어느샌가 연구문의 골격이 되기도 합니다. 야ー 정말 화롯불 100개하고도 어찌 이걸 바꿀쏘냐ー 그러나 지금도 제 방 안의 TV는 눈이 감겨 어둡습니다.

세 번쨉니다. 그러니 저는 며느리의 방에서 TV소리가 나면 내 손주도 들겠다고 하는 것이 참 좋습니다. 그리고 태어나게 될 내 손주가 TV를 보게 될 것이라고 하는 사실이 기대되고 그 역시도 좋기만 합니다.

이처럼 TV는 역기능 어쩌고 해도 누가 뭐라건 순기능이 더 많으며 실보다 득이 많다고 단언하는 사람입니다.

그런데 어쭙잖은 논리로 TV가 틀려먹었다고 하는 사람들이 참 많은데 저는 동감이 아닙니다.

이는 자기는 그만큼 하지도 못하면서 자기하고는 비교도 안 되는 대통령이나 정치인들을 얕은 지식이나 들은 보도를 듣고 깎아내리는 것과 같아서 제대로 알지도 못하면서 TV 못쓴다고 잘난 척하는 졸렬하고 옹색한 비판이라고 내심 TV 거부주의를 부르짖는 사람들이 마땅치 아니하다는 주장이기도 합니다.

문제는 무엇을 듣느냐고 하는 부제에 대한 고찰입니다. 어떤 채널을 선택하고 무슨 말을 듣고 무엇을 보느냐고 하는 것이 중요합니다.

TV는 엄청난 볼거리와 들을 거리를 무한대로 방출하는 것이 맞습니다. 그것은 여기서 일일이 다 열거치도 못할 방대함이요 초초초, 초방대한 규모가 맞습니다.

그중에 연속극이 자주 비판을 받던가요? 삼각관계─불륜─사치와 허례─재벌들─비교육적인 구성과 대사들─이런 것들이 시청자들에게 선청(選聽)이 되어서 그로 인해 세상이 더 추악해지고 불륜이 더 퍼지는 것이라고요? 다시 한번 강조하는데 문제는 무엇을 듣느냐고 하는 것이 중요합니다.

연속극에서 못된 부정을 저지른다면 그것은 이런 경우 이런 것은 보고 배우지 말라는 뜻입니다. 불륜의 종말은 어떤 것이라는 이야기를 하기 위해 불륜이 묘사된다면 여기 한 부분만 보지 말고 전체를 끝까지 보라는 이야깁니다.

그런데도 불륜이면 불륜 그 자체가 너무 미화되는 경향이 있다고 한다면 불륜이란 그렇게 달콤하게도 여겨진다고 하는, 불륜의 유혹은 엄청나다고 하는 경고일 뿐이라는 말씀입니다.

보면 작가들이 많은 구박을 받고 바가지로 욕을 먹는데 작가가 불륜은 복되고 바람직하니 가정에 유익하다고 하던가요? 문제는 무엇을 보고 무엇을 듣느냐고 하는 것이요. 똑같은 말과 똑같은 행동에서 무엇을 골라 어떤 것을 '선청'하느냐고 묻고 싶습니다. 작가를 욕할 게 아니라 듣는 나의 선청을 돌아보아야 합니다. 예를 들어 볼까요?

성경에 귀신이야기가 나옵니다. 천사이야기도 다 못 할 텐데 왜 귀신이야기가 나올까요? 천사에 대하여 가르쳐 주려니까 귀신이야기를 할 수밖에 없는 겁니다.

그런데 귀신이야기를 듣고 성경에도 귀신이 나왔다고 시비를 건다면 그것은 궤론(詭論)입니다. 끝까지 보고 전체를 보아야 합니다. 코끼리의 몸 전체를 보아야지 부분만 보면 안됩니다.

TV에서 맨 못된 것만 가르친다고 누가 이런 해괴한 논평을 무책임하고 근거와 논리도 없이 왜 그럽니까? TV는 인간만이 만들어 낼 수 있는 하나님이 주신 걸작품입니다.

문제는 듣기를 비틀고 꼬불꼬불하게 꼬아서 듣는 것이 문제입니다. 듣기를 잘 들어야 하고 보기를 잘 보아야 하는데 TV에서 보니까 어떤 탤런트가 이런 옷을 입었더라고 하는 것만 보는 겁니다.

불륜에 빠진 남녀를 보니까 근사하더라— 나도 그렇게 황홀할 수는 없으려나? 이런 식으로 한순간만 절개해서 그것만 보는 겁니다.

끝까지 결론까지 보아야 하고 "그래서?"라고 하는 결과를 가지고 논해야 합니다. 결국 그래서 그들이 복되고 결론이 좋았는가? 그것이 인생 80년 전체를 놓고 볼 때 과연 커다란 유익이 되었는가? 다시 말하면 TV와 작가와 탤런트는 연속극을 통해서 인생의 메시지를 주고자 하고 있건마는 도중에 아니다 틀렸다 못쓴다 하고 아우성을 치고 TV를 공격한다면 TV 해악의 문제가 아닙니다. 바로 무엇을 듣느냐고 하는 선청의 문제라고 하는 사실입니다.

네 번쨉니다. 말과 소리는 듣기에 따라 본질이 달라집니다. 아닌 것이 맞기도 하고 맞는 것이 틀리기도 하는 것은 전적으로 어떻게 듣느냐고 하는 것에 좌우됩니다.

이것은 비단 듣기만이 아닙니다. 같은 말도 하기에 따라 동쪽이 서쪽이 되기도 합니다. 이것이 바로 이 책 '대화학 콘체르토'고 이것이 바로 말이며 이것이 듣기입니다.

인생이 세상에 태어나서 듣는 말에도 원리는 동일합니다. 기분 나쁘게 들으면 상처를 받고 잊지를 못합니다. 같은 말인데도 기분 좋게 들을 수 있는 것이 청력입니다.

가령 누가 내 가슴에 대못을 박는 말을 했다고 쳐 봅시다. 그런 말에는 어떤 것이 있을까요? 아내가 "이 창녀 같은 년아!"라고 극단적인 폭언을 들었다고 쳐 봅시다(표현이 과격해서 죄송합니다, '꾸벅').

"내 마누라가 창녀 같다고?" 이것은 응어리가 져서 도저히 풀릴 말이 아닙니다. 다시 태어나도 이 말은 못 잊을 정도로 영원한 원한이 맺힐 말입니다.

이런 경우는 허다합니다. "야—이 사기꾼 도둑놈 날강도 개만도 못한 놈아!" 살다 살다 난생처음 들어 보는 이런 극악무도한 말들이 자다가도 이를 갈고 펄쩍 뛰게 하기도 합니다.

그런데 이런 말들이 말한 사람보다 듣는 사람 쪽에 무게가 실린다고 하는 것이 바로 어떻게 듣느냐고 하는 이 시간의 듣기와 인생이라고 하는 주제입니다.

이런 경우가 TV를 비판하고 욕하게 되는 경우와 같습니다. TV가 그럴 수가 있느냐? 국민의 시청료로 운영되는 공영방송에서 이럴 수가 있느냐? 이게 얼마든지 시끌벅적하고도 남을 만하다면 그 말이 맞다고 해야지 틀렸다고 했다가는 게시판에 욕지거리 리플 때문에 견디지를 못합니다.

리플에 리플이 달리다 못해 벌 떼 같은 네티즌들의 공격으로 저와 같은 장년층은 혼절하고 넘어갈 지경이 되고 맙니다. 어쩌면 제가 이번 제16장을 TV에 나와서 이대로 해도 그럴는지도 모릅니다. 변명도 못 해요. 그래서 멀쩡한 저명인사나 유명인들이 난도질을 당하고 어처구니없이 방송계를 떠난 사람도 있고요.

그 까닭은 이렇습니다. TV의 경우는 당연 세정된 방송언어로 적절치 못하였으니 이는 욕을 먹는다 해도 싸다고 하는 것이 맞기는 맞습니다. 다만 TV 말고 당사자 아내나 욕먹은 사람이야기를 하겠습니다. 이것도 듣기 나름이다 그 말입니다. 사실과 다르다면 첫째는 남편이 뭔가를 오해해서 하는 말이라고 들으면 간단합니다.

그러나 아내가 실제로 창녀 같다는 말을 듣게끔 하였다면 이때는 더더욱 간단합니다. 서운할 것도 충격받을 것도 상처고 뭐고 기분 나쁠 까닭이 없습니다.

당연한 말을 한 거니까 반대로 "창녀 같은 년이 아니라 실은 창녀로소이다" 하고 스스로 속으로 혼자라도 이것을 인정하고서 얼마나 분하면 저렇게까지 말할까…… 하고 내가 저런 말을 듣지 않게 이젠 내가 변해야겠다고 생각하고 들으면 다 해결되는 것입니다.

아니라면 남편이 오해한 것도 아니고 생트집을 잡는 거라고 해도 또 역시 듣기 나름입니다. "내 남편이 정말 삭막하게 부서져 버렸구나――" 마음속으로 측은하게 여기고 어찌할꼬 하고 방도를 구하는 마음을 가진다면 선청의 문제에서 이것도 제대로 들은 경우입니다.

다음으로 심한 욕을 먹은 경우에도 비슷한 듣기의 원리가 있습니다. 다시 말하면 어떻게 듣느냐이며 무엇을 듣느냐의 문제입니다.

곧이곧대로 듣고 들은 대로 직격탄을 날리고 공격하는 경우와 듣는 데 신중하고 더디 말하고 행동하는 것과는 인생 자체가 달라진다는 말씀인데 좀 이해가 가십니까?

내가 왜 도둑놈, 사기꾼 소리를 듣는가를 생각해 볼 일입니다. 억울하게 들었으면 억울한 말을 하는 사람의 그 심정은 무엇인가를 생각해 보면 역시 말은 하는 사람보다 듣는 사람에게 달린 것이라는 계산입니다.

그러니 아내가 어떻게 말하건 내가 어떻게 듣느냐고 하는 말 듣기가 중요합니다. 상대가 욕을 해도 끝까지 들어 보는 듣는 인내를 개발해야 합니다. 그러나 대개 우리는 말들을 어떻게 듣습니까?

다섯 번째입니다. 말을 토막 내서 듣습니다. 중간 마디를 자르고 듣습니다. 참지 못하고 말을 틀어막고 내가 나서면서 듣습니다. 유식자건 무식자건, 사람은 하던 말이 잘리면 말격이 무너져서 의도와는 다르게 듣는 것으로 인하여 문제가 발생합니다.

"뭐라고?" "지금 무슨 소리를 하는 거야?" 말을 자르는 말들이 듣는 귀를 막아 버립니다. "그게 아니고……", "아니, 아니, 내 말 좀 들어 보라고" 이렇게 말을 잘라 버립니다. 듣기의 하자가 이것입니다.

말하기의 문제라고도 하겠지만 우선 듣기가 먼저라고 한 바대로 듣기의 고장입니다. 아무리 점잖은 말이라도 소용없습니다. "말씀 중에 죄송한데…… 잠깐 제 말씀 좀 먼저 들어 주시지요" 이렇게 말해 보았자 역시 듣기 성적은 50점도 안 되는 하자가 있는 말입니다.

듣기를 말씀드리려면 참으로 대단히 잘못된 듣기를 자랑처럼 떵떵거리는 사람을 보게 됩니다.

사람들의 말이 싸움이 되어 입에 거품을 물고 열변을 토하는 것을 보면 전부가 다 듣기의 문제가 문제인 것을 알 수 있습니다. 두 사람이고 세 사람이 하나같이 "잠깐만, 잠깐만" 하면서 서로 자기가 먼저 이야기하려고 하는 것이 고장입니다. 모두가 듣기에 대한 무식입니다. 왜들 그럴까요? 뭐가 그리 급할까요? 5분, 10분을 못 듣고 기다리지 못합니다.

말없이 할 대로 다 말해 보라고 기다리며 듣기를 잘하는 것은 참으로 소중한 이 책 '대화학 콘체르토'의 핵심입니다.

갓난아기가 1~2년씩 기다리면서 듣기만 하니까 말다운 말을 한다는 것은 듣기가 얼마나 중요한가에 관한 교훈입니다. 그런데 그새를 못 참고 듣기 싫다고 잘라 버린다면 말은 벽에 부딪혀서 상통이고 뭐고 없어집니다. 그러니까 저도 부족하고 여러분도 부족한 것이 듣기 기술입니다.

저는 만나 뵌 적은 없지만 박정희 전 대통령을 만난 분들은 무슨 이야기를 들었느냐고 물으면 주로 말은 자기가 하고 각하께서는 잠잠히 듣기만 하셨다고 하는 이야기를 하시더라는 말을 들었습니다.

요즘 막 시청률이 올라간다고 하는 드라마 불멸의 이순신이라는 TV를 보면 주인공 이순신은 확연하게도 말이 적습니다. 눈만 굴리고 90%는 듣기만 하고 잘해야 10%를 말합니다.

진짜도 그랬는지는 모르지만 이 드라마를 쓴 작가는 말이란 하기와 듣기 중에서 듣기가 하기보다 귀한 말의 영역이라는 것을 잘 아시는 분이라고 생각했습니다.

분명한 것은 말의 달인(達人)은 듣는 것에는 초인(超人)입니다. 제대로 듣지 못하는 사람은 절대 말도 제대로 못 합니다. 그것은 이 책이 말하는 '대화학 콘체르토'의 원리요 근본입니다. 그러나 이 '대화학 콘체르토'에 무관심(무식)한 사람은 그게 자랑이고 멋으로 착각합니다.

"난 그런 꼴 못 봐―사람이 그런 소리를 듣고만 앉아 있다고? 속도, 밴댕이도 없지 우린 성질이 단번에 쏘아 버리지 우물우물하고 못 넘겨" 이렇게 잘난 척까지 떠벌립니다.

반대로 말해야 합니다. 말은 들어 보아야 하되 끝까지 들어 보는 것이 중요합니다. 말이란 하는 것은 반쪽입니다. 그러니 반 풀이인 셈입니다. 듣는 것이 온 쪽을 완성합니다.

여섯 번쨉니다. 말 같지 않은 말도 하는 대로 계속해서 들어야 합니다. 성질나서 어떻게 듣고 앉아 있느냐고 하는 주장은 하급입니다. 말이 말 같지 않으면 그럴수록 끝까지 들어 보아야 합니다.

그러고는 말을 다 마친 후에 결론을 보아서 말 같지 않으면 대꾸할 필요가 없습니다. 그러나 과연 끝까지 말도 안 되는 소리만 할까요? 이것은 듣기가 아닌 말하기의 문제인데 듣기에 관해서는 그래도 끝까지 들어야 한다는 것이 원론입니다.

세상에는 수많은 말들이 있습니다. 물도 말을 하고 하늘도 말을 합니다. 비행기도 말을 하고 나무들도 말을 합니다.

물론 이때는 말이라고 하지 않고 소리라고 해야 되는데 소리도 말이라면 말이라 해서 틀리지 않습니다. 이 모든 말들을 제대로 들어야 합니다.

산새가 하는 말도 듣고 바람이 하는 말도 들어야 합니다. 화가 난 남편이 말을 못하고 헐떡거리고 숨을 몰아쉰다면 그것도 소리가 아닌 말이니 그것까지도 들어야 합니다.

"왜 숨만 헐떡거리느냐? 그러지 말고 말을 해 보아라—" 이렇게 자르지 말고 숨으로 말하는 것도 일단 참고 끝까지 다 들어 보아야 합니다.

아기가 울더라도 역시 말입니다. 우는 아기를 빨리 그치라고 몰아칠 게 아니라 우는 아기를 주시하고 가만히 우는 소리를 들어 보아야 합니다. 우는 놈도 생각이 있어서 운다고 왜 저렇게 우는가를 연구해 볼 입니다. 들어 보아야 한다 그 말입니다.

한편으로는 듣는 것이 말하는 것보다 훨씬 좋다는 것이 '대화학 콘체르토'입니다. 자세히 들으면 언어가 상통합니다. 제대로 듣지 않고 도중에 잘라 버리면 말이 꼬이고 상통이 불통으로 급변해서 언어는 본래의 기능을 잃고 맙니다.

파도소리에도 언어가 있습니다. 낙엽이 구르는 소리에도 인생이 있습니다. 천둥 번개가 치고 눈보라가 몰아치는 소리에도 철학이 있고 시가 있고 사랑이 있고 눈물이 있고 기쁨도 있습니다. 너무 추상적이 아니냐고요? 그렇지 않습니다. 자세히 들어 보아야 합니다.

개가 짖는 소리도 동쪽에서 짖나 서쪽에서 짖나 뉘 집 개가 왜 짖어 대는가에 대한 듣기의 원리가 있습니다. 하물며 사람이 말을 한다면 뭘 어쩌자고 저런 말을 하는지 들어 보아야 할 게 아닙니까? 듣는 것이 문제입니다.

막으면 소리가 납니다. 오고 가야 합니다. 온 다음에 가야 됩니다. 비좁은 골목길로 들어오는 자동차는 지나가게 비켜 준 다음에라야 내 차가 나갈 수 있는 것처럼, 말도 그렇게 비켜 주고 내 쪽으로 잘 지나오게 내버려 둔 다음에 내가 가야 됩니다.

일곱 번쨉니다. 대개 세상의 모든 분쟁은 말을 막기 시작하면서 태어나게 되는 언쟁으로부터 나옵니다.

언쟁이 분쟁이 되면 처절한 싸움이 법정으로까지 옮겨 붙습니다. 그런데 부부간의 싸움이나 기업 간의 시비나, 어떤 싸움이건 자세히 들여다보면 원래는 부부처럼 다들 친하고 가까운 관계의 사람들이었음도 알 수 있습니다.

그렇게 좋은 사이에 저렇게 피 터지게 싸움을 하다니…… 왜 그렇습니까? 말이 고장을 일으켰고 듣기가 제대로 안 된, 바로 이 말이 화근입니다.

말이 칼을 뽑게 하였고 말이 원수를 만들었습니다. 그렇다면 어떻게 해야 결말이 날까요? 법으로 하는 도리밖에는 없습니다. 그러면 법으로 한 결과는 무엇일까요? 피차간에 상처투성이요 둘 다 손해만 보았다고 하는 것은 누구나 다 아는 법으로 지은 결말에 대한 상식입니다.

그러니 할 수 있다면 지금이라도 어떻게든 말로 해 볼 입니다. 결자해지는 이때 딱 이로군요. 말이 고장을 일으켰으니 말로 해결하는 것이 최선입니다. 그러나 이젠 다 틀렸다고 포기합니다. 상대의 말을 들으려고 하지 않는 것이 법 이외에는 다른 방도가 없게 한단 말입니다.

하지만 말밖에는 근본치료약이 없습니다. "몰라서 그래요, 그놈은 원래가 악종이라니까요" 하면서 인정을 안 할 뿐입니다. 도저히 말이 통하지를 않는 놈이랍니다. 제가 물어보나 마나 답은 뻔합니다. 둘 다 서로가 말을 하기만 하고 듣기는 소홀히 한 것이 근본 원인이란 것이 정답입니다.

상대는 말을 많이 하게 하고 나는 조금만 하는 것이 듣기의 기술이요 고수급입니다. 내가 더 많이 말하는 사람은 '대화학 콘체르토'의 기초가 부실한 사람입니다.

먼저 처음에 내가 먼저 말하지 말고 상대부터 말을 하게 하면 이것도 고수입니다. 그리고 끝까지 말이 적으면 초고수입니다. 마지막에 말을 아끼면 최고수입니다. "어떻게 생각하십니까?" 말을 하다 하다 이 말이 나올 때까지 듣는다면 당신의 말은 한 마디로 열 마디의 효과를 낼 수도 있습니다. "무슨 말씀을 좀 해 보시지요?" 이런 요청을 받는다면 당신의 진정한 말의 달인이요 듣기의 대인입니다

/제17장/

말하기 원론

＃ 말이 만들어지는 이치

　　　　　　　　　　　　사람은 손으로는 말하지 못하
고 입으로 합니다. 이때 수화로도 한다 하지는 마세요. 수화는 말인
동시에 대화학에서 보는 말과는 달라서 뜻을 전하자는 손짓으로 분
류됩니다. 말은 입으로 한다는 말인데…… 입은 어떻게 말을 할까요?
알아보겠습니다.

　　혀가 있고 치아가 있고 입술이 있습니다. 이것만 가지고는 아직 말
을 못 합니다. 혀가 마르지 않게 침이 있어야 하고 입안으로 공기가
드나들어야 하고 목이 울림통이 되어 주고 폐가 공기를 부풀렸다 내
뿜었다 해야 되고 참 복잡합니다. 더구나 전문가도 아닌 제가 이 말
하는 과정을 제대로 설명하기에는 너무 어렵습니다.
　　또 있네요. 코가 호흡조절을 도와주어야 합니다. 만일 코가 막히면
코맹맹이 소리가 나서 말을 제대로 할 수가 없습니다. 예를 들어 보
겠습니다.
　　제대로는 모르지만 피아노가 노래를 합니다. 바이올린도 노래를

합니다. 악기가 소리를 내는 이치로 말씀드려 보려고 합니다. 이 역시도 또 이 역시도 어려울 것 같습니다.

복잡한 악기의 구조를 제대로 설명도 하고 그래서 이러이러한 과정을 거쳐야 소리가 난다고 예를 잘 들어야 하는데 역시 거기에도 미치지를 못하니 죄송합니다. 그러니 이 정도까지만 하고 제가 이제부터 드리려고 하는 말씀으로 넘어가겠습니다.

말은 이와 같은 각각의 기능들이 연합하여 합창을 하는 것과 같아서 각 물체들의 조직으로 말을 만들어 내는 노래와도 같습니다.

이 가운데서 만일 어느 한 개의 조직이라도 제 기능을 못 한다면 이상한 노래와 같이 들려 말이 제대로 될 수가 있겠습니까? 그러니 말을 잘한다는 것은 물리적으로도 복잡하기가 이루 말할 수가 없습니다.

그러나 이제까지 드린 말씀은 피아노한테 저 혼자 소리를 내라고 하는 것이거나 바이올린에게 자기 혼자 노래를 부르라고 하는 정도의 수준입니다. 그게 아니거든요.

손이 가서 건반을 눌러야 되고 활채가 줄을 밀어야 소리가 나는데 그래도 아직은 노래가 아닙니다. 피아노나 바이올린이 제대로 노래다운 노랫소리를 내려고 한다면 작곡한 사람의 머릿속에서 만들어진 악보에 그려진 음의 높이와 장단이 하라고 하는(악전) 대로 연주가 되어야 노래입니다.

그러니까 이처럼 입도 자기 혼자서는 말을 못 합니다. 말을 시키는 생각이 악보와 같이 질서 정연한 원칙에 맞는 말성과 말격을 만들어 주고 손이 건반을 누르듯 그렇게 언어 기능을 가진 모든 기관이 노래의 규칙처럼 말의 규칙에 따라 바르게 작동이 되어야 그 때 비로소 말이 되어 세상에 나오는 것입니다.

그러니 말도 말이 되어 들려 나오는 소리가 잘못되었다면 그것은 악보가 잘못 그려졌거나 아니면 연주를 잘못하였든지 그도 아니면 악기가 고장 난 경우에 해당됩니다. 그러므로 우리는 이제 악기를 예로 들은 덕분에 말에 대하여 네 가지를 알았습니다.

첫째는 악보와 같은 말의 격(규칙)입니다.
둘째는 악기라고 하는 말하는 물체들입니다.
셋째는 말이 되도록 실천하는 연주행위요,
넷째는 곡을 지은 곡의 내용입니다.
다른 것은 그래도 쉽게 이해가 갑니다. 그런데 이 가운데서 가장 논하기 어렵고 이해가 힘든 것은 바로 곡의 내용이라고 했던 곡성에 해당하는 말의 말성입니다.

첫 번쨉니다. 제일 어렵다고 했던 곡성이라고 말한 말성에 대한 말씀으로부터 시작하겠습니다.
노래가 되어 청중들에게 들려지려면
(말이 되어 상대방에게 들려지려면)
먼저 노래가 만들어져야 합니다.
(먼저 말이 만들어져야 합니다.)
여기서 노래는 전부 말이라는 뜻으로 이해하시기 바랍니다. 우선

단조냐 장조냐? A장조냐, B단조냐, F메이저(장조)냐? D마이너(단조)냐? 작곡을 해 보셨습니까? 저는 30년간 작곡을 해 보아서 좀 압니다.

곡만 만들 게 아니라 가사도 만들어야 합니다. 템포도 정해야 합니다. 리듬감을 고려해서 우선 멜로디를 만들어야 하는데 만드는 멜로디는 악전이라고 하는 음악의 원칙에 맞아야 합니다. 악전은 노래가 되도록 음악에서 정한 규칙입니다.

이 규칙에 따라 악보를 그려야 하는데 이것은 음악의 규칙대로 해야지 만일 규칙에 어긋나면 노래도 아니게 되고 아무도 연주를 못 합니다.

작곡자가 만든 대로 연주가 되어 노래가 되어 나오려면 철저하게 음정 박자가 제자리에 꽂혀져야 하는데, 그래야 누가 연주를 해도 똑같은 노래가 되어 나오게 됩니다.

그러니까 여기서 이것을 말로 바꾸면 두 가지가 나타났습니다. 첫째는 말성에 해당하는 것으로 슬픈 노래인가 기쁜 노래인가라고 하는 말성입니다. 다음은 말격에 해당하는 것이 악보요 악전입니다. 찬송가를 만들 것인지 군가를 만들 것인지? 무어라고 가사를 만들 것인가와 어떤 멜로디를 사용할 것인가의 문제가 말성입니다.

말성이 하라는 대로 악보에 적어 넣은 것이 말격입니다. 이렇게 해서 노래가 만들어지면 입으로 옮겨 가서 노래로 부르거나 말을 합니다. 피아노로 연주를 하고 바이올린을 타고 흐릅니다.

이처럼 한 곡의 노래가 좋은 노래가 된다는 조건은 쉽지가 않습니다. 대단히 어렵습니다. 그러니까 말도 마찬가지입니다. 말을 잘한다는 것은 작곡을 잘하는 것처럼 그렇게 어려운 것입니다. 첫째, 내용이 좋아야 합니다. 둘째는 말격에 해당하는 악보를 제대로 그려 내야 하는 것으로 국문학에서 말하는 문장이나 문법은 물론 어법이라고 하는 국어의 원칙에 맞아야 합니다.

그런 다음 세 번째 가서야 피아노로 하느냐 바이올린으로 연주하느냐, 아니면 성악가의 입으로 부르게 하느냐고 하는 것으로 가게 됩니다.

거기로 가면 이제는 악기가 나쁘다, 연주자가 시원찮다, 목소리가 좋다 나쁘다, 발음이 어떻다 하고 이제 수많은 말에 대한 호불호라 할 희비가 엇갈립니다.

이로써 이제 우리는 말을 잘한다는 것의 총체적인 원리를 알았습니다. 그것은 하고자 하는 말의 내용이며 그 내용이란 노래로 말하면 가사와 곡조라고 하는 것도 알았습니다.

그러니까 말은 어떻게 말하고 무엇을 말할 것이냐의 문제가 첫째입니다. 하지만 이에 대해서는 이 정도로 생략합니다. 이미 말성에 대하여 상세하게 말씀을 드린 바가 있기 때문입니다.

뿐만 아니라 말격에 대해서도 이미 자세한 말씀을 드렸습니다. 정확한 악보와 같이 내가 하고자 하는 말의 말적인 요소를 제대로 구성해야 한다고 하는 것입니다.

두 번쨉니다. 이제는 악기에 해당하는 입에 대하여 잠시 말씀을 드리겠습니다. 말을 해 보면, 말하는 데 동원된 도구들이 악기보다도 더 정교한 것임에 놀랍니다.

혀가 얼마나 부드러우며 입술이 얼마나 예민한지도 잘 아십니다.

그 안에 드나드는 공기도 신기하기 짝이 없고요. 다만 자주 잊어버리는 것이 치아의 역할입니다.

젊을 때는 치아가 좋아서 말하기가 참 좋습니다. 그러나 나이가 들고 하나씩 치아가 빠지면 말이 새어 나갑니다. 그래서 노인들의 말이 헛도는 것을 아시지요? 이게 정말 말하기를 어렵게 하는 중요한 것입니다.

당연 저도 참 말이 빠르기도 하고 발음도 좋았습니다. 그러나 치아가 고장이 나면서부터는 말이 잘 안 되기 시작했습니다. 혀가 움직일 때 막아 주지 못하니까 바람이 이 사이로 빠져나가서 홍알거리게 되는 것은 저만 그런 게 아닙니다.

감기가 들어서 말을 하게 되거나 무대에 서서 노래를 부를 일이 있던 사람은 코가 말과 얼마나 친숙한지 알 수 있습니다.

이와 같은 중요한 과정을 거치는 것이 말입니다. 그래서 우리가 말 한마디를 제대로 할 수 있다는 것은 참으로 놀랍고 고마운 일입니다. 그런데 말을 함부로 하다니…… 이 소중한 말을 아무렇게나 한다는 것은 정말 억울한 일입니다.

좋은 말을 하고 아름다운 말을 하기에도 아까운 정성 어린 말을 욕하고 비난하고 흉보는 데 쓴다는 것은 말의 고귀한 가치를 생각지 않는 잘못된 일입니다.

세 번쨉니다. 하지만 말의 구조는 근원이 되는 생각입니다. 말이 무엇이냐고 하면 그것은 생각이라고 해야 맞습니다.

이것은 우리 정신문화연구시리즈의 생각학에서 이미 상세하게 드린 말씀이어서 다시 재론하지 않아도 잘 아십니다. 그러므로 여기서는 생각이 말을 만들고 말은 생각의 결과요 결실이며 열매라고 하는 말씀만 드리겠습니다.

어쨌거나, 사람은 누구나 말을 잘하고 싶어 합니다. 말을 아무렇게나 하려고 하는 사람은 없습니다. 그렇다면 잘하는 말은 어떤 것일까요? 말을 잘한다고 할 때의 그 잘하는 말의 본체를 분석해 보기로 하겠습니다.

말을 잘한다 하게 되면 바로 떠오르는 사람이 아나운서입니다. 세상에서 가장 말을 잘한다는 아나운서의 말을 들어 보면 첫째로 무엇이 다른가 하면 바로 발음이 다릅니다.

다음에는 발음도 좋지만 말하는 톤이 좋습니다. 말의 공명(울림)이 아주 청아하고 맑기가 옥구슬 같은 여자 아나운서의 목소리는 귀를 빨아들이고 심지어는 사람의 간을 건드리는 것처럼 그 정도로까지 파고들어 옵니다.

이때 파고들어 와서 패이는 곳이 어디일까요? 바로 우리의 심령, 우리의 감정을 송두리째 뒤흔들어서 그쪽으로 기울어지게 된다는 뜻이겠지요?

그러나 남자 아나운서의 굵직한 말의 울림은 이번에는 여자 분들의 간이 녹습니다. 어쩌면 그렇게도 말을 잘하는 건지? 정말 놀라울 때가 많습니다.

그런데 잠깐입니다. 여기서 이 두 가지 문제를 분석해 보겠습니다. 첫째는 발음이 좋다였습니다. 둘째는 공명, 즉 말의 톤이 좋다였습니다. 남자 아나운서의 베이스 · 바리톤의 은은한 공명과 여자 아나운서의 알토와 메조소프라노……. 그러면 이 두 가지 말고 잘하는 말에는 중요한 게 또 있는데 무엇이 빠졌을까요? 말의 말격과 말성이라고 하는 것이 빠졌습니다.

말격은 문법이나 어법과 같은 말의 규칙이라고 말씀드렸습니다. 그렇습니다. 아나운서는 이 세 번째의 자격조건도 완벽할 정도로 잘 갖췄습니다.

네 가지가 필수인데 마지막 한 가지가 무엇이지요? '말성'이라고 하는 말을 하는 내용, 이유, 목적, 말이 갖는 말의 뜻이 있는데 마지막으로 이것도 또 백점입니다.

그러니 아나운서를 따라갈 만큼 그렇게 말을 잘하면 얼마나 좋을까요? 그러나 이 부분에서 딱 한 가지는 잠시 짚어 보고 넘어가야 됩니다. 가수 이미자가 아무리 눈물을 흘리며 동백아가씨를 불러도 그 노래의 작사 작곡자는 다른 사람이듯이 아나운서가 하는 말의 말성에 해당하는 말은 기자나 프로듀서가 써 준 대로 읽는 것이 많다는 점입니다.

그러므로 말을 잘한다고 하는 것은 말의 내용이 좋다는 것과 발음이 좋다는 것과 성대 울림이 듣기 좋은 말이라고 보아야 합니다.

먼저 말의 내용이 좋으려면 말을 만들어서 내어보내는 생각의 과정이 좋아야 한다는 뜻도 됩니다. 그러니까 생각의 씨앗이 좋고 생각의 토양이 좋아서 생각의 열매가 건실하고 튼튼하게 말로 나타나야만 말을 잘하는 것이라는 논리가 나타납니다.

다음은 말이 짜임새가 좋고 문법이나 어법상 완벽해야 한다고 하는 말격이 제격이어야 한다는 뜻입니다.

말격이 제대로 짜이려면 이것은 논리력이 있어야 하고 문장력과

어휘구사 능력이 완벽해야 잘하는 말이 된다고 하는 것입니다.

요점에 해당하는 말의 핵심이 또렷해야 됩니다. 곁가지가 많은 말은 명료하게 취입되지 아니하므로 지루하게 느껴져서 말을 잘하는 축에 끼지 못하기 쉽습니다.

다음에는 분명한 발음입니다. 하나하나의 글자마다 정확하고 똑똑하게 짚어 주어야 합니다. 그러면서도 억지성이 없어야 합니다. 습관적으로 입에 배어 나오는 명확성이 말을 잘하게 만들어 줍니다.

끝으로 타고나는 것으로 오해하는 말의 톤이나 울림입니다. 이것도 교정이 됩니다. 목구멍에서 나오는 말은 사극에서 내시나 간신들의 말인데 배에서 나오는 말이 아니라 목구멍에서 나올 때 말이 가벼워집니다. 이런 것들이 연주에 해당합니다.

생각하고 결실시켜서 나오는 말에는 모든 것이 침착하고 서두름이 없어야 편안하게 들리고 본인도 실수가 없습니다.

네 번째입니다. 이번에는 말이라고 하는 그 말 자체에 대한 말씀이 아니고 이렇게 잘 만들어진 말을 효과적으로 구사하기 위해 수반되는 조건에 대하여 말씀드리겠습니다. 이것은 이미 말씀드린 바와 같이 말하는 이의 말에 대한 정성과 말을 하는 자의 진실함에 관한 것입니다.

말하기의 원론을 논함에 있어서 말의 진실은 필수이나 진실에 관하여는 중언을 피하기 위해 생략하고 말하는 이가 말을 얼마나 성의 있게 정성껏 말하느냐에 관한 말씀을 드리려고 합니다.

말을 잘하려면 말을 하는 사람이 꼭 명심해야 하는 것이 있습니다.

바로 『말을 좀 잘해 보겠다』고 하는 『정성심』입니다.

어떻게 해야 말을 제대로 할까? 어떻게 하면 말의 효과를 제대로 내게 될 것인가? 내가 하는 말이 어떻게 하면 상대를 감동시키고 말한 대가가 나타날 것인가? 말하기에는 이와 같은 말에 대한 성의와 정성이 절대적으로 작용됩니다. 앞서 말씀드린 아나운서 이야기로 다시 돌아가 볼까요?

아나운서는 말을 하기 전부터, 말을 하면서도 역시, 꼭 기억하고 말하는 것이 있는데 그것이 바로 말을 바르고 분명하게, 정확히 하겠다고 하는 정성입니다. 무성의하게 대충 말하는 아나운서는 이 세상에 없습니다.

아나운서는 말하기가 일이므로 다른 사람이 일을 하는 것처럼 말을 일을 일로 한다는 말씀입니다. 예를 들어서 어떤 일에 빠진 사람이라면 그 사람은 어떨까요?

아주 정밀해서 손으로는 만져지지도 않는 것을 들여다보느라고 정신이 온통 전부가 다 거기에만 집중되어 있습니다. 그래서 현미경을 쓰고 연구에 연구를 거듭합니다.

또 있습니다. 바이올리니스트 정경화의 연주를 TV에서 많이 보셨지요? 연주를 할 때 정경화의 얼굴 표정은 순간마다 변하는 것을 보게 됩니다. 그냥 밀고 당겨도 될 건데, 또 백건우 씨의 피아노 독주회도 보았는데 얌전하게 다소곳이 그냥 앉아서 하는 연주가 아닙니다. 고갯짓에 허리를 굽혔다 폈다 하고 손이 대단히 높이 올라가다가 춤을 추듯 내려옵니다. 얼굴은 상기되고 일그러집니다.

그 고운 얼굴을 사정없이 찡그리면서 연주하는 정경화는 연주에 빠져서 자기의 얼굴 근육이나 표정 따위에는 일절 신경을 쓰지 않는 것입니다. 오직 연주하는 악기 소리에만, 온 정신이 거기에만 집중되어서 얼굴근육이 그 모양이 되는 줄도 모르는 것입니다.

말을 하는 아나운서도 역시 그렇습니다. 말 한마디 한 글자 한음 한음에 최선을 다합니다. 당연 말의 높낮이와 어법상의 하자가 없도록 완벽한 발음을 위해 온 힘을 다 쏟아서 방송을 하는 것입니다. 바로 이와 같습니다. 어떻게 해야 말을 잘하느냐고요?

이렇게 최선을 다해서 말을 해야 그래야만 말을 잘할 수 있다고 하는 말씀입니다. 힘 안 들이고 공짜로, 그냥 말을 거저 잘한다는 것은 있을 수가 없는 일입니다.

대충 해서는 말도 대충밖에 안 됩니다. 악기가 대충해서 감정을 드러내지 못하는 것처럼 말도 대충해서는 제대로 잘할 수가 없습니다. 꼭 정성껏 말하는 습관을 가지다 보면 말을 잘할 수 있게 되는 날이 올 것입니다.

다섯 번쨉니다. 잘하는 말은 담대한 말입니다. 말에 자신이 없으면 말이 담대하지 못하여 말에 힘이 없습니다. 그러나 담대한 말은 상대방에게 믿음을 주고 부담 없이 받아들여도 되겠다고 하는 편안함을 줍니다. 그러니까 말은 말에 힘이 있어 담대해야 합니다. 그것이 말을 잘하는 말에 속합니다.

그러면 담대한 말이란 어떤 말일까요? 말이 담대하려면 하는 말이 말의 격과 말의 성을 하자 없이 완벽하게 갖춘 말일 때에 담대합니다. 자신 없는 말은 말격과 말성에 자신이 없는 탓입니다.

그러면 이미 제대로 못 갖춘 말격이거나 제대로 못 갖춘 말성이라면 어떻게 해야 할까요? 이 경우는 아예 말을 하지 않아야 합니다. 자신 없는 말은 안 하느니만 못해서 기다렸다가 말격과 말성이 갖춰지 거든 그 때 말을 해야 합니다.

소위 어물거리는 말이란 이와 같은 현상입니다. 설익은 말격이나 말성으로 말을 하자니까 어물거릴 수밖에 없는 것입니다. 그러나 어차피 해야 될 말인데도 담대하지 못한 말이 있습니다.

말격과 말성이 완벽한데도 우물거리는 일은 어째서 그럴까요? 공연히 주눅이 든 경우입니다. 말이 활달하지 못하면 말은 말의 효과를 결실하지 못합니다.

끝으로 말하기의 원론에 대한 마지막 말씀입니다. 솔직담백하고 말격과 말성에 하자가 없다면 말을 듣는 상대방과 눈을 맞추라고 하는 말씀입니다.

이것은 말 듣기에서도 필요한 말씀인데 마주 보지 않고 하는 말은 하기나 듣기 모두에서 효과를 잃습니다. 열심히 말하는데 TV를 보는 사람이 있습니다. 그는 집중이 안 되는 사람이라서 말하는 도중에 난데없이 엉뚱한 말을 하기 일쑤입니다. "저 가수가 노래는 참 잘해" 이렇게 엉뚱한 말이 자신도 모르게 나오고 마는데 이보다 기분이 상하는 경우도 드문 일입니다. 마찬가지로 말을 하는 데 있어서도 똑같습니다. 열심을 내서 말을 하면서 상대방의 눈을 피한다면 말하는 그 말의 진심을 의심받습니다.

듣는 사람은 시선을 집중하는데 말하는 사람이 천장을 쳐다본다든지 땅바닥을 내려다본다면 말의 효과는 반감하고 맙니다. 여기까지 말씀드리겠습니다. 더 유익한 말하기의 원론에 대하여 더 많은 탐구로 귀한 말의 열매가 풍성하기 바랍니다.

/제18장/

용처(用處)별 말하기

＃ 쓰임 받지 못하는(쓸데없는) 말은 말이 아니다

　　　　　　　　　　말하기에 관하여 생각해 보면 말이란 쓰임 처가 있다는 것을 알게 됩니다. 이것을 『말의 용처』라 하고 이 시간은 우리가 하는 말은 어디에 소용이 되느냐고 하는 것과 그에 따르는 특성과 말을 잘한다고 하는 것이란 무엇인가를 알아보겠습니다.

　　그런데 여기까지 동참해 주신 여러분께서는 언제부터인지 저에 대하여 궁금한 것이 있을지도 모른다는 생각이 들었습니다. 제가 이와 같이 '대화학 콘체르토'를 연구하는 내용을 들으시면서 과연 나라는 사람은 무얼 했던 사람이었을까가 궁금하셨다면 간단하게 말씀을 드리겠습니다.

　　저는 어려서부터 웅변대회에서 많은 상을 받아서 50년이 넘게 간직 중인 상장도 참 많은 사람입니다. 초등학교시절부터 사람들 앞에 서서 거의 한평생을 말하는 일로 살아온 사람입니다. 하지만 당연 많이 부족합니다. 그래서 부족한 것을 잘 알기 때문에 이런 경우는 이것이 문제라고 하는 것을 어느 정도는 알고 있어서 이런 연구를 한다고 볼 수도 있습니다.

그리고 또 작곡도 했다고 말씀드렸는데 작곡은 별로 내세울 게 없어도 작사는 내세울 만하다고 생각하는 저의 자존심이기도 합니다. 바로 찬송가의 가사와 곡을 만들었다고 하는 것으로서 작곡보다 더 어려운 것이 찬송가의 가사라고 하는 점에서 자부심을 가지고 있습니다.

찬송가의 가사도 가사 나름이라 하겠지만 저는 찬송가의 가사는 신학적으로나 찬양학적으로 거의 90점이 넘는 고품격의 가사를 만들겠다고 자부할 정도로 나름대로 신학공부도 했습니다.

그 결과 제가 만든 찬송가들은 카세트테이프로 11개가 출판되었고 15년여에 걸쳐서 1,500여 개 교회의 초청을 받고 전국 교회를 순회하면서 찬양예배를 드렸던 사람이어서 저를 아시는 분들이 수만 명이 넘는 걸로 알고 있습니다.

또 객원방송인으로 여러 해 동안 방송을 하기도 했는데 전부가 다 제가 직접 쓴 원고를 가지고 찬양학이나 인생칼럼과 같은 크리스천의 교양프로를 맡아 다년간 방송한 경험도 가지고 있습니다.

1,500여 개 교회를 순회하면서 평생 말을 하고 노래를 불렀기에 항상 말하는 것이 제게는 숙제요 일이요, 내게 지워진 최대의 사명이기도 했습니다.

지금은 '신개념정신문화연구시리즈' 가운데 다윗의 대를 이은 찬양성시의 후계자 된 몫도 감당해야겠다고 생각하며 사는 사람 중에 한 사람입니다.

첫 번쨉니다. 『나는 말재주가 없다』는 사람에 대하여입니다. 이런 사람이 많아서 말성이고 말격이고 말재주가 없다는 사람에게는 말의 용처고 뭐고 아무 말도 들릴 턱이 없습니다. 먼저 그런 분들을 위한 말씀부터 드리겠습니다.

말은 잘하면 100점입니다. 그러나 잘못하면 안 한 것만 못해서 빵점으로 추락합니다. 그래서 말이 어렵습니다. 차라리 아무 말도 안 했더라면 빵점을 받진 않을 건데 공연히 말하다가 망신을 당한다면 이건 여간 밑지는 장사가 아닙니다.

특히 이렇게 말에 대하여 말하는 '대화학 콘체르토'를 연구라고 하면서도 겁이 납니다. 차라리 나도 아무 말도 않는다면 덕도 없으나 화도 없을 것이 아닐까요?

그런데 말을 하였기 때문에 말로 인한 손해를 보지 말라는 보장이 없습니다. 그러니까 말은 안 하는 것이 좋을 때도 많습니다. 가만있으면 중간은 간다는 말이 있으니 50점은 따 놓은 점수지요.

하여 말재주가 없다거나 말에 대한 관심이 없거든 감사하게 생각하고 가만히 계십시오. 제가 마지막 연구 때 드릴 말씀이지만 말은 했다 하면 행동이 따라야 한다고 하는 것이 얼마나 힘든 건지 그 때 가서 들어 보십시오. 말은 꼭 하는 게 상책이 아닐 수도 있습니다.

했다 하면 한 말에 대하여 반드시 책임을 져야 하는데 말을 안 하면 그런 책임도 없고 말로 인한 화재(話災)걱정은 안 해도 되니까 속이 편할 때가 많습니다. 그러니 말 잘하는 사람 부러워할 필요는 없습니다. 그냥 가만히 있으면 항상 50점입니다.

하지만 사실 말을 하면 평균 50점을 유지하기가 힘들 때가 더 많습니다. 말의 효과는 실제 이렇게도 어려운 것입니다. 잘못해서 빵점을 받아도 다행입니다. 마이너스 50점이나 마이너스 100점을 받는 날에는 평균 점수가 30점 이하로 뚝 떨어지기 십상입니다. 아니, 같은 평균 점수 50점이라도 질이 다릅니다.

"그 친구는 말만 많지 못 믿을 사람이야" 이런 낙인까지 찍힌 50점하고 "그 친구는 별로 말이 없더구만" 하면서 받은 50점하고 어느 것이 낫겠습니까?

'말로서 말 많으니 말 말을까 하노라' 말 때문에 고난을 받으면서도 말을 해야 한다고 하는 것은 피곤한 인생입니다. 그런데 당신은 그런 피곤함이 없으니 얼마나 좋습니까? 저는 반대로 이렇습니다. "나도 할 말 좀 없었으면 참 편할 거고 그러면 얼마나 좋을까?"라고 하는 생각 말입니다.

두 번째입니다. 말의 용처 첫 번째는 '독대(獨對)'입니다. 독대라고 하면 너무 거창해서 한미정상이나 한일정상 간 단둘이 만날 때 자주 써온 바람에 무슨 큰일이라도 난 것 같아서 좀 그렇다 싶군요.

그렇다면 1대1 대화라고 바꾸어 보겠습니다. 이것도 또 화상데이트 같기도 하고 스팸메일 받고 음란 통화를 하는 것도 같고……. 그러나 무어라고 하건 사람들에게 가장 많은 말의 용처는 단둘이 나누는 대화이고 그 때 해야 되는 말이 독대입니다.

둘이 나누는 대화라면 어렵지 않을 수도 있습니다. 특히 연인 간의 대화는 언제나 정겹고 인생의 대화 중에 가장 고귀해서 한 가정을 이루는 초석이 되어 마침내는 그것이 국가 민족으로 번성합니다.

이렇듯 말의 시원(始原)은 둘이 하는 대화입니다. 두 사람이 만나서 이야기가 잘 되어야 제3자와의 대화로 이어집니다. 시원에서부터 막힌 대화는 3자고 6자고가 이어지지 않습니다.

가을에 만난 남녀가 겨울 동안 정이 들면 봄을 맞아 양가 부모까지 6자가 만나 상견례를 하고 마침내 날을 받아 약혼을 하고 결혼을 합니다.

결혼을 하면 양가 친척들이 모이고 이웃 동료들이 모여서 400명, 500명이 하객으로 찾아와서 축하를 하고 가정을 이루는데 이와 같은 국가 사회 구성원들이 세상을 구성하고 인생을 살아가는 것은 시발(始發)이 되는 시원(始原)이며 이는 단 두 사람의 말에서부터 시작됩니다.

그래서 아들딸을 낳고 인간세상이 만들어지게 되는 것입니다. 그러므로 둘이 만나 하는 말은 모든 것의 시초입니다. 그렇다면 둘이 만나서 나누는 대화(말하기)에는 묘술이라도 있을까요? 중요한 것이 하나 있는데 그것은 바로 매너라고 부르는 에티켓이며 이것을 예의라 합니다.

말은 특성을 가지고 듣는 사람에게 호불호(好不好)의 감성을 노크합니다. 그래서 말은 그 즉시 좋다 싫다를 결정하고 끊임없이 좋으냐 나쁘냐를 가늠케 합니다.

중도에 대화가 끊기고 만나지 않는다면 인생길은 달라집니다. 물론 호불호를 가늠하는 잣대가 말이 아닌 생김새나 내면의 인격조건, 즉 학벌이나 직장과 같은 것들도 작용하지마는 뭐니 뭐니 해도 말보다 더 큰 비중을 차지하는 것은 없습니다.

"만나서 이야기를 들어 봐야 안다"라는 말은 말의 비중이 가장 클 것이라고 하는 암시이며 이때에 말을 들어 본다는 것 중에는 인품을 나타내는 말의 예절에 해당하는…… 말이 나타내는 말의 매너입니다.

말 매너라고 하는 것은 단정하여 말하기 어렵습니다. 다만 우리 정신문화연구시리즈에서 드린 많은 말씀 가운데 말격이니 언질이니 언근이나 말성과도 같은 복잡한 말의 원리와 구조들이 말의 매너를 결정하기 때문에 어떤 말이 교양 있고 믿을 만한 호감을 불러올 것인가의 문제는 이제 저의 영역이 아닌 여러분의 통치영역으로 넘어갔습니다.

다만 이 한 가지만은 보충해 드릴 것이 있습니다. 바로『말은 흐름을 잘 타야 한다』고 하는 소위 말하는 분위기이며 무드입니다. 말에는 말의 흐름이 있습니다. 흐름뿐만 아니라 말에는 말의 컬러가 있고 맑기와 탁함이 있습니다.

자주 말씀드린 세정(洗淨)된 말이라고 하는 것은 말이 깨끗할 것을 요구하는 말이었습니다. 탁언(濁言)이란 단어도 기억하실 것입니다.

그런데 말에는 말의 흐름이라고 하는 언류(言流)라고 하는 것이 있습니다. 언류는 말과 말이 이어지는 말 유지력입니다. 말이 끊어지지 않는 것도 언류에 해당됩니다. 그러나 언류는 당연 절대적으로 말이 끊어지지 말아야 한다는 줄 말(연결되는 말의 맥)이어야 한다는 의미는 아닙니다.

예를 들면 이는 마치 노래의 곡조와 같다고 하겠습니다. 노래는 얕은 음으로 시작하지만 높은 음으로도 올라갑니다. 이것은 높은 음으로 시작할 때는 반대로 낮게도 내려간다는 뜻입니다. 단 한 가지 이때는 무리가 없다는 곡조특성의 멜로디의 매력을 가지고 있습니다.

그러니까 단둘이 만나면 이와 같은 언류를 부드럽고 유순하면서도 맑고도 다정하게 잘 타야 합니다. 무리하게 꺾어 내리고 무리하게 올려 뽑거나 가다가 오랫동안 쉬는 것은 노래가 아닙니다. 멜로디의 특성과 너무 유사한 것이 언류이기 때문에 "우리 극장 갈까?"라거나 "우리 공원에 갈까?"라고 한다든가 하는 언류의 흐름이 매너와 함께 두 사람의 대화를 이끌어 가는 중요한 포인트가 된다는 말씀입니다.

세 번째입니다. 말하기를 생각해 보면 두 사람이 하는 대화가 있고 이어서 두 사람 이상이 대화를 나누게 되는 경우가 있습니다. 문제는 이때 가장 많이 느끼는 위축감이 바로 "나도 좀 말을 잘할 수가 없을까?"의 문제입니다.

이것은 거의 단둘만의 대화에서는 잘 못 느끼는 문제입니다. 그렇다고 회중들 앞에서 강사로 뛰는 사람도 아니니까 거기까지는 관심도 없습니다. 제일 어려운 말하기가 바로 6인 이상 15인 이하 정도가 모여서 소회의를 하고 발언을 할 경우입니다.

이때 말을 잘한다고 인정을 받으면 말에 자신이 붙지만 여기서 실패했다 싶으면 그 사람의 말은 점점 쇠약해지고 맙니다. 이때의 말은 어떻게 해야 잘하는 말일까요?

문제는 사안이 되는 해야 할 말의 목적이 다르므로 이거다 저거다 하고 말씀드리기가 어렵고 맞지도 않다는 것이 문제입니다. 그래서 이럴 때 "어떻게 하면 말을 잘할까요?" 하고 묻는다면 아무리 학식이 풍부한 국문학 박사님들도 간단하게 꼬집어서 요약해 줄 답변이 없다는 것이 어렵습니다.

"그게 그렇게 쉬운 게 아니지" 겨우 이런 대답밖에는 들을 수가 없게 됩니다. 잘해 보았자 "말을 잘하려면 평소부터 말에 대한 연구를 미리미리 했어야지"라든가, 더욱 절망스럽게도 "말이라는 게 하루아침에 되는 건가 어디?" 이런 말밖에 들을 수가 없게 됩니다.

그러니까 점점 자신을 잃어 가는데 방법은 없고 해서 은근히 고민하는 사람들이 많습니다. 그렇다면 여기에 묘방은 없을까요?

가장 어려운 6자 대화— 여기서 말을 못하면 승진에도 영향이 막대하고 직장에서의 자기 입지가 불안할 정도로 중요한 자리에서의 말 잘하기— 그러면 사장님의 눈에도 띄고 회장님의 눈에도 띄게 될 중요한 찬스가 자주 오는데도 버벅거려 가지고 속이 쓰리신 분들— 제가 그분들을 위하여 이 '대화학 콘체르토'를 만들었으니 관심을 가지고 동참해 보시기 바랍니다.

특히 이 책을 한 번 읽고 버리지 말고 연필로 밑줄도 긋고 세 번 이상 정독을 해 보시라고 하는 변죽도 한 마디 올려 드리고 아주 간단하게 말씀을 드려 보겠습니다.

첫째는 『하면 된다』라고 하는 케케묵은 것이지만 이 격언이 꼭 필요합니다. 또 중요한 것은 『하고자 하는 말의 내용점검』이라는 것입니다.

말은 더듬어도 내용은 또렷해야 합니다. 그러니까 하고자 하는 말, 즉 꼭 해야 될 말의 『내용을 튼튼하게 만들면 된다』라고 하는 것입니다. 여기서 잠깐 제3장의 '말격의 구조 표'를 보실까요?

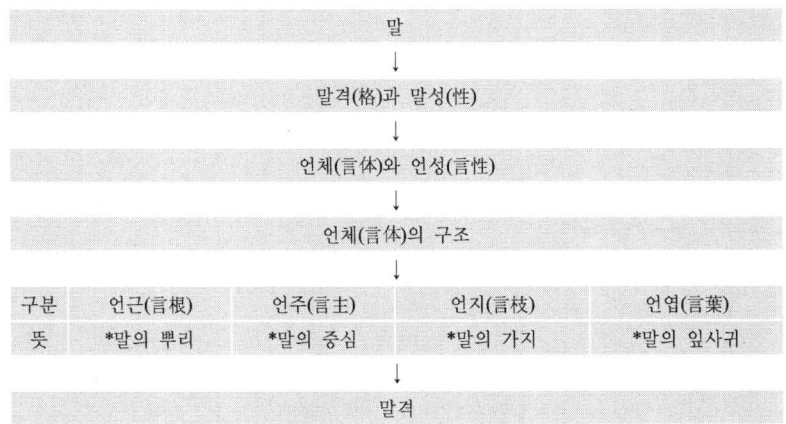

	말		
	↓		
	말격(格)과 말성(性)		
	↓		
	언체(言体)와 언성(言性)		
	↓		
	언체(言体)의 구조		
	↓		
구분	언근(言根)	언주(言主)	언지(言枝)	언엽(言葉)
뜻	*말의 뿌리	*말의 중심	*말의 가지	*말의 잎사귀

말격

물론 상세한 말씀은 제3장을 복습하시면 되겠습니다마는 중요한 것은 말의 구조에 하자가 있으면 말은 맥을 못 쓴다는 것입니다. 6자 이상의 회의에서의 잘하는 말은 절대적으로 내용문제입니다.

그런 다음에 가서야 어휘력이니 재치니 달변이니 유머가 나오는 것이므로 대중 집회(연사)가 아닌 6자 이상의 회의에서는 이런 것은 사소한 문제입니다. 그러므로 이제 우리는 분명한 것을 알았습니다. 『나는 말을 잘 못한다?』 이 말은 말 자체가 틀렸다고 하는 것입니다.

이 말은 이렇게 바꾸어 말해야 합니다. 『나는 말할 준비를 잘하지 못한다』입니다. 잘하고 못하는 말은 말의 짜임새에 해당하는 말격과 말성에 있습니다.

이 점이 중요하니까 이제 그럼 여기서 제5장에서 보셨던 말성의 구조 표를 옮겨서 보실까요? 복습은 별도로 하시고 뒤로 가지 말고 제가 한 번 더 수고해서 가져와 보여 드리겠습니다. 종이고 페이지고 좀 더 쓰자고요.

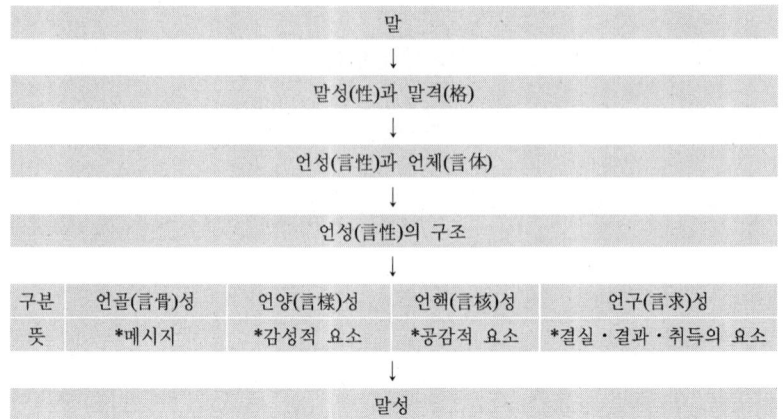

말			
↓			
말성(性)과 말격(格)			
↓			
언성(言性)과 언체(言体)			
↓			
언성(言性)의 구조			

구분	언골(言骨)성	언양(言樣)성	언핵(言核)성	언구(言求)성
뜻	*메시지	*감성적 요소	*공감적 요소	*결실·결과·취득의 요소

↓			
말성			

어떠어떠하다고 하는 논리가 '말격'이라면 그러니 어떻게 해야 하느냐의 문제가 '말성'입니다.

알고 보면 우리가 착각하고 있습니다. 말을 잘하는 기준이 아나운서와 아무 상관이 없다는 것을 착각합니다. 아나운서로 나갈 사람의 말 잘하는 것이 다르고 6자 이상의 회의에서 말 잘하는 것은 개념의 근본부터가 다른데 언변이나 언술만 보고 잘하고 못한다고 판단하는 경우가 많습니다.

그러니까 참 말을 잘한다 소리를 듣는 김 대리가 부럽다고 한다면 김 대리는 말을 잘하는 것이 아니라 사리가 분명하고, 사안파악이 명료하고, 하는 말에 대한 메시지에 해당하는, 언골성이 우수하다—고 하는 것이 정확한 표현입니다.

자, 그러니까 이제 당신도 말을 잘할 수 있습니다. 김 대리보다 잘하는 말이 정말 어려운 것이 아닙니다. 문제의 본질에 대하여 예리하게 분석하고 판단하면 된다는 것입니다. 이것은 아나운서도 못하고 성우도 필요 없는 당신네 회사의 당신이 전문가이므로 당신이 최고로 말을 잘할 수 있는 사람입니다.

그런데 왜 말을 못하고 버벅거릴까요? 노력을 하지 않아서 그렇습니다. 이때의 노력은 말하기 훈련은 뒷전입니다. 자기가 맡은 일에 대한 지식이 부족하다는 계산입니다.

현장 확인 비중이 약하다거나 아니면 데이터 수집이 미흡하다거나 아니면 개황파악도 제대로 못 한 경우에 해당합니다. 그러니까 버벅대지요. 모르면 말이 당당하게 나갈 수가 없습니다.

알아야 면장이라고 알아야 자신 있게 말을 하지요. 그러니까 언제나 말을 잘한다고 하는 김 대리는 바로 노력하고 뛰는 사람이라는 증거지 말재주꾼과는 전연 상관없는 사람입니다.

결론은 나왔습니다. 당신도 얼마든지 말을 잘할 수 있는 명료한 답이 나왔습니다. 여기서 하라고 하는 대로 하면 당신은 그 분야에서만큼은 이 세상 누구에게도 지지 않는, 최고로 말을 잘하는 사람이 됩니다.

말이란 결국 분야에 따라 잘하는 말이 다르다고 하는 것이 중요합니다. 아나운서나 성우의 분야에서 잘하는 말이 있고 당신이 속한 분야에서의 잘하는 말은 근본적으로 다릅니다.

이제 이렇게 되면 말에 자신이 생깁니다. 유머와 재치는 자동으로 나옵니다. 농담을 해도 박장대소를 하고 사장님도 흐뭇해하시고 회장님은 아예 뿅 가 버리십니다.

"먼저 그 친구 누구지 박 무슨 대리라고 있잖아 그 말 잘하던(?)사람 누구야—맞아 박 대리 맞아, 그 친구한테 이것 좀 알아보고 보고서 좀 만들고 보고 준비 좀 하라고 해 봐." 상황이 이렇게 돌아갑니다.

마침내 이제는 점점 더 말을 잘할 수 있게까지 되었습니다. 그러다 보면 상황이 어디까지 돌아갈까요? 마침내 경리과의 미스 리 까지 눈빛이 확 돌아와 버립니다. 모든 것이 달라지고 맙니다. 말의 골격과 골자가 완벽하면 심지어 더듬는 것까지도 매력이 됩니다.

네 번쨉니다. 이번에는 회중대화연구입니다. 이것은 사실 여러분과 별 관계가 없을 거라고 생각하기 쉬우나 그렇지 않습니다. 전문적으로 말을 잘해서 일류 강사가 된다는 것이란 알아 두면 좋겠지만 사실 실제와는 거리가 너무 멀다고 보기 쉬울 듯하나 거듭 강조하건대 그게 아닙니다.

꼭 알아 두면 말을 듣는 것에도 그렇고 혹여 그러다가 회사 전체사원들을 모아 놓고 박 대리가 좀 말을 해 보라고 하면 대단히 중요할지도 모르기 때문에, 아니라도 우리 정신문화연구시리즈의 '대화학 콘체르토'는 반드시 짚고 가야 할 논제이기도 하기 때문에 피치 못한다고 보아 자세하게 쓰고 싶지만 어렵기도 하여 간단히 말씀을 드려야 하겠습니다.

회중대화(강연 등)연구는 다양한 양태와 양상이 주제가 되고 회중이라고 하는 군중심리 또한 막강합니다. 그래서 가장 중요한 것은 첫째가 군중 제어·장악력입니다.

이를 군중심리하고 하는 것으로서 모두가 기대하고 기다리는 할 말의 핵심파악이 중요하다는 말씀입니다. 독도문제에 대한 관심이 대단한 지금으로 말한다면 이와 같은 공통관심 분모가 시의적절해야 한다는 특성을 가진 말이어야 합니다.

시의에 먼 주제는 들으려고 하지를 않기 때문에 그 분야가 내 분야와 어떤 공통분모가 있느냐고 하는 것을 체크해야 합니다. 다시 말하면 요즘은 건강이야기라면 짱–입니다. 음식이야기도 아주 인기가 있는 주제라서 사람들의 귀가 많이 모입니다. 효도 이야기 같은 것은 별로고 요사이에 뜨는 이슈와 맞아떨어지면 이제 말감(말할 거리)은 찾았습니다.

첫째는 독창성이 있어야 합니다. 남들과 비슷하면 땡입니다. 미나리 무침이냐 아니면 홍어회냐와 같은 메뉴가 선택되었으면 회중들의 기호를 감안해야 합니다. 회중들의 기호란 무엇일까요? 이것은 다양하지만 기본은 『재미스러움』이 생명입니다.

재미있는 말처럼 회중에게 먹혀드는 것은 없습니다. 바로 이것이 어렵습니다. 너무 재미를 쫓으면 객쩍어지고 내용이 부실할 우려가 있고 너무 원론적이면 딱딱해져서 회중이 하품을 하고……. 저도 이 문제는 평생 해 온 고민 중의 최고였습니다.

또 중요한 것은 스므스(편안)한 접근이라고 할 수도 있겠는데 바로 도입부입니다. 도입부는 편안하고 거부감이 없으면서도 주제가 되는 테마가 분명해야 합니다. '대화학 콘체르토'에서 총론에 해당되는데 저도 별수 없다고 느낄 정도로 이게 어렵습니다. 이런 예를 들면 못

쓴다고 나무라실까 걱정이지만 떠오르다 보니 할 수 없이 써먹어야 되겠군요.

회중강연의 첫 단초는 성행위로 비유됩니다. 먼저 애무를 하고 삽입을 해야 되는 전희가 있습니다. 마구잡이로 들이밀면(죄송) 즐거움이 없습니다. 상대의 기분이 아직 성숙되지 않았기 때문입니다. 대중연구는 이처럼 처음부터가 어렵습니다.

그렇지만 일단 첫 단초는 잘 되었다고 쳐 봅시다. 오르가슴에 해당하는 강렬한 메시지가 생명입니다. 이것 때문에 강연을 하는 거고 이를 위해 동침하는 거니까요. 시종도 어렵지만 실감도 어렵습니다. 그래서 수많은 말의 형태가 있습니다. 그것은 다음 제20장에서 좀 더 풀어 드릴 계획인데 말하자면 말하는 강사의 어투나 말 소화력이나 말의 각도는 아주 다양하다고 하는 말투에 관한 것입니다. 『호통형』이니 『점잖형』이니 『개그형』이니 해서 제20장을 보시면 그 때 거기서 상세하게 듣게 되실 겁니다.

그 밖에도 회중연구에는 수많은 사람들의 기(氣)흐름의 가닥을 거머쥐고 좌지우지하는 청중 제어력이라고 하는 고도의 말기술도 생명입니다.

소위 말하는 카리스마가 이것입니다. 그래서 대중 집회는 어렵습니다. 타고나야 된다고 하면 '대화학 콘체르토'가 묵사발이 되기 때문에 그렇다고는 않겠습니다. 꾸준한 노력과 부단한 경험이 중요합니다.

처음에는 100명도 떨리고 어렵습니다. 차츰 천 명으로, 만 명으로 올라가는 계단의 경험이 필요합니다. 제 경우요? 저는 자그마치 100

만 명이 모인 청중 앞에 두 차례를 서 본 경험이 있으니까 제법이기는 하겠군요.

여의도광장(지금의 윤중로)에서 기독교 100주년 선교대회에 섰던 일이 있습니다. 거기 섰다가 사흘 동안 앓았습니다. 위로 토하고 아래로는 싸고…… 말도 못합니다.

또 다른 회중대화(강연)연구에는 요즘에는 TV가 대단합니다. 카메라 연구 말입니다.

카메라는 청중보다 얼마나 무섭고 이상한지 상상해 볼 만합니다. 방송국의 마이크도 회중상대 연구입니다. 시작으로부터 전개와 절정을 거쳐 마감까지 한 시간이고 30분을 지탱한다고 하는 것은 단순 서 있는 의미의 한 시간이나 30분이 아닙니다.

말의 맥줄로 든든하게 완전무장을 튼튼히 하고 차근차근 재미있으면서도 알찐 요리를 만들어서 먹이는 요리사와 같이 감동받는 강사의 길은 아직도 무한대로 멀고도 넓습니다. 제 경우요? 저는 대구의 모 교회집회에서 장장 6시간을 연속으로 말을 해 본 적도 있었습니다. 물론 공감감동 성공 여부는 별개로 봐야 할 문제입니다만.

마지막으로 청중연구에서 중요한 것은 청중들의 청취감각을 감지해야 하는 것입니다.

30분을 배정받았으나 아니다 싶으면 15분만 하고 내려와야 합니다. 사람들의 반응이 여의치 못하면 찬스를 쓰거나 마쳐야 합니다.

찬스란 준비하지 않은 긴급조치라고 할 수 있는 새로운 내용으로 말의 각도를 틀어 버리는 것을 말합니다.

/제19장/

잘하는 말

＃ 잘하는 말과 못하는 말 가려내기

국가에는 국경이 있습니다. 2005
년 이 국경을 넘보는 일본 시네마현이 3월 15일을 다케시마의 날로 정
하여(초고 작성 시) 분노하게 하고 있습니다(현재 우리 정부는 10월
25일을 독도의 날로 정함).

동물의 세계에도 국경과 같은 자기들의 구역이 있습니다. 그래서
이 영역을 목숨처럼 지키는 것을 보게 됩니다. 사자는 이 영역이 무
너지면 상처투성이로 자기 자리를 떠나야 합니다. 이처럼 말에도 말
의 영역이 있고 이 영역은 끝없이 도전을 받고 침략을 당합니다.

다시 말하면 애쓰고 말해 보았자 무슨 소리냐 그게 아니다 라고 하
면서 기껏 해 놓은 말을 뿌리째 뽑아내려고 하는 말에 대한 거부감
(태클)이 존재한다는 말씀입니다. 그래서 말이 어렵습니다. 누가 들어
도 다 듣기 좋은 말도 없을 정도로 말을 공격을 받는 것이 말의 생리
라고 보아야 합니다.

문학적이나 국문학으로 말하지 않더라도, 말에는 말의 머리가 있

고 말의 몸통이라고 할 수 있는 체형이 있고 말의 꼬리가 있습니다.

이 세 가지는 말의 체질이 되어 말이라고 하는 사람의 인격이 됩니다. 말을 잘한다는 것은 사람으로 말하면 훌륭한 인격과도 같이 종합된 전체의 내실이 튼튼해야 하는데 당연 여기에는 발음이나 말하는 내용이 포함됩니다. 뿐만 아니라 듣기를 요구하는 욕구충족의 요소가 포함된 말이라야 잘하는 말이 됩니다.

예를 들면 이렇습니다. 야당 국회의원이라면 여당과 정부가 하는 일을 신랄하게 꼬집고 강렬하게 비판하는 말이 잘하는 말입니다. 하지만 정부나 여당에서 들을 때는 아주 못하는 말로 들립니다.

그러니까 말에는 사상이 들어 있고 정쟁이 들어 있어서 여당의원은 아무리 말을 잘해도 야당에서 들을 때는 말 같지도 않은 소리라고 집어치우라고 야단이라는 뜻입니다.

말은 상대적이어서 본드같이 입맛에 짝 달라붙기도 하지만 자석처럼 밀쳐 내기도 합니다. 잘하는 말이란 입장과 처지에 따라 다르기 때문에 이렇게 같은 말을 하여도 효과는 극과 극입니다. 그래서 말에 대하여 극단적인 평가는 적군이냐 우군이냐에 따라 다르고 세대에 따라서도 달라집니다.

첫 번쨉니다. 말하는 사람은 이와 같은 상대에 따라 거부와 찬성이 있다는 점에 유의해야 합니다. 이것은 종교문제의 경우도 마찬가지여서 기도교적 사고로 말하면 불교가 거부하고 불교사상으로 말하면 기독교가 거부합니다.

똑같은 기독교에도 교리가 다르고 현세관과 내세관이 다르면 종교

끼리도 거부하고 아니라고 하기 때문에 말을 한다는 것은 종합예술이라고 해서도 온전한 표현에 미치지 못합니다. 그렇다면 이렇게 복잡한 말의 대한 반향(反響)을 극복하는 묘안이라도 있을까요?

잠깐 유관된 경험을 써 보겠습니다. 지금부터 30년 전까지만 해도 지역청년회라든가 친목계 같은 데서 노래자랑 콩쿠르가 많았습니다.

지금처럼 방송국에서 하는 게 아니라 극장에서도 하고 수영장에서도 하고 장터나 학교에서도 했습니다. 저는 그때도 작곡가로 활동을 했기 때문에 콩쿠르 심사를 보러 자주 다녔습니다.

그런데 이 심사라고 하는 것이 아무리 잘 보아도 잘못하면 뭇매를 맞기가 쉽습니다. 정직하게 뽑아도 1등을 도둑맞았다고 심사위원이 멱살을 잡힐 때가 있었는데 그땐 경찰도 소용이 없습니다.

그래서 일단 등수를 정해 주고 나면 발표하기 전에 얼른 무대에서 내려와 미리 장소를 떠났습니다. 걸렸다가는 득보다 실이 많고 공연히 시끄러워지기만 하니까 자리를 떠 버리고 그 동네 쪽은 발을 끊는다고 맘먹고 심사를 보러 갔다고 봐도 될 정도입니다.

갑자기 이런 말씀을 드린 이유는 아실 겁니다. 노래를 잘 부르고 못 부르고를 가려낸다는 것은 어려운 일입니다. 특히 거기에 사(私)가 개입되거나 이(利)까지 개입되면 엉망진창이 되어 버립니다.

팔은 안으로 굽는다고 아전인수로 판별이 애매할 때도 참 많습니다. 바로 말을 잘한다고 하는 것도 이와 똑같다고 하는 말씀입니다. 이쪽에서 들으면 지당이요 당연이요 옳소입니다. 저쪽에서 들으면 천부당만부당이요 제정신이 아니라 합니다.

그러므로 말을 한다는 것은 본전이면 다행일 때가 한두 번이 아닙니다. 뿐만 아니라 말은 필연처럼 나가는 족족 불을 질러서 말이 엄청난 재앙이 되어 말한 사람의 인생을 불사르기도 합니다.

그러니 이렇게 어려운 말의 전쟁터로 나가야 한다는 것은 피곤한 일입니다. 말실수를 안 하려면 어떤 쪽의 편을 들어야 할까요? 편이나 들겠다고 말을 하는 것입니까? 나의 주관과 소신을 똑 부러지게 하기 위한 것이 말인데 그러면 저쪽 상대가 튀어 버리고 대들게 되니 이거 어떻게 해야 되겠습니까? 이것은 정치만의 이야기가 아닙니다.

아까 말한 콩쿠르이고 예술이고 종교고 학문이고 다 다르지 않습니다. 종교는 종교라서 어렵고 예술은 예술이라서 더 어렵고 학문은 학문이니까 더 어렵습니다.

가령 '대화학 콘체르토'라고 하고 제가 이 연구를 신바람 나게 펼치고 다닌다고 해 봅시다. 저와 학문의 견해를 달리하면서 학문적으로 많은 하자가 있다고 공격을 가해 온다면 저는 그때부터 힘들어지게 됩니다.

내가 공연한 짓을 했다고 후회도 하게 될 것입니다. 문제는 거기서 끝나는 게 아닙니다. 이론과 반론이 총칼처럼 난도질을 하면 그만 제가 말씀드린 '대화학 콘체르토'에 몰입하기로 작심한 다중까지 흔들리고 슬금슬금 꽁무니를 빼고 등 돌리고 외면해 버립니다. 한순간에 다 무너져 내리고 마는 말의 위력은 불길과도 같습니다.

두 번쨉니다. 말은 말을 보호하면서 해야 합니다. 내가 한 말과 반대의 생각은 꼭 있습니다. 그걸 말이라고 하느냐고 게거품을 무는 또 다른 말이 나보다 더 우람한 체격으로 나를 압도하는 일이 반드시 있는 것이 말입니다.

지금부터 약 25년 전쯤으로 기억합니다. 제가 경북 구미시의 어느 작은 교회에 부강사로 갔었던 적이 있었습니다. 제게 배정된 시간에 저는 제가 준비해 가지고 간 저의 메시지를 힘차게 외쳤습니다. 그 순간 회중에 앉아 계시던 장로님이 말을 막았습니다. 목소리도 너무나 크셨습니다.

순간 저는 영문을 몰라서 열변을 토하다가 한순간에 그만 입술이 터지고 피가 입술 아래로 피가 흐르는 것을 알았습니다. 장로님이 말을 막고 하신 말씀은 "당신이 그러다가 하나님 되는 거 아니야?"라고 하는 말이었습니다.

제가 외치는 말들이 신앙적으로 잘못되었다는 지적을 하시는 것이었습니다. 그 장로님은 조금 전까지만 해도 저와 같이 저녁 식사를 마치면서 저의 등을 두드리고 격려를 해 주시던 분인데 듣다 못 해서 순간적으로 기독교인의 양심에 따라 내가 오버해서 하나님의 영광을 탈취한다고 오해를 하신 것입니다.

제가 하던 말을 중단하고 조금만 더 들어 보시라고 하여서 일단 한풀은 꺾였지만 그런대로 집회는 잘 마쳤습니다.

물론 나중에 장로님이 사과를 하셨지마는 터진 제 입술은 열흘도 넘어가서야 나았습니다. 다행히도 주강사로 오셨던 목사님이 회중 앞에서 제가 당한 그 상황을 장로님과 회중에게 차근차근 설명하신 가운데서 말을 주고받으시며 풀어내셔서 그것이 큰 위로가 되었던 적이 있었습니다. 바로 이 말씀을 드리기 위해서입니다. 말은 거지반 공격과 반발을 받게 된다고 하는 것입니다.

말은 찬성과 반대를 결정합니다. 연인 간이고 부부간이고 정당 간이고 당정 간이고 마찬가지입니다. 거래처에도 말을 하면 튀는 말이 있고 반기는 말이 있습니다. 말과 전투─ 이것은 피할 수 없는 운명입니다.

그렇다면 이제 우리 정신문화연구시리즈의 '대화학 콘체르토'는 이 문제에 대하여 생각해 보지 않을 수가 없습니다. 도대체 이렇게 위험한 말을 안 하고는 못 사는가? 말이 공격을 받으면 모든 것이 무너져 내립니다. 가슴이 터지려 하고 속이 부글부글 끓어오릅니다. 이일을 어떻게 하면 좋을까요?

두 번쨉니다. 그래서 말은 잘한다는 말에 우쭐해지면 안 됩니다. 말 없는 다수가 내가 한 말에 대하여 어떻게 생각하느냐고 하는 문제를 기억하고 말을 한 사람은 되도록 겸손해야 합니다.

잘한다거나 최고라고 한다고 해서 안심해서는 안 됩니다. 그걸 말이라고 하느냐고 언제 누가 어떻게 이의를 걸어올지 모르는 것이 말이기 때문입니다. 그래서 누누이 말씀드리기를, 말을 잘한다고 하는 것에는 정답이 없다고 했던 것입니다.

그러니까 말은 이와 같은 말의 여파를 감안하고 하는 말이 잘하는 말입니다. 말의 논리도 잘 세워야 하고 말의 보호막도 미리 장만해 두어야 한다는 말입니다. 그러니까 말이 누구에게나 다 듣기 좋다는 것은 거의 불가능입니다.

아주 좋다는 사람이 있고 그저 그렇다는 사람이 있고 별것 아니라는 사람이 있고 그게 말이 되는 소리냐고 부정하는 사람이 있어서 네

가지로 나누어집니다.

그런데 문득 이 대목에 오니 네 박자라는 말을 많이 쓰시는 어떤 목사님의 말씀이 생각납니다. 그 목사님이 누구 신지는 아마 거의 아실 것도 같은데 저는 먼저 제가 그분의 팬이라고 하면 기독교적이지는 않다 하더라도 팬이라는 전제를 달고 네 박자 이야기를 생각해 보겠습니다.

저는 늘 인생이 네 박자라는 그 목사님의 말씀은 어딘가가 이상하다고 생각해 왔습니다. 네 박자가 아니라 인생은 합창이나 협연(콘체르토)이라고 해야지 네 박자는 아니라고 하는 생각입니다.

다시 한번 말씀드리는데 지금 드리는 이 말씀은 절대로 비판이 아닙니다. 어차피 우리 정신문화연구시리즈는 지금 '대화학 콘체르토'를 연구하는 중이고 이런저런 '대화학 콘체르토'에서 보는 관점을 분석하는 중이니까요.

그러니까 교육용으로 하는 말일 뿐 저는 그 목사님의 팬이니까 공격도 아니라고 하는 점을 다시 한번 밝혀 드립니다. 인생이 합창이라는 말은 소프라노, 테너, 알토, 베이스의 4부 화성으로 동시에 울려 퍼지는 것이 인생이라는 뜻입니다.

각각 따로 나가는 것 같아도 이것이 모여서 합창이라고 하는 음악의 최고봉을 이루고 있습니다. 이 경우 네 박자라고 말하면 악보 상에 한 마디가 나오고 거기에 4분음표면 4분음표만 4개를 세우건 나누어서 8개를 세우건 좌우간 한 마디가 4박자로 만들어진 노래라는 뜻입니다.

인생은 이렇게 펼쳐진 4박자가 마디마디 연속으로 이어지는 것이라고 하는 의미라면 인생은 4부 합창이라고 하는 것이 더 논리에 맞다고 생각된다는 말씀입니다. 이게 또 무슨 말이겠습니까? 말은 이렇게 꼬리가 잡힌다는 뜻입니다.

그러나 치사하게 말꼬리를 잡는 사람은 저질입니다. 그런데 잡을 말꼬리를 늘어트리는 사람은 원인제공자입니다. 잡을 게 있어도 잡지 않으면 좋겠지만 말꼬리를 잡는 것은 학문에서는 필수입니다.

어디가 무엇이 잘못 되고, 잘되고, 고쳐야 하고, 바로잡아야 한다고 하는 것이 없으면 학문은 거기서 멈춰 버립니다.

주시경 선생에 이어 김두봉, 최현배 선생이 만든 국어문법사전을 이희승 박사가 고치면 안 된다고 한다면 학문은 더 이상 학문이라 할 수가 없게 됩니다. 마찬가지입니다.

제가 말격이라고 한 말이 꼬리가 잡히는 것에는 찬성입니다. 말격 대신 무슨 말이라야 더 분명하다고 하면 그것으로 바꾸지 못한다고 버틸 제가 아니기에 저는 모쪼록 더 좋은 의견이 있으면 연락 주시라고 하고 있는 말씀은 들어서 아실 것입니다.

세 번쨉니다. 잘하는 말은 멀리 보고 넓게 봅니다. 이중, 삼중으로 안전망을 치고 저 멀리까지 보낼 파수꾼을 준비합니다. 그래서 이렇게 나오면 어떻게 말할까를 미리 준비하고 아예 먼저 찌르고 자수하여 그 문제가 돌출하는 것을 미리 원천봉쇄로 막아 버립니다.

이런 대비책이 없는 말은 나왔다가도 한 방에 혼절하고 사라집니다. "누구든 덤빌 테면 덤벼 보아라." 잘하는 말은 오히려 공격을 환영합니다.

공격해 들어오지 않는다면 더 이상의 방책을 칠 수 없으므로 그만큼 말을 성이라고 한다면 성곽이 단단해질 수 있는 계기가 없어지기 때문입니다. 보수를 하면 할수록 성과 같이 말도 더욱 견고해지고 말의 효과도 더욱 커지게 마련입니다.

그런가 하면 말을 잘하는 사람이 가장 무서워하는 말과 관계된 적이 있습니다. 굳이 적이라는 표현을 쓸 것까지 있느냐고 하는 문제는 차치하고 그게 누구인가를 생각해 보겠습니다. 이로써 우리는 말에 대하여 다각도의 지식으로 무장하기 위함입니다.

말 잘하는 사람의 적은 반대로 말을 안 하는 사람입니다. 말깨나 한다는 사람은 입이 무거운 사람 앞에 가면 쪽을 못 씁니다. 주눅이 든다는 뜻입니다.

이럴 때 우리가 아는 말로는 『침묵을 금이다』라고 하는 것과 『달변은 동이다. 그러나 눌변은 은이고 무변은 금이다』 과연 그럴까요?

그런데 이때의 금은 몰라서 하지 않는 말이 아닙니다. 알 것 다 알면서도 묵묵히 상대방의 말을 끝까지 계속해서 듣기만 할 때는 달변자가 감당을 못합니다.

말은 기름과 같아서 받아 주면 기름을 퍼붓는 효과가 있습니다. 혼자 가만 놓아두면 저절로 꺼지는 것도 말입니다. 특히 수천만 명의 청중집회를 하게 될 때는 전체의 기가 한군데로 몰렸을 때 강사가 일순간 말을 딱 끊는 효과란 대단합니다. 그러나 이것은 고도의 웅변이고 최고의 언변일 정도로 매우 시도하기가 어려운 기술입니다.

그런데 이와 같은 말 끊기는 1대1 대화에서도 효력이 대단합니다. 이에 대한 근본은 다시 노래의 비유가 되겠습니다. 노래에는 반드시 숨표가 있고 쉼표가 있습니다. 숨 쉴 때가 있고 멈추고 쉴 때가 있다는 뜻입니다. 아주 잠시 잠깐입니다.

그런데 만일 이게 없다면 노래를 어떻게 들을까요? 듣다가 내가 숨이 넘어갈 판이니 노래나 말이 동일합니다. 끝없이 지껄이면 안 됩니다. 적당한 데서 꼭 말을 끊어 주어야 합니다.

말을 끊으면 희미한 사안이 더욱 또렷해집니다. 그리고 그 짧은 사이에 상대방의 응답이 만들어집니다. 쉴 사이 없이 말을 하면 응답은 만들지 않습니다.

아직 더 들어 보고 난 다음에 만들어도 될 거라고 생각하고 하는 말을 계속 듣기만 하고 필요한 결실의 열매를 만든 기회를 흘려버립니다. 그러다가 흘러간 물이 되어 다시 만든 것마저 포기하게 됩니다.

네 번째입니다. 이렇듯 잘하는 말은 前後左右와 上下高低를 두루 검색된 말이어야 합니다. 흔히 말하는 말의 후환을 사전에 방지하는 말이 잘하는 말입니다. 그렇다면 과연 잘하는 말이란 실례를 들어 어떤 말일까요?

물론 여기서 지금 기준이나 정답을 기대하지는 않으실 줄 믿습니다. 다만 원론에 해당되는 기본이 있습니다.

그것은 말을 해서 상대방에게 거부감을 가지게 하는 말이 아닌가의 여부를 심사숙고하라고 하는 것입니다. 다시 말하면 말을 잘하려고만 할 게 아니고 문제를 일으킬지도 모르는 말을 잘 가려야 한다고 하는 것입니다.

물론 깨 놓고 쟁의를 할 적에는 다릅니다. 심야토론에 출연했다면 어차피 뒤집어 까고 정곡을 찔러서 상대와 한판 맞붙어야 하니까 그때는 상대가 거부감을 가지고 덤비라고 하는 말이 필요하므로 반대로 참아야 할 말을 일부러 꺼내는 것이 원론입니다.

그러나 그게 아닌 대부분의 경우에는 피해야 할 말이 많습니다. 이를테면 대세에 반하고 세태에 어긋난 발언 같은 것이 그것입니다.

그런 말의 대표적인 말이 몇 가지 있습니다. "여자가 감히 어디라고 나서고 야단이야?" 이와 같은 말이 쓸데없는 언쟁으로 비화합니다.

지금처럼 여권이 대등해진 현대에는 이런 쪽의 말을 공석에서 한다는 것은 화를 자초하는 격입니다. "그래도 아들이 낫지"라든가, "남자들 하는 일에 여자가 왜 나서느냐?"라고 하는 여성비하 발언은 현대에서 극약이나 다름이 없습니다.

그런가 하면 사사건건 불문율이 있습니다. 부부간에도 금기가 있습니다. 인격적 손상이 될지도 모르는 말을 피해야 합니다. 자존심을 건드리는 말을 피해야 합니다.

"말을 해도 꼭 저렇게 한다니까ー" 반응이 자명한 줄 아는 말은 하지 말아야 합니다. 할 말과 안 할 말ー그것을 가려서 할 만한 말만 하는 것이 잘하는 일입니다. 다시 말하면 말을 삼가고 말을 조심하는 사람의 말이 잘하는 말이 된다는 것입니다.

말의 높이를 어느 선에 두느냐? 존칭의 선은 어디를 유지하느냐? 상대가 싫어하는 말이 무엇이냐의 문제, 또 상대가 싫어하는 정치인을 좋다고 하지는 않는가의 문제까지 말이 나가서 공격을 받지 않고 내가 뜻한 바의 목적을 달성하려고 하면 이와 같이 말의 언저리를 두루 잘 살펴야 합니다.

자랑이라도 한다는 양으로 청와대에 친한 사람이 있다고 한 것이 화근이 되려면 "요새 정치한다는 놈들 다 개새끼들이야" 하고 나서 특히 정부여당이라는 놈들이니 청와대 있는 놈 중에 나도 동창이 있는데 그 새끼하고는 상종도 안 한다고 하는 말이 튀어나오면 목적달성에는 암초가 나타나서 고된 고역을 치르고도 결실이 힘들게 돌아가고 맙니다.

　다섯 번쨉니다. 이와 비슷한 경우에는 종교문제도 해당됩니다. 어떤 면에서 종교는 사업과 무관합니다. 그런데 거래상 목적을 가지고 갔다가 종교 얘기가 잘못 나오면 문이 닫히기 일쑤입니다.

　사실 우리가 세상에 살면서 먼저 종교를 맞추어 볼 필요는 없습니다. 개신교인이면 어떻고 불교인이면 무슨 상관일까요? 그런데 종교 이야기가 나와 가지고 종교에 대한 배타적인 감정이 원하는 바의 목적에까지 영향을 미치는 경우가 허다합니다.

　바로 이것도 말을 잘하느냐 못하느냐의 문제와 직결됩니다. 할 말과 안 할 말을 구별하지 못하고 기가 나서 공연히 너스레를 떨다가 일을 낭패하고 대화를 실패하고 공연한 점수까지 깎이게 되는 것 – 이것이 말의 어려움입니다. 그래서 말의 지혜를 터득해야 합니다.

　느닷없이 과부는 다 그 모양이라고 생각 없이 말하고 보니 상대가 과부인 경우도 있습니다. 요즘 이혼하고 혼자 사는 여자들이 문제라고 하고 보니 "나도 이혼했는데요" 하는 경우도 황당합니다.

　그 여자가 술장사를 오래 해서 아주 깍쟁이라고 하고 보니 상대가 지금 술장사를 하고 있다면 얼마나 무안한 일입니다.

　이렇게 되면 제가 말씀드린 것과 같이 노래로 칠 때 도입부의 첫 음정에 해당하는 키가 맞지 않은 격입니다.

처음부터 박자도 놓쳐 버린 노래와 같습니다. 지금까지 예로 든 황당 극장은 거의가 저 자신도 경험한 것들입니다. 여러분도 이와 비슷한 경험이 있으실 것입니다.

끝으로 말은 잘못 튕겨져 나갈 경우 자칫하면 즉각 명예훼손 문제로 비화됩니다. 그래서 법정에까지 비화되어 이제는 쓸어 담을 수도 없는 쏟아진 물과 같아서 손해배상 청구소송 문제로까지 확대됩니다.

이렇게 되면 이제는 돈이 문제가 아닙니다. 말 때문에 겪어야 하는 엄청난 고통으로 인하여 밤잠을 설치고도 남는 것이 말입니다. 더 크게 번지면 출판물에 의한 명예훼손이라든가 언론중재위원회라고 해서 언론으로 인한 피해문제까지 확대됩니다.

그러니 잘한다는 말은 뒷전입니다. 제발 못하지나 말고 실수나 않고 모쪼록 조심하고 또 조심해서 첫인상부터 구기는 일이 없어야 한다는 것이 잘하는 말의 절대적 요소라고 생각됩니다.

제20장

말의 유형 (類型)

＃ 당신의 말(말투)은 어떤 형인가?

이제 곧 우리 정신문화연구시
리즈 '대화학 콘체르토'의 막을 내리게 될 정상에 도착했습니다.

이번에는 많고도 많은 말들을 『말의 유형(類型)』이라 하고 각각의
유형별로 말의 형체(말의 틀)를 구분해 보겠습니다. 특별히 이번 제20
장은 우리가 무심코 하고 있는 말들에 대한 숨겨진 형태에 대하여 제
나름대로 혼신을 다하여 애써서 찾아 가지고 펼쳐 드리는 것입니다.

이로써 지금 당신이 하는 말의 정체성을 확인해 보시기 바랍니다.
더불어 앞으로 말을 함에 있어서 유용하고 가치 있는 나침판으로 활
용하시기 바랍니다.

첫 번쨉니다. 첫째로 꼽는 말의 형체는 『점잔형』이 되겠습니다. 말
이 점잖다는 것은 말에 별반 흠결이 없는 말이라는 뜻입니다. 이 말
은 나이에 맞아야 합니다. 신분에 맞아야 합니다. 사안이 추구하는 목
적을 무리 없이 결실시킬 만한 말의 품격을 갖춘 말입니다. 점잖게
말하면 상대도 정중하고 점잖게 응해 줍니다.

그러나 여성의 경우는 점잖다기보다는 『정숙형』이라고 이해하면 좋겠습니다. 말이 깔끔하고 정갈해서 착착 안기는 것이 『정갈형』의 말이라고 한다면 정숙형과 정갈형은 약간 다르겠지마는 기본은 『점잔형』으로 하겠습니다.

두 번째입니다. 점잔형과 비슷하지만 좀 더 일반적인 말의 형체로 다음은 『평평형』이라고 이름을 붙이겠습니다.

평평형의 말이란 무해무덕하고 특징이 없는 물맛과도 같은 말입니다. 제12장에서 말하는 수어(水語)입니다. 물 흐르듯 편안하고 자연스러워서 거침이나 걸림이 없이 특별한 말 의식도 필요치 않은 보통의 말입니다.

세 번째입니다. 이제 일단 중심선에서는 약간씩 벗어난 말 형체 쪽으로 넘어가겠습니다. 먼저 『친근형』이라고 하겠습니다. 찰흙같이 착착 감기는 친근형은 식당 집 아주머니들이 많이 씁니다. 애교가 많은 아내도 이런 투의 말을 하는 사람이 많습니다. 콧소리도 나오고 말이 끈끈해서 때로 거부감도 생기지만 친근하게 하는 말을 대부분은 다 싫다 하지 아니합니다.

네 번째입니다. 『호령형』이 되겠습니다. 명령형도 비슷한 말이지만 명령과 호령은 좀 다릅니다. 주로 직장상사가 힘줄 때나 군대 상사가 많이 하는 말인데 그럴 만한 백이 있으니까 그러겠지요. 그러나 당연 그래도 된다고 인정하면 이 말에 거부감은 없습니다. 몸에 배고 귀에 익숙해지면 호령이나 명령하는 말도 정이 듭니다.

다섯 번쨉니다. 『개그형』입니다. 회중을 상대로 연구를 하는 사람들이 재미를 위한 목적으로 개그나 코미디와 같은 폭소작전을 많이 취하는 것을 보게 됩니다.

청중들이 배꼽을 빼고 웃어서 효과 만점이라고 착각하기 쉽지만 어려운 선택입니다. 왜냐하면 웃음도 갈증과 같아서 더, 더, 더를 요구하기 때문에 여간한 노력이 아니면 현상을 유지하기가 어려운 단점이 있습니다. 하지만 주객이 전도되어 목적한 말성이 간과된다거나 아니면 역으로 본질이 나약해질 수도 있습니다. 누구나 좋아하니까 인기는 짱입니다.

여섯 번쨉니다. 『애걸형』도 있습니다. 물고 늘어져서 계속 "사장님ㅡ" 소리를 반복하는 경우입니다. 원래는 『애걸복걸형』이라고도 할 수 있는데 그렇게 하면 결국 통하더라고요. 그러나 사소한 것에 한정된 경우입니다.

만 원, 이만 원은 애걸하면 승낙하지만 천대나 억대로 가면 통하지 않습니다. 그러나 자주 보게 되는 말의 형체입니다.

일곱 번쨉니다. 『근엄형』이라 하겠습니다. 『거룩형』이라고 하려다가 근엄형이라고 바꾼 이와 같은 형태는 점잔을 빼는 것이 도를 넘어선 경우입니다. 주로 성직자들이 이런 형체를 많이 쓰는데 옛날이야 깁니다. 요즘은 성직자들이 근엄이나 거룩보다 희생정신이 더 많더라고요. 스님들도 마찬가집니다.

여덟 번쨉니다. 꼴 보기 싫은 『거만형』입니다. 목에 깁스를 했다고도 하지요? 이렇게 거만형의 사람은 대개 졸부들 중에 많은 걸로 생각됩니다. 외제 차를 타고 다니면서 거드름을 피우는 것도 꼴불견이고 거만하게 내려다보고 한마디씩 하는 말도 비위가 상하고요. 거만형이라는 평가를 받으면 평점은 빵점입니다.

아홉 번쨉니다. 『따짐형』이 있고 『시비형』이 있습니다. 도낀 개 찐입니다. 이상한 것은 이런 사람을 만나면 이상하게도 하는 말마다 나오는 말이 따져 볼 준비가 완벽하더라고요. 또 이런 사람하고는 꼭 계산할 문제가 생기거든요. 환장할 노릇입니다. 그러다가 잘못하면 싸움이 되기도 합니다. 그렇다고 따지지 말라고도 못 하고 미칠 지경입니다.

열 번쨉니다. 『논리형』입니다. 얼마나 좋습니까? 논리대로 사리를 가려서 이치에 맞게 하나씩 풀어나가자고 한다면 괜찮지 않습니까? 그러나 피곤하기는 합니다. 그렇지만 피곤한 것은 그 사람의 책임은 아닙니다. 내가 그가 말하는 논리에 미치지 못해서 피곤한 거니까 남 탓을 할 게 아니고 나도 논리로 대응해야 합니다. 이런 사람은 회사 살림꾼으로는 딱입니다.

열한 번쨉니다. 『비판형』이라거나 『비난형』으로 하겠습니다. 비난과 비판은 다르지만 따로 할 것까지는 없겠다 싶어서입니다.
말만하면 그게 아니라는 겁니다. 그래서 그러냐고 하고 그 말대로 따라가려고 하면 또 그것도 아니랍니다. 매사를 비관적으로 보고 부정적으로 보는 사람하고 말을 하려면 애를 먹습니다. 그러나 자주 이런 사람을 만나게 되거든요.

모든 걸 꽈배기 틀 듯 비틀고 보면 그 사람 말이 맞는 것도 같고 틀린 것도 같으니 참 거북합니다. 그런데 나중에 지나고 보면 이상하게도 그 사람 말이 더 잘 맞아 들어간단 말입니다. 요상하지만 어쩌겠습니까?

열두 번쨉니다. 이번에는 『원망형』입니다. 뭐든지 남을 탓하는 사람입니다. 『불평형』입니다. 『네 탓형』이고요. 들어 보면 그 말도 일리가 있으니 참 어렵습니다. 특히 직통으로 나를 찍어서 다 너 때문이라고 할 때는 미칠 지경입니다.

아무 생각도 없는 내가 그 사람의 말을 듣고 보면 원인제공을 했다는 것입니다. 이런 경우는 부부간에도 꽤 있습니다. 아파도 남편 탓이고 그릇이 깨져도 남편 탓이랍니다. 제가 깨고서 왜 남편 탓이냐고요? 그때 딴 걸 살려고 하는데 빨리 사 가지고 얼른 가자고 해서 살려던 것을 못 사고 이걸 사서 깨진 거랍니다. 이거야 원 참…….

열세 번쨉니다. 『이해형』입니다. 이해형은 괜찮지요? 얼마나 좋습니까? 부부간에 이해하고 살아야 한다고 주례선생님들이 꼭꼭 하시는 말씀―이 이해형은 참 좋다고 쳐도 되겠습니다.

그러나 이것도 아무한테나 이해를 해도 너무 이해를 하니까 아내가 불만입니다. 남한테는 이해를 잘하는데 나한테는 절대로 이해를 안 한다는 거예요. 이해형에는 이런 문제가 있으나 이해라는 말은 좋은 말입니다.

열네 번쨉니다. 듣기에도 아름다운 『사랑형』입니다. 아무나 하는 것은 아닙니다. 부부간에는 거의 없을걸요? 주로 할아버지, 할머니가 손자, 손녀에게 하는 말 중에 많습니다.

보기만 해도 사랑스러워서 어쩔 줄 모릅니다. "아이고 내 새끼 아이고 내 새끼−" 하면서 "똥을 싸도 예쁘고−오줌을 싸도 예쁘고−" 할머니들이 부르는 손자의 주제가입니다.

열다섯 번쨉니다. 『짜증형』이라는 게 있습니다. 무슨 말만 하면 "아이 왜 그래?", "알았다니까−" 하면서 짜증을 내는 타입입니다. 뭔가 욕구불만이 쌓였겠지요? 문제가 뭔지는 모르지만 이거 골치 아픈 말체입니다.

열여섯 번쨉니다. 『지랄 염병형』입니다. 말이 좀 심했습니까? 그런데 있거든요. 아예 잔뜩 덮어씌워 버립시다. 『닦달형』이고 『발광형』까지 한데다 전부 덮어씌웁시다. 앞에다 한 마디 더 붙여 볼까요? 『개지랄 염병형』은 어떻습니까? 이거 왜 이러는 걸까요?

열일곱 번쨉니다. 『응석형』이 있습니다. "싫어 싫어" 하면서 어린 아이처럼 떼를 쓰는 말체입니다. 너무 달래기만 하니 몸에 배서 그렇습니다.

이제 그 버르장머리 고치기 힘들게 된 것 아닙니까? 원래는 몽둥이가 약인데 점잖지 못하게 그러라고도 못 하겠군요. 연구를 해 보십시오. 방법이 있을 것도 같은 경우입니다.

열여덟 번쨉니다. 『면박형』입니다. 말만 하면 쿠사리(면박)를 주는 타입이지요. 『구박형』도 여기에 넣겠습니다. 구박은 면박과는 다르지만 둘 다 바람직하지 못합니다. 대 놓고 면박을 준다는 것은 교양문제건마는 이런 것이 몸에 밴 사람도 치료해야 합니다.

열아홉 번쨉니다. 『호탕형』이 되겠습니다. 술 좋아하고 이해심도 넓고 소탈하고도 격의가 없는 사람이 호탕형입니다.

친구는 많지만 실속은 별로입니다. 돈도 헤프고요. 아내가 싫다 합니다. 그러나 애인 감으로는 이런 타입이 잘나가는 것 같더라고요.

스무 번쨉니다. 『훈계형』입니다. 『교육형』이라고 할까요? 말만 하면 그러면 안 된다거니 못쓴다고 합니다. 그러지 말고 이렇게 하라고 하는 사람입니다. 제가 혹간 그런 타입이라는 말을 들어 가지고 고치려 하고 있는데 잘 안 돼요.

실은 다 잘 되고 좋으라고 해 주는 말인데 다들 싫어하더라고요. 심지어는 자식들도 싫어합니다. 세월이 그러니까 내가 고친다고 하는 중입니다.

스물한 번쨉니다. 『연구형』 또는 『변설형』입니다. 말만 나오면 사설이 긴 사람입니다. 중언부언은 말할 것도 없고 엄청 늘어집니다. 그래서 골치가 딱딱 아픕니다. 혹 또 제가 그러느냐고요? 이건 아닙니다. 저는 절단형입니다. 딱딱 떨어지는 짧은 말 단 한 마디를 좋아합니다. 조리 없는 말은 하자입니다. 서당 개처럼 주로 들은 풍월이더라니까요. 이것도 골 아픈 사람입니다.

스물두 번째입니다. 『혈기형』이라는 게 있습니다. 말을 하다가 말고 성질을 잘 내는 사람입니다. 뭔 말을 못 합니다. 툭하면 화부터 내는 사람은 황당하고 대책도 없습니다. 태생이 그렇다고 하고 말지만 기분이 되게 나쁘지요. 우리 한번 나 자신을 돌아볼 필요가 있습니다. 짜증형도 여기에 쓸까요?

스물세 번째입니다. 『열변형』이라고 있습니다. 아주 적극적이다 못해 열변을 토해 내는 타입입니다. 몰입해서 누가 말리지도 못합니다. 이런 사람은 결국 혼자 지껄입니다. 끝났다 싶으면 분위가 어떻게 돌아갈까요? "그만 일어섭시다." 대개 이렇게 돌아갑니다. 머쓱한 일입니다. 요새 말로 썰렁한 거지요?

스물네 번째입니다. 자기는 숨기고 남만 캐려고 드는 『폐쇄형』이 있습니다. 묻기는 끝도 없이 계속해서 묻기만 합니다. 그러면서 정작 자기에 대한 것은 물어도 그건 몰라도 된다네요. 자기 보호가 지나친 건지 행위 보따리가 못된 건지……

스물다섯 번째입니다. 반대로 『막 줘형』이 있습니다. 자기는 숨기고 감추고 그러는 거 질색이래요. 그래서 정보고 뭐고 있는 대로 다 털어 줍니다. 이와 같은 막 줘형은 누가 오면 또 있는 것 없는 것 "가져갈래?" 하면서 막 줍니다. 여자들도 이런 사람 참 많지요? 뭐라고 할지 의견이 없습니다.

스물여섯 번째입니다. 『쪼잔형』이라고 들어 보셨습니까? 『쫀쫀형』이라고 해도 되고요. 잦달맞다고 하는 말 말입니다. 그런데 여자가 그러면 그건 알뜰하다고 하던데 남자가 그러면 쫀쫀하다고 하더군요.

이런 사람이 있습니다. 천 원짜리 한 장을 꼭 밝혀내야 하고 심지어는 백 원짜리 동전 하나도 그냥 지나치지 않는 사람이 있는데 불편하기는 해도 어쩌면 좋은 것 아닌가요?

스물일곱 번쨉니다. 『뚝뚝형』이라고 하겠습니다. 경상도 사나이가 그렇다고들 하지요? 물어도 대답도 잘 안 합니다. 이렇다저렇다 도통 말이 없어요. 속이 꽉 차고 넓어서 그렇다고 해서 아주 인기가 만점인 사람입니다.

스물여덟 번쨉니다. 『냉랭형』입니다. 말수가 적기도 하지만 표정도 차가운 데다가 머리스타일까지 생긴 것 자체가 차갑게 생긴 사람입니다.

말을 하면 인정머리가 없어요. 말도 싹둑싹둑 잘라 버립니다. "아 그런 거 신경 쓸 것 없어" 말에 찬바람이 쌩쌩 붑니다. 그러면 아내가 힘들지요. 특히 부모님들이 힘들어하시고 서운해하십니다.

스물아홉 번쨉니다. 『엉큼형?』, 『음흉형?』. 같은 말인가요? 남녀 간에 자주 적발되는 형체입니다. 남자는 다 그렇다고요? 엉큼함을 들키지 않아서 그렇지 남자는 여자에게 누구나 마찬가지입니다. 문제는 나이에 맞지 않고 격에도 안 어울리는 경우에 특히 엉큼 증상이 두드러집니다.

서른 번쨉니다. 남자가 엉큼하다면 이번에는 여자에게 많은 『간살형』입니다. 원래는 간사형이라고 해야 되는데 살 자를 그냥 썼습니다.

남자들은 여자가 간살맞게 굴면 그래도 싫다고는 안 합니다. 이 경우는 다른 여자들이 영 못 견디지요? 꼴도 보기 싫다면서 토악질이 난답니다. 먹고 살려니까 영업상 간살맞게 구는 거니까 남자들은 알면서도 속아 주는 사람이 많습니다.

서른한 번쨉니다. 『물탄형』입니다. 옛날에 대통령을 비하할 때 비슷하게 불렀었지요? 대통령을 그렇게 부른 것은 바람직하지 못합니다. 물탄형은 우유부단한 사람을 가르칩니다. 밑도 없고 끝도 없고 대가리고 꽁지도 없습니다. 그냥 사람만 좋아 가지고 한 가지도 맺고 끊어지는 게 없는 사람입니다. 이거 미칠 노릇인데 태생일까요?

서른두 번쨉니다. 『대충형』입니다. 이런 사람 큰일 낼 사람입니다. 대충 하면 빌딩도 무너지고 사업도 무너집니다.

전에 그 개그맨이 『대충맨』이더군요. 봉숭아학당인가 거기서 경비완장 차고 나오는 예쁘장한 친구 말입니다. 맞습니다. 장동민 맞습니다. 그 친구는 못 할 것도 없고 안 되는 것도 없더라고요. 그까짓 거 뭐 대충 하면 다 된답니다. 맞아요— 개그나 코미디에서는 웃기기 위해 그게 맞습니다. 하지만 이러면 큰일 냅니다.

서른세 번쨉니다. 요게 묘합니다. 『묘한형』이라는 게 있거든요. 뭐가 묘하냐 하면 알 수가 없는 것이 묘한 겁니다.

도무지 종적을 못 잡겠습니다. 누구하고 어디를 갔다 왔다는 건지?

남편은 남편대로 아내는 아내대로 속내와 겉내가 다른 것도 같은데 아니라고는 하고요? 이 묘한 형의 말이 오고 가면 자칫 큰 빌딩보다 더 소중한 가정이 왕창 무너집니다. 말을 묘하다고 느끼게 하지 마세요. 절대로 그렇게는 하지 마십시오. 묘하다가는 큰일 납니다.

서른네 번쨉니다. 『아리송형』이라고 처음 듣습니까? 종잡을 수가 없는 말입니다. 어떻게 들으면 그런 것도 같고 어쩌면 아닌 것도 같고…….
차라리 물탄형이라면 그래도 그러려니 하겠지만 이 경우는 판단이 안 섭니다. 좀 더 기다려 보는 수밖에 없습니다. 그러지 말라고도 하고 싶지만 그 사람의 입장이 그러니까 그렇겠지요.

서른다섯 번쨉니다. 『의심형』입니다. 진실도 믿지 않고 의심을 깔고 말하는 사람과는 참 힘든 일입니다. 그렇다고 갈라서 보여 줄 수도 없는 일이고요. 할 만하니까 의심을 한다지만 의심도 일종에 질병이 아닐까요?

서른여섯 번쨉니다. 『홍포형(弘抱型)』이라고 하는 신조어입니다. 미어(美語)에서 '홍어'와 '포어'를 조합해서 만든 말입니다. 너그러이 이해하고 되도록 감싸고 허물은 덮어 주는 아주 좋은 타입의 넉넉한 형체입니다.
'점잔형'하고 겨룬다면 아마 '홍포형'이 이길 겁니다. 마지막이라고 해서 아껴 두었다가 끝으로 말씀드렸습니다. 여러분들도 자신의 말의 말체를 찾아보십시오. 저보다 더 많이 찾으시면 무슨 상을 드려야 할까요?

/제21장/

칭찬과 감사

말의 월계관 금메달을 따자

말을 많이 했더니 정신이 하나도 없습니다마는 그런데도 여전히 제 머릿속에는 말, 말, 말, 아직도 엄청난 말들이 찌꺼기처럼 남아서 고여 있습니다. 자그마치 약 600개나 되는 새로운 말을(신조어) 만들어 이 책을 쓰고 보니 좋은 말이었나, 나쁜 말이었나도 생각해 보게 됩니다.

차후 누구든지 제가 연구하여 여기에 쓴 600개가 아니라 6,000개라도 좋은 말을 많이 만들어 보시기 바라고요, 막상 "무엇이 빠졌을까?", "중요한 게 빠지지는 않았는가?" 계속해서 습관적으로 말을 찾고 말을 되뇝니다.

그런데 아무 데도 써먹을 데가 없어서 굴리기만 하다 말아 버린 말이 자꾸 어지럽힙니다. 할 수 없이 이제라도 이 녀석을 꺼내서 써먹어 버려야 머리가 개운할 것 같은 말이 있습니다. 이 녀석은 아주 객쩍은 말이라서 아무 의미는 없습니다.

그러니까 제가 어렸을 적에 들은 말입니다. "내가 『말여』, 『말여』 소리를 『말여』, 안 할라고 해두 『말여』, 느덜이 『말여』, 자꾸만 『말여』, 『말여』 소리를 『말여』, 하게 하니까 『말여』, 내가 『말여』, 『말여』 소리를 『말여』, 자꾸 『말여』, 안 할 수가 『말여』, 있느냔 『말여』"라고 하는 말입니다. 자그마치 열다섯 번의 『말여』 소리가 나왔군요.

말이 어려운 만큼 말에 대하여 말한다는 것 역시나 어려웠습니다. 더구나 짧은 지식으로 여기까지 말씀을 드린다고 하는 것은 저로서는 대사(大事)요 여간 힘겨운 대업(大業)이 아니었습니다. 그러나 이제 기나긴 안도의 한숨을 몰아쉬어 봅니다. 그리고 며칠 쉬려고 합니다.

끝없는 생각과 생각으로 목이 굳어서 고개 돌아가지 않기 때문에 아침저녁으로 목마사지를 열심히 해서 그나마 견뎌 내고 이 한 편의 책 '대화학 콘체르토' 연구를 마감하게 되었습니다.

밤도 없고 낮도 없이 사람들을 만나지도 않고 오직 글만 썼기에 이 '대화학 콘체르토'가 완성된 것입니다. 하지만 이제부터가 또 태산입니다.

한 편을 가지고 세 번, 네 번씩 수정과 교정을 하였지만 아직도 손댈 때가 많으니까 저작권위원회에 등록까지 가려면 끝없이 하고 또 하기를 반복해야 하는 수정의 과정이 기다립니다. 등록을 마친 다음에 가서야 출판사로 보낼 거니까 할 일이 많습니다.

말에 대한 기존 '언어학' 밖에서의 보배를 열성으로 찾는다고는 찾았습니다. 그래서 600개의 단어들을 낙서하듯 깨알같이 메모도 했습니다.

거기서 골격을 세우고 이 연구문을 썼습니다. 그러나 수집만 하고 내버려야 하는 것이 곱절도 넘습니다. 수집해 골라낸 자료라고 하는 것도 부끄러운 것이고 막상 매회 연구마다 아쉬운 마음뿐이었습니다. 그래서 부탁드립니다. 더 소중한 말씀을 알려 달라고 하는 것입니다.

말의 변두리를 누벼서 흘린 말과 버려진 말을 찾아 우리가 살아가는 인생에서 재활용을 한다거나 하잘것없다고 무시할지도 모르는 말의 지혜를 구하자고 하는 것입니다. 그래서 제명을 처음에는 신개념 '언어학'이라고 했다가 '대화학 콘체르토'라고 도중에 바꿨습니다.

변두리요 사이드요 하잘것없는 이삭줍기라고까지 저 자신이 스스로 부족함을 인정한 것이 이 '대화학 콘체르토'라고 양해하시고 보아주셨다면 그것으로서 만족하고 감사하겠습니다.

같이 출판하는 책 '생각학 콘체르토'는 제가 나름대로 이 정도 까지는 움츠리지 않은 편입니다. 그런데 이 '대화학 콘체르토'는 워낙 기존 '언어학'의 학문의 벽이 높은 데다가 저 자신도 미치지 못하는 까닭에 그런 쪽으로는 넘보고 지나가지도 말자 하고, 제가 가고 싶은 이 길, 길도 아닌 정글 같은 밀림을 뚫고 고생만 잔뜩 했다고도 생각됩니다. 그러나 이 길은 제가 자청해서 온 길이기에 후회는 없습니다.

이제 이 시간을 끝으로 우리 정신문화연구시리즈의 '대화학 콘체르토'를 마치면서 애지중지 간직하여 왔던 마지막 말씀을 드리려고 합니다. 그렇게도 소중히 간직한 저의 이 마지막 연구가 여러분의 인생에서 차지하는 말의 보석이 되기를 기원합니다.

첫 번쨉니다. 결론은 말의 보배를 찾자는 것이 궁극적인 저의 목적이었습니다. 그러다 보니 열다섯 개의 쓸데없는 『말여』라는 말과 같이 저를 어지럽게만 하였을 뿐 진짜 값진 보배는 아직도 종적이 묘연할지도 모르겠습니다.

그보다도 몹쓸 말, 더러운 말, 죽여 없애야 마땅한 말은 제법 많이 찾아낸 것도 같습니다. 그러니까 오히려 그래서 그것이 걱정입니다.

말의 순기능이 아니라 목적과는 달리 역기능이 더 번성하기라도 한다면 어쩌느냐고 하는 것입니다. 무용지물의 유익하지 않은 말들의 쌍것들 잔치판이 되고나 말았으면 어쩌나 싶은 마음 말입니다.

내 아들이 보고 내 며느리와 사위가 보고 딸이 보고 손자 손녀가 보아서 나의 나다움에 어두운 그림자가 드리우기라도 한다면 이 모든 나의 수고가 헛되고 하나님께도 책망받아 마땅하겠다 싶어서 부족함으로 인하여 이런 걱정보다…… 왜 이런 말을 하셨느냐고 하는 원망이 돌아오지나 않을지도 걱정이라는 뜻입니다.

그래서 이제 남은 한 시간이나마 최선을 다해서 마지막을 잘 장식하려고 마음먹었습니다. 그 결과 이 세상에서 이보다 더 이상 값진 말은 없다고 판단하고 선정한 마지막 제목은 『칭찬(稱讚)』이라는 두 글자로 정했습니다.

이 두 글자는 우리 정신문화연구시리즈 '대화학 콘체르토'가 더 이상 뚫고 나갈 곳이 없는 최고의 가치라고 단정하고 아껴 오다 마지막으로 선택한 단어입니다.

왜냐하면 칭찬은 인생을 인생답게 하고 말을 말답게 하여 주며 잘 나가는 사람들은 물론 막히고 무너지고 힘겨운 사람들에게까지 말이 할 수 있는 가장 값비싼 영양제라고 보기 때문입니다.

　칭찬은 사람이 사람에게 하는 말입니다. 똑같은 이 말을 사람이 하나님께 드리면 이때는 찬송이나 찬양이라는 말로 바꾸어 드리게 됩니다.

　그러니까 칭찬은 찬송이나 찬양과 동일한 등급을 가진 말이어서 사람이 하나님께 드릴 수 있는 최상의 경배용어와 같은 의미가 담겨 있는 말입니다.

　하나님께는 찬양보다 더 이상 좋은 것은 없습니다. 성경에는 살찐 소를 잡아 드리는 것보다도 찬양을 더 기뻐하신다고 하는 말씀이 있으며 인간이 바칠 수 있는 가장 귀한 것도 역시 찬양이라고 하고 계십니다.

　이때의 찬양은 쉽게 찬송이라고 이해하셔도 괜찮습니다. 또 말씀하기를 이와 같이 하셨습니다. 하나님은 왜 인간을 지으셨느냐? 여기에 대하여서도 확실하게 말씀하셨는데 그것은 인간으로부터 찬송을 받으시기 위함이시라고 하는 말씀입니다.

　심지어는 인간을 위해 예수님이 십자가에서 돌아가신 이유도 우리로 찬송하게 하기 위함이시라고 하는 말씀도 하셨습니다. 그러고도 또 있습니다.

　인간을 구원하시고 천국에 오르게 하신 하나님은 천국에서 구원받은 인간들에게 오로지 찬송과 찬양만을 하게 하실 것이라고도 말씀하셨습니다.

　그러므로 찬송과 찬양은 하나님께는 더 이상 없는 인간이 할 수 있는 최고의 보배이자 가치가 된다는 것을 말씀하신 것이 성경의 골격이라고 해도 틀림이 없습니다. 그러니까 인간은 인간을 찬양하면 용서받지 못할 큰 죄가 됩니다. 나의 찬송을 우상에게 주지 않는다고 하는 말씀이 그 경우입니다.

이처럼 하나님과 인간과의 관계에서 찬양보다 더 귀한 것은 없습니다. 그런데 이와 동격·동급으로 보아야 하는 말이 바로 인간 대 인간의 경우에는 '칭찬'이므로 칭찬이야말로 인간이 인간에게 할 수 있는 가장 고귀한 단어가 된다는 것을 알 수 있습니다.

두 번째입니다. 그렇다면 칭찬이란 단어 말고 칭찬은 아니지만 못지않게 소중한 일반 단어에는 무엇이 있을까요? 먼저 칭찬의 저변을 살펴보겠습니다.

첫째는 『격려』라는 단어입니다. 격려와 칭찬은 혼동하면 같은 것으로 보입니다. 그러나 격려에는 높이는 요소가 빠지고 없습니다. 하지만 격려는 그 말 자체만으로도 참 아름다운 말입니다. 또 똑같은 아름다운 말에는 『위로』라고 하는 단어가 있습니다. 말을 말한다면 격려나 위로는 참으로 소중한 단어입니다.

그러나 위로에도 역시 높여 준다는 의미는 들어 있지 아니합니다. 또 '도움'이라는 단어하고 '지원'이라는 좋은 말도 있은데 이와 같은 단어 들은 아름답고 좋은 말로 어디 내놓아도 뒷전으로 밀리지 않는 말입니다.

물론 '기도'라는 말도 있어서 "기도해 준다"라고 하면 더 이상 없는 것같이 생각하기 쉽지만 기도와 찬양은 상당히 다른 것입니다.

아무튼 그러나 인간이 말을 하는 복을 받았다면 이처럼 손색없는 위로나 격려의 말을 아끼지 않아야 하며 그리하면 인간의 말은 갈 수록 아름답고 보다 복된 말이 되어 인생의 행복을 불러오게 될 것이라고 확신합니다.

그렇다면 격려나 위로보다도 더욱 값진 이 보배로운 칭찬이란 말은 우리가 살아가는 데 얼마나 귀한 영양소가 되는가를 생각해 보겠습니다.

먼저 칭찬은 거짓이 없습니다. 거짓칭찬을 한다는 것은 비아냥이며 일종의 기망입니다.

그러나 칭찬에는 일체의 불순물이 없습니다. 이렇게 깨끗한 칭찬은 어느 때 누구에게를 가리지 않고 사용해도 편하게 삽입되는 언류(말의 흐름)의 윤활유와도 같은 효과까지 가진 말입니다.

그래서 뻑뻑하던 언류의 흐름이 기름을 친 재봉틀처럼 부드럽게 돌아가게 하는 것이 칭찬입니다.

또 칭찬은 자주 '뚫어 뻥'이 되어 막힌 하수구의 더러운 찌꺼기를 쓸어안고 내려갑니다. '뚫어 뻥'이라고 아십니까? 그런 게 있습니다. 아무튼 생각해 보면 생각해 볼수록 말 중에 칭찬보다 더 좋은 말은 없습니다.

칭찬은 빗자루요 쓰레받기가 되어 널려진 말의 잡것들을 깔끔하게 쓸어 담아 언로가 깨끗해지게 해서 상큼한 대화의 길을 가게 합니다.

말고도 칭찬은 굳은 마음을 풀어 줍니다. 상한 마음을 치료해 주고 돌아선 마음을 달래 줍니다. 그늘진 마음에 소망의 태양이 떠오르게 하는 말도 칭찬입니다. 진실한 칭찬 한마디로 언쟁도 꺼지고 법정에까지 갈던 분쟁도 돌아섭니다.

이와 같은 칭찬은 남녀노소 누구를 가리지 않으며 형편처지, 이유 여하를 불문합니다. 특히 어린아이를 가르치고 기르는 데는 칭찬보다 더 좋은 교재가 없고 더 좋은 선생님이 없습니다.

부모님을 섬길 때도 칭찬보다 더 좋은 효도가 없습니다. 자녀들에게는 잘한다고 하고, 부모님들께는 고맙다고 하고, 아들딸에게는 원래 저렇게 착하고 부모님들께는 원래 우리를 위한 일이라면 평생을 저렇게 사신다고 하는 말은 사람이 들어서 가장 행복해지기에 알맞은 말이요, 자녀들에게는 이보다 더 좋은 보약이 없습니다.

이와 같은 칭찬의 영양제에 보약을 먹이지 않고 자꾸 꾸중하고 질책하는 말에는 독이 잔뜩 들어 있습니다. 그러나 칭찬에는 복이 잔뜩 들어 있습니다.

칭찬은 상사가 아랫사람에게 하면 할수록 상사가 대접을 받고 아랫사람은 행복해집니다. 교회에서도 몇 번 칭찬을 받은 집사님은 그 값을 백배나 하다는 것 아시지요? 특히 부부에게는 칭찬보다 더 귀한 것이 없습니다.

이렇게 말하면 곧잘 "뭐 칭찬할 게 있어야 하지요"라고 하는 말이 톡 튀어나오는데 이 말은 재빠른 마귀의 말입니다.

칭찬할 것은 지천으로 널렸습니다. "남편이라면 원래 극진하기는 하지." "저래도 마누라라면 끔뻑 죽어요." 이렇게 흔하게 널린 칭찬을 두고 어지러운 마당처럼 산만한 부부 사이를 쓸고 닦지를 않습니다. 막힌 구멍에 '뚫어 뻥'을 두고도 생고생을 자청합니다. 기름만 치면 될 텐데 쇳소리가 진동을 합니다. 칭찬이 행복의 열쇠입니다.

세 번째입니다. 칭찬이 널렸지만 칭찬할 게 없다는 말에는 드릴 말씀이 있습니다.

사람은 누구나 똑같습니다. 지구상에 사는 70억이 모두 같습니다. 무엇이 같으냐 하면 좋은 면과 나쁜 면이 있다고 하는 것이 같습니다. 대역죄인이고 날강도에 호로자식, 개놈, 미치광이 같은 녀석들에게도 칭찬받아 마땅한 것은 꼭 있다는 것이 같습니다.

제아무리 거룩하고 흠 없고 말이 점잖은 지식인에게도 혼꾸멍을 내고 비난받을 더럽고 추악하고 못된 악성은 꼭 있다는 것이 같습니다.

이것은 사람이 입으로는 음식을 먹으나 몸 밖으로 나올 때는 제아무리 고급음식을 먹어도 나올 때는 역시 냄새가 나는 것과 똑같은 이치입니다. 그러므로 칭찬할 게 없는 사람은 이 세상에 단 한 사람도 없습니다.

만일 어제 사형을 집행받은 죄인 중에 괴수라고 해도 틀림없이 그에게도 칭찬받아 마땅한 칭찬할 것은 있다는 말씀입니다. 이것은 미스코리아의 배 속에도 똥이 들어 있는 것과 같습니다. 입으로 먹은 신선한 채소가 몸 밖으로 나오면 필연코 더러워지는 것이 맞는 것처럼 누구나 방귀는 냄새가 나지만 눈빛은 곱고 미소는 아름다운 것과 같은 논리입니다.

그러니까 자식에 대해 실패한 부모는 거의 틀림이 없다고 할 정도로 칭찬을 하 지 않은 부모입니다.

칭찬 세 번만 연속으로 받으면 발걸음이 붕붕 뜹니다. 칭찬은 김 대리고 박 대리고 이 과장이고 최 부장이고 칭찬은 상무고 전무고 사장이고 회장도 벌러덩 나자빠지게 하는 아주 신기한 영약입니다.

이 세상에 칭찬 싫어할 회장 없고 칭찬 싫어할 시모님도 없습니다. "우리 회장님은 직원 건강문제만큼은 아무도 못 말리셔" 한번 해 보세요. 한번 칭찬 거리를 찾아보세요. 말단 신입사원에게 칭찬 세 번만 하면 회장님이 돌아가신 다음에도 대를 이어 회사를 지킵니다.

문제는 구리스를 두고 바르지 않고 재봉 기름을 두고도 치지 않았고 '뚫어 뻥'을 두고도 뚫지를 않은 겁니다.

유영철이란 친구는 어째서 살인마가 되었을까요? 엄마가 칭찬을 안 해서 그렇습니다. 하루에 세 번은 고사하고 1년에 세 번만이라도 칭찬을 했다면? 3년에 한 번도 칭찬은 못 듣고 하루에 세 번씩 야단만 맞았다고 한다면…… 그러면 인간이 나빠집니다.

천사가 변하여 악독한 마귀가 되고 사탄의 괴수로 변해 버립니다. "우리 애는 교회 하나는 얼마나 열심인지 몰라요" 칭찬하십시오. "○○는 교회는 죽어도 가더라고" 칭찬하세요. "효자야, 마음 쓰는 게 ○○ 같은 효자가 없어" 칭찬하십시오. 혼내고 윽지르고 이놈 저놈 몹쓸 놈이라고 하지 말고 칭찬하십시오.

이번에는 칭찬의 원리와 구조를 들여다보겠습니다. 인간에게는 70억 누구에게나 만개의 아름다움이 있다면 만 개의 더러움도 있다고 가정해 봅시다.

그런데 어떤 사람은 2만 개가 다 더럽고 어떤 사람은 2만 개가 모두 깨끗할까요? 인간은 몸 자체가 벌레 덩어리요, 결국은 세균으로 뭉쳐진 것이나 다름없는 것이 세포라고 하는 것은 아십니까?

인간이 아무리 깔끔을 떨어도 입 안 혓바닥에만 3억 마리의 세균이 모여 있다는 말씀은 아십니까? 눈동자에도 10만 마리의 세균이 득실거리고 있다면 믿으시겠습니까?

그러나 이런 인간에게는 하나님의 사랑을 닮아 칭찬받아 마땅한 무엇보다도 아름다운 마음씨가 있다는 것도 아셔야 합니다. 어린아이가 넘어지면 부축하고 일으켜 세워 주는 것은 살인마 도적놈, 날강도도 똑같습니다.

둘이 걸어가다가 하나가 넘어지려고 기우뚱하면 순간적으로 붙잡아 주는 것은 사자도 못 하고 개도 못 하고 사람만이 할 수 있는 인간만의 속성입니다. 그래도 칭찬할 게 없다고요? 당신이 문제였습니다. 자식을 그 모양으로 기른 당신의 문제였습니다(저도 부족하지마는……).

칭찬은 공짜요 무가(無價)입니다. 돈이나 정력이 낭비되지 아니하고 바닥날 것도 없는 무한대의 자원입니다.

또 칭찬은 너무 쉽습니다. "아이고 착하지—" 이게 칭찬입니다. "원래가 착해요" 이게 칭찬입니다. "쟨 타고났어요" 이게 칭찬입니다. "너는 어쩌면 그렇게 열심히냐?" 이게 칭찬입니다. "아무튼 대단하다니까" 이게 칭찬입니다. "두고 봐, 크게 될 거야" 이게 칭찬입니다. "너 하나는 내가 믿는다" 이게 칭찬입니다. "어디 내어놓아도 부끄럽지 않아" 이게 칭찬입니다. "난 아들 하나는 복 받았어" 이게 칭찬입니다. "너는 시궁창에 들어가도 걱정 않는다" 이게 칭찬입니다.

천 가지, 만 가지 가운데 단 하나가 칭찬할 것에 해당합니다. 그런데 자식들을 반대로 키우고 반대로 말하니까 자식이 엇나가고 남편이 잘못됩니다. 그러니까 하나님은 인간들이 자기를 칭찬하는 것을 최고라고 하셨습니다. 바로 찬송이 칭찬입니다.

그러니까 최고의 신앙은 하나님을 높이는 찬송이요 최고의 인생대화는 칭찬하는 말입니다. 칭찬이 세상을 비추는 빛이며 세상을 지키는 소금이 되고 인생을 행복하게 살아가게 하는 맛을 내게 합니다.

네 번째입니다. 칭찬에 칭찬을 반복하면 얼마나 아름다울까요? 거듭되는 칭찬의 효과는 인간답게 만듭니다. 보석처럼 빛을 내고 찬란하게 비춰 줍니다. 그렇다면 반복되고 거듭되는 칭찬이란 무엇일까요? 그것이 바로 미어 중에 말씀드렸던 『영어(永語)』입니다.

영어는 『시와 노래』입니다. 시와 노래는 더러운 말로는 만들 수 없습니다. 이 세상에서 고르고 고른 가장 깨끗하고 향기로운 순정품의 단어로만 만든 말이 시와 노래입니다.

반복해서 읽고 또 읽을수록 더더욱 맛이 진한 것이 시요 노래입니다. 그래서 하나님은 찬송에 곡조를 붙이라고 하시고 그것을 소고기나 양고기보다 더 기쁘게 받으시겠다고 하신 것입니다.

찬송이 없는 기독교는 칭찬이 없는 인생과도 같습니다. 칭찬과 찬송은 똑같습니다. 하나님의 마음도 녹이는 찬송의 힘은 인간의 마음을 녹여 인간답지 않고는 스스로가 못 견디게 만듭니다.

찬송을 받으시면 받으신 하나님께서는 인간을 위해 자기의 모든 것을 내어놓듯이 칭찬을 받은 아내와 자식들은 칭찬한 이를 위하여 자신의 모든 것을 다 내어놓고 모든 것을 다 바칩니다.

다 바친 결과가 무엇일까요? 숭고한 인격으로 사람들을 사랑하고 하나님을 경외하며 사람들과 살아가는 데 있어서 자신이 감당할 소중한 역할을 위하여 온몸과 마음과 정성을 바치는 것입니다.

칭찬받은 사람이 갈 길은 오직 하나입니다. 칭찬해 준 사람을 위해 힘쓴다는 것이며 기꺼운 희생입니다. 이것은 하나님과 인간과의 사랑의 원리와 똑같습니다. 이때의 희생이란 무엇일까요? 인간이 마땅히 해야 되는 일을 위해 연구하고 노력하고 그것을 위하여 자신을 바치는 것입니다.

인간다운 가치를 말로 행동으로 내어놓는다고 하는 또 다른 칭찬을 낳는 것입니다. 그렇다면 이때의 희생이라는 게 말 그대로의 희생일까요? 이때의 희생은 손해나는 희생이 아닙니다. 퍼내고 퍼내도 마르지 않고 더더욱 깨끗한 물이 더 풍성하게 솟아나는 생명수가 되어 더 많은 복의 생수가 끝없이 솟아나 희생이 희생이 아닌 자기의 행복이 됩니다. 칭찬받은 자는 꼼짝도 못합니다.

칭찬에는 마술이 들어 있어서 없던 것을 있게 하고 칭찬에는 신바람 나는 약이 있어 살맛을 돋우어 줍니다.

다섯 번쨉니다. 그러고 보면 나의 모든 괴로움은 칭찬하지 않은 것이 원인이었음을 알게 됩니다. 실패의 원인도 칭찬이며 해고된 까닭도 칭찬의 문제입니다. 모든 것이 칭찬과 연결된 고리가 끊긴 데서 연유했습니다. 아내와의 문제가 그렇고 고부간의 문제가 그렇고 친구간의 문제도 그렇습니다.

해서 마땅한 칭찬 대신 원망하고 불평만 했기 때문이며 지적하고 꾸짖고 못쓴다고 타박만 했기 때문에 인생이 힘겨워졌습니다. 누가 인생을 고해라고 했을까요? 칭찬하지 않으면 고해는 맞는 말입니다.

그러나 고해를 이기는 묘약은 칭찬입니다.

　칭찬에는 감사가 들어 있습니다. 산을 보실까요? 누가 저 높은 언덕을 만들고 누가 저기에 저 푸른 나무를 심었을까요? 그래서 천지를 창조하신 여호와 하나님을 찬양하라고 하셨습니다.

　이번에는 바다를 보실까요? 가없는 바다에서 우리의 생명이 되는 물이 하늘로 올라가고 거기서 비를 내리게 하여 땅에 스며들어 불순물을 제거시켜 우리를 먹이는 생명수가 된다는 이 놀라운 이치를 두 눈으로 뻔히 바라보면서도 하나님을 찬양하지 아니하였으니 우리의 삶이 그래서 곤고해졌습니다. 칭찬의 문제입니다.

　하나님께 감사하고 찬양해야 될 이유는 태산입니다. 지구를 만들고 여기에 지구 덩어리 열 개를 갈아도 내 한 몸을 만들지 못할 귀한 생명을 주시고 관리하시느라 먹이시고 입히시는 하나님의 사랑하심에 어찌 감사치 아니하며 어찌 찬양하지 않는단 말입니까? 마찬가지입니다.

　아내와 남편, 이웃 친지, 동료들을 칭찬할 이유가 천지사방에 수두룩하게 널렸습니다. 바로 이 말을 그대로 가정과 부부이야기로 옮겨 보겠습니다.

　밥상이 들어왔습니다. 여기까지 - 간단하게 주방만 가지고 감사와 칭찬의 문제를 새겨 봅시다. 누가 이 밥상을 만들었습니까? 아내의 손이 만들었습니다. "그거야 누구나 하는 것 아니냐고요?" 이때 이게 아닙니다. 이래서 칭찬을 졸라 죽여 버립니다.

　누구나 다 하는 건 맞는 말이지만 누구나 다 감사하고 당연 칭찬해야 된다는 것은 틀립니까? 꼭 칭찬하고 감사할 그때 칭찬과 감사를 무시했습니다. 고마움을 모른다면 요샛말로 이게 바로 '왕 싸가지' 아닌가요?

세상에 태어나서 고이 자란 아내가 내 아내가 된 것 감사한가요? 아닌가요? "내 마누라가 안 됐으면 누구 마누라가 돼도 됐을 건데 뭘 그래?" 이것도 '왕 싸가지'가 하는 말입니다. 칭찬을 죽여 버린 말입니다.

여기서 고장이 나 삐꺽대고 제대로 돌아가지 않아서 마침내 다 닳아 못 쓰게 되고 맙니다.

칭찬의 뿌리는 감사입니다. 감사를 모르면 칭찬이 나오지 않습니다. 우리 아기가 나의 아들딸이 되어 저렇게 건강하게 잘 자라 주는 것만으로도 얼마나 신통하고 고마운 일입니까?

그런데 그게 아니래요. 도리어 제까짓 게 뭐냐 내가 낳았으니까 나한테 제가 감사해야 된대요. 이렇게 되면 이것이 곁에 두고도 말라비틀어지는 인생기계에 기름을 치지 않는 이치입니다.

감사의 눈을 뜨지 않으면 감사는 내가 받고 칭찬은 전부 내가 받아야 마땅한 것이라고 착각합니다. 그래서 인생이 고해가 되고 인생이 고달파집니다. 내게 감사와 칭찬은커녕 그 예쁘던 아내의 눈이 독사의 눈이 되어 나를 노려보게 되는 것이 인생의 이치입니다.

첫 키스할 때는 그렇게도 부드럽던 혀가 독사의 혀처럼 짝 갈라져서 독설을 토해 내는 이유는 감사하지 않고 칭찬하지 않은 당신의 책임입니다.

칭찬의 뿌리가 되는 감사를 보는 눈을 뜨십시오. 그래서 칭찬으로 골수를 채우십시오. 칭찬의 말로 입술을 적시세요. 혀가 부드러워져서 구만 리 멀고 먼 인생길에 갈증이 없게 될 것입니다. 이렇게 말씀 드리니까 설교가 되고 말았습니까? 설교라면 듣기 싫다는 뜻이고요? 설교라도 좋고 연구래도 좋고 뭐라 해도 좋습니다. 우리가 착각하여 인생이 영원하다고 생각하신다면 영원한 인생의 영원한 행복은 칭찬이 그 문을 여는 열쇠입니다.

아침이 밝아 옵니다. 매일 아침 칭찬할 말을 우리 가족 한 사람당 하루에 세 개씩만 찾아 감사하며 칭찬하십시오.

말로 인하여 – 감사로 인하여 – 칭찬으로 인하여 – 모쪼록 여러분의 생애가 복된 생애가 되시기를 기도드립니다. 이로써 저는 여러분께 이제 제가 드릴 수 있는 것 중에서는 어쩌면 더 이상 없는 아주 최상의 귀한 것을 정성껏 올려 드렸습니다.

/제22장/

말하기(언변술) 교실

＃ 말하기 한번 배워(읽어)보세요

　　　　　　　　　　　　　　　말하기(언변술) 교실의 문을 열
겠습니다. 말을 직업으로 하는 사람이 아니라도 어떤 방법으로 하든
지 말하기를 배워보세요. 꼭 여기서 저에게가 아니라도 좋으니 스승
님을 찾아 말하기를 배우시라는 뜻입니다. 이번 22장은 부록으로 내
리려 하다 새 장을 열면서, 물론 이런 주제는 전직 아나운서나 방송
사 앵커출신이라도 쉽지 않다는 점 잘 알고 써 가려합니다.

　이왕 대화학을 쓰는 터이므로 부족함이 많을지언정 그냥 마칠 수
가 없어서 그러니까 한 수 접고 두 수 접고 모쪼록 쓸 말만 가려들으
시고 아닌 것은 그냥 흘려버려도 괜찮습니다.

　먼저 말하기와 관련하여 다시 한 번 저를 소개하겠습니다. 우선 말
을 잘하느냐고 물으면 잘하지는 못한다는 말씀부터 드립니다. 그런데
웬 말하기 공부방을 여느냐 하실까하여 한 말씀 드리겠습니다. 노래
를 영 못하는 음치라도 노래를 잘하고 못하는 것쯤은 알아듣는 다는
것입니다.

마찬가지로 제가 말을 잘은 못해도 잘하는 말은 알아듣습니다. 어떻게 하면 잘하는지도 조금은 압니다. '음치'가 아니라 '말치'라고 해도 일단 말을 이렇게 하면 좋다는 정도는 안다는 정도로 핑계를 대면서, 저는 사실 초등학교 4학년부터 웅변을 했다는 말씀부터 풀어가겠습니다.

그때 웅변을 잘한다는 말도 들었습니다. 교내는 물론이고 군내를 지나 도내 초등학교대항 웅변대회에 가도 2등한 기억이 별로 없습니다. 웅변대회나 글짓기 대회에서 받은 1등 상장이 지금도 찾아보면 좀 있을 거예요. 그저 골목대장 조막손 자랑 같은 말일지 모르겠으나 말 잘한다는 소리는 제법 들은 때도 있었습니다.

장성해서는 작사 작곡을 하고 당시 라디오방송국에서 노래자랑 심사위원을 하여 또 말을 할 일이 계속되었습니다. 올해 65세 된 제가 가장 오래 한 일도 말입니다.

전국각지 해외에도 나가 15년간 선교간증을 하고, 6년간은 라디오방송에서 특강을 하기도 했습니다. 결국 제가 살아온 평생에서 했던 일은 말이었고 마이크나 청중 앞에서 말을 하는 일이 직업이었습니다.

지금은 말할 일이 드물지만 근간에도 전작『민족의 스승 월남 이상재』라고 하는 장편역사다큐멘터리소설을 출간한 관계로 역시 방송국에서 인터뷰도 하고 또 특강을 할 일도 있습니다.

아무튼… 지금 중요한 것은 말을 잘하느냐 못하느냐… 무슨 건방지게 말하기 공부방을 만드느냐 라고 하는 것이라 할 때, 답은 역시 잘 못한다는 것입니다, 괜한 겸손 떠는 말이 아니고 지금은 전보다 더 못한다는 게 솔직한 말입니다.

말을 잘하려면 치아가 좋아야 하는데 위아래가 다 부실하니까 말 좀 한다 싶던 세월도 이제는 흘러갔다 싶기도 한데, 우선 말을 천천히 해야지 빠르게 하지를 못합니다. 말도 역시 젊어야 잘한다는 증인이 되었습니다.

다만 앞서 말씀드려 이미 다들 아시겠지만 어쩌다 보니 그런 제 아들 역시도 말하는 직업인으로 삽니다. 한국기독교방송(CBS) 기자로 근무하다. 지금은 미국의 소리 방송(VOA)기자가 되어 워싱턴에서 근무합니다.

물론 아들은 신문방송학과를 졸업했고 저보다야 잘합니다. 그러나 더욱 잘해야 하니 정상은 아직 더 올라가야 합니다. 이래저래 제 아들이든 독자 여러분의 아들이든 당사자든 간에 말하기 공부를 하면 좋겠어서 이제 시작하겠습니다.

첫 번쨉니다. 앞서 저는 김 대리와 박 대리(제18장) 이야기를 하면서, 말을 잘하려면 뭘 제대로 잘 알아야 한다고 하는, 말이란 말의 소리 그 자체보다 말하는 내용이 더 중요하다는 말을 했습니다. 그 말은 말이란 말의 내용과 말하는 재주, 즉 언술과 언핵과 말성은 다른 것이라는 뜻이었습니다.

생략하고요, 여기서는 다 빼고 순수한 말하기 관련 언어구사(언변술)에 관해서만 말씀드리려 합니다. 거듭 말할 재료가 되는 내용이라 할 지식은 갖춰졌다고 보고 스피치, 아나운싱, 리포팅, 강연 관련 공부방이라는 점 기억하기 바랍니다.

먼저 『말 훈련』이 필요합니다. 말 훈련이란 말에서는 '마디'라 하지만 글에서는 '문장'입니다. 문장은 한국어의 특징이 『첨가어』로 되어있다는 것은 아시나요? 중국어는 고립어라 하고 영어는 굴절어라 하는데, 한국어는 첨가어 성격을 띤 언어라고 한다는 말로서… 어근→품사→접사→어미 의 순서로 연결된다는 뜻인데 사실 이런 것은 잘 몰라도 상관없습니다만, 꼭 알아야 할 것은 말다운 말을 갖춘 최소 형태소 단위에서 『어절』이라는 것이 있습니다. 어절이란 독립된 최소의 말단위(형태소)이며 최소 단어라고 이해해도 되나 조사가 붙거나, 자립어 의존어 등등 이렇게 나가면 말만 길어지고 사실 별로 중요하지도 않습니다.

빨리 본론으로 들어간다면 발음할 최소단위 말의 형상(어절+형태소)이 갖는 발음의 정확성을 기초체력과도 같이 기본적인 발음 훈련해야 잘한다는 것입니다.

어절이라고 한 이 최소단위 독립된 말의 하나하나에서 독자적 완벽한 발음 요구가 말하기 공부의 가장 기초입니다. 입술의 긴장이 풀리면 발음이 정확하지 않습니다. 혀가 편하게 움직이지 않으면 말이 부정확합니다. 입안에 침이 말라도 안 되지만 헹건 해도 발음이 나쁘게 나옵니다.

한마디로 말해 말을 잘하려면 독립된 최소단위의 어절이 분명하게 구분되어 또렷하게 잘 들려야 합니다. 이 대목의 훈련이 필수 전제입니다. 혀 운동도 해야 합니다. 볼의 근육도 풀어줘야 합니다. 입술은 촉촉하게 적셔줘야 합니다. 그리고 발음을 하되 정성껏 해보세요.

대충 슬쩍 무성의하게 하지 말고 세 번 네 번 열 번까지 각각 어떻게 하면 어떤 소리가 어떻게 나오는지 스스로 비교해서 가장 정확한 발성이 된 경우를 기억하여 그쪽으로만 집중훈련을 해줘야 합니다.

말에서 발음의 정확성은 기초이며 근본입니다. 발음이 나쁜 경우에는 말하기 공부에서 다음 순서로 넘어가지를 못합니다. 앞서 말도 몸이 건강해야 잘하고 아는 것(지식)이 있어야(제18장) 잘한다고 한 것은 『터파기』입니다.

터파기가 잘 됐다면 이제 기초공사를 해야 하는데 이게 발음입니다. 발음을 잘하는 것에는 만점이 없을 정도로 무한정 잘할 수가 있어 그 끝이 없습니다. 발음공부는 말하기에서 기본 체력이며 기초 훈련입니다.

이때 "발음이 우둔하다"하고 두루뭉술하게 지적하고 말면 그만 일 것 같지만 그렇지 않습니다. 맑은 발음이 있어요. 흐린 발음도 있고 어두운 발음이 있습니다. 어둔한 발음도 있고 낭랑한 발음도 있어요. 얌통머리 없이 발랑 까진 발음도 있고 가볍거나 무거운 발음도 있습니다.

사람의 음성이 전부 틀린 것처럼 발음은 그렇게 많고 다릅니다. 요는 가장 정확하고 듣기 편하게 3박자(혀+입술+습도)를 잘 맞춘 다음에 가서야 톤이라고 하는 강약(악센트) 고저(고성, 중성, 저성) 등으로 구분됩니다.

두 번쨉니다. 말의 강약(악센트) 고저(고성, 중성, 저성)라고 하는 것은 고음 중음 저음이라고 이해해도 됩니다. 하여간 이제 발음이 정확하게 되는 편이라고 한다면 다음으로 넘어가 말의 고저와 강약(톤+악센트) 훈련을 해야 합니다.

말이 강한 게 좋으냐 약한 게 좋으냐는 단순한 질문은 용처와 환경에 따라 선택의 문제입니다. 앞서 제가 어려서 웅변을 했다고 했는데,

그때의 웅변은 까랑까랑하고 야무지며 고성과 중성 저성을 오고 가는 선언적, 선포성의 외침이었습니다. 이런 외침은 주로 첫 발성의 키를 약간 높게 잡게 되는 경우이나 요즈음은 웅변대회가 많이 줄었지요?

청중들 앞에서 말을 하느냐, 그곳이 교실이냐 강당이냐, 아니면 운동장이냐 야외냐, 아니면 토론장 형태의 테이블에 앉은 경우라든지, 혹은 라디오방송사의 스튜디오 안 마이크 앞이냐에 따라 강·약(악센트)고·저(고성, 중성, 저성)는 현격하게 달라집니다.

때와 장소와 용처에 따라 다른 강약 고저의 문제는 자칫하면 엉성하고 자칫하면 오버하게 되고 자칫하면 맥이 없어 시원찮게 들리기도 하는 등 발음의 기초가 잘 되었다 해도 수평이라고 비유할 강약고저의 요령이 부족하면 실이 죽은 이처럼 허름해지고 맙니다. 실(實)이 죽은 이(虱), 이게 무슨 얘긴지는 아시지요? 며칠 굶거나 추워서 시들한 이 말입니다.

세 번째는 말을 하게 되는 용처(용도+목적)를 맞춰줘야 합니다. 가령 연기를 하는 배우라면 말이 끈적거려도 개성으로 인정받습니다. 최불암 같은 연기자에게 뉴스를 하라고 하면 말이 끌려서 못 쓰지만 아나운서에게 연기는 빼고라도 대사를 하라고 하면 맛이 안 납니다.

이 말은 배우의 말 틀리고 성우의 말이 틀리고 아나운서의 말 틀리고 강사의 말이 또 틀리다고 하는 것입니다. 틀리냐, 다르냐의 문제에서 아예 틀리다고 해도 될 정도로 말은 말하는 용도와 목적에 맞아야 합니다.

뭔가 의식을 뒤집겠다는 어릴 적 웅변대회는 반공방첩이나 불조심

같은 연설이었는데 연사는 반 강제적으로 강조하고 주입식 연설을 시켰습니다. 그러나 요즈음은 TV 강의를 자주 보게 되는데 보면 계열 자체가 또 틀립니다.

강연도 아니고 대사도 아니고 그렇다고 뉴스 보도하는 아나운서도 아닌 게 요즘은 주로 '그냥 얘기를 한다'고 할까요? 과거 화롯가에서 형들이 해주던 옛날이야기처럼 그냥 편하게 할 말들을 하고 있습니다.

이처럼 말은 어디서 왜 하느냐에 따라 강약이나 고저는 물론 너스레 삽입(애드립)현상까지 듣기에 불편하지 않습니다. 다만 발음은 기초공사라는 점 다시 한 번 강조합니다.

네 번쨉니다. 특별한 비결이나 정답이란 없습니다. 이상(위)이나 이하(아래) 이런저런 제 말 속에서 자기가 하는 말을 고르고 닦는다면 성공입니다. 문장을 제대로 이해하고 정확하게 발음하고 지식이 있어 아는 것을 족히 말하기만 한다면 대단히 잘하는 말이라고 해도 될 것입니다.

그러나 이제부터가 시작이라고 할 것입니다. 여기까지가 기초요 기본이라고 한다면 이제는 달변이라고 하는 『말의 유창함』이 기다립니다. 막힘없고 거침없으되 분명하고 또렷한 말을 하되 눌변(訥辯)의 반대말인 달변(達辯)으로 가야 합니다.

달변은 훈련하는 성과대로 나옵니다. 게으르면 보통이고 무심하면 형편없어지지만 노력하면 노력한 만큼 "야 참 말도 잘한다"라는 찬사를 받게 됩니다.

문제는 노력인데 말이 좋아 노력이지 노력을 어떻게 하라는 건지 이게 어렵지요? 달변으로 가려면 말을 가지고 논다고 할 정도 현란하게 쏟아내야 하는데 이게 어디 만만하다 하겠습니까? 이 문제에 관하여 다 지나간 일이지만 제 경험을 말해보겠습니다.

말이 유창하려면 남이 잘 못하는 어려운 어절(말마디)을 유난히 매끄럽게 넘겨야 합니다. 가령 외국인의 이름이나 나라 이름, 또는 지명을 말할 때 이때 최선을 다해 더듬거린다는 느낌을 완전 제거시켜야 합니다.

흐루시쵸프나 코르바쵸프, 우크라이나 또는 레닌그라드 같은 것은 누구나 다 유창하게 넘어갑니다마는, 생판 듣도 보도 못한 아랍어나 스페인어, 또는 아프리카 오지의 생소한 말이 길게 이어진 어절을 발음해야 할 경우에 막상 어물거리면 잘 된 밥에 코를 빠치는 격입니다. 단 이때 한 글자 한 글자를 또박또박 짚어주어야 할 필요가 있는 경우도 있어요. 두 가지의 경우를 혼동해서 들으면 안 되고요.

유창한 언변술은 노력하되 집중력을 요구합니다. 노력이라는 문제도 이제 한 말을 뒤섞어도 거침없이 술술 나오도록 거꾸로도 말하는 훈련이 효과가 있습니다. 가령 『**있습니다, 효과가, 섞어도 훌훌 뒤, 한 말을 이제 하는 나오도록 훈련이, 노력하되 유창한 집중력을 합니다 요구…**』

그런가 하면 중간 글자를 먼저 뽑아 앞뒤로 섞어서 말하는 훈련도 필요합니다. 어절을 유지하며 뒤섞는 경우가 있고(말하기 훈련의 혀 돌리기 경우 임), 군데군데 어절까지 흩뜨려 섞 박기로 말하는 훈련도 연습용으로 해 보면 좋습니다.

이런… 말 뒤집어 훌훌 뒤섞어도 더듬거나 걸리적거리지 않는 유창한 말의 훈련은 어려서 웅변을 지도하던 선생님이 제게 집중적으로 훈련시켜 주신 예를 든 것입니다. 하나의 문장을 전부 거꾸로 읽어보는 것도 좋습니다.『**다니습좋 도것 는보어읽 로꾸거 부전 을장문 의나하…**』

바로 이렇든 저렇든 가장 중요한 것은 발음입니다. 거꾸로 읽거나 뒤집고 훌훌 섞어서 읽거나 발음이 명확해야 합니다. 다시 한 번 정확한 발음으로 읽어 보십시오.『**다니습좋 도것 는보어읽 로꾸거 부전 을장문 의나하…**』

이때 문득 생각나는 말이 있습니다. 그 시절 웅변을 지도하던 이강자(여자)선생님은 정말 참 발음이 좋으셨는데 제가 미국의 소리 방송을 듣고 아나운서가 될 거라고 하였더니 말하는 연습 이야기를 해 주었습니다. 임택근 아나운서는 차를 타고 서울 시내를 달려가면서도 양쪽의 간판을 전부 줄줄 읽어댄다 하면서(당시는 주로 단층 건물이었음) 유창한 말 훈련을 하라 하셨습니다.

그후 저는 나돌아다니면서 간판이란 간판은 몽땅 거꾸로도 읽고 순서를 바꾸면서 발음 연습을 했습니다. 참고하라는 말입니다.

개구리→리구개→구리개→개리구→리개구→구개리…,

다람쥐→쥐람다→다쥐람→람다쥐→쥐다람→람쥐다…,

호모사피엔스→모사피엔스호→사피엔스호모→엔스호모사피→스모사피엔→엔호모사피엔스→모호피사스엔→사모호스피엔→피사모호엔스→엔모피사호스→모호엔사피스…

아메리카합중국→중국합메리카아→아카합국중카→리카중국아메→합카리메중국→중합카메국아→메아카리국중합→카합리메아중국→메카합국아중→중아메카리국아→카합메중리국아…

이런 식으로 말을 섞어보면 내 발음은 물론 말의 유창성에 대한 나의 말 실력을 점검해 보게 되고 외국어를 배우게 될 경우에도 혀가 잘 움직이게 해주는 기초훈련에도 유용합니다.

유창한 말하기, 달변의 마지막은 『말 몰아치기』와 『말 끊어주기』 입니다. 어물거릴게 아니라 누구나 빨리 쉽게 알아들을 만 하다고 여겨지는 문장인 경우에는 말을 빠르게 몰아쳐 빨리 해야 하는 것이 『말 몰아치기』입니다.

보통 누가 말을 하면 지금 무슨 말을 하려고 하는지, 할 건지를 미리 압니다. 그런데 뻔한 그 말을 할 거면서 더디 말하면 말이 어눌하게 들립니다. 그러니까 이 말은 빨리해도 알아듣겠다 싶은 문장은 상대 청자가 가늠하기 전에 휙 지나가 버려야 말 참 잘한다는 말을 듣습니다. 이미 알만한 쉬운 문장은 빠르게 몰아 때리세요.

다음으로 『말 끊어주기』란 말을 또박또박 천천히 해야 하는 경우입니다. 어떨 때 『말 끊어주기』가 필요하냐 하면, 이 말은 주로 고립어, 독립언 감탄사, 또는 생소한 어절을 각인시킬 필요가 있거나 뜻밖의 중요한 명사를 강조할 필요가 있는 경우입니다.

이럴 때 몰아 때려 말이 빠르면 상대가 알아듣지 못하여 "뭐라고?" 이렇게 묻게 됩니다. 묻고 않고가 중요한 것이 아니라 그러면 내가 하는 말의 유창성이 떨어집니다. 말을 잘하는 비결에는 꼭 『말 끊어주기』가 필요합니다.

이때는 꼭 또박또박 천천히 해야 잘하는 말이에요. 뿐만 아니라 말미(말끝-어절의 끝-어미부분)는 약간씩 길게 빼거나 느려질 필요가 있는 경우도 많습니다.

느리게 말하는 이유는 이제 하나의 문장이 끝나는 동시에 아예 이 글에서 보는 것처럼 줄을 내리듯 문단과 주제까지 끝난다는 암시를 언변술로 전달하여 지금까지 들은 말을 정돈하고 다음 문장이나 문단으로 이어질 거라고 하는 느낌을 주되 끊어주기나 늘리기 효과를 통하여 목적을 거두자는 뜻입니다. 잘 되겠습니까? 자 이렇게 되면 이제 비로소 말의 멋을 공부해도 될 자격을 갖췄습니다.

다섯 번쨉니다. 말에 멋이 있습니다. 옷에만 멋이 있는 게 아니라 하는 말에도 멋이 있습니다. 이 말은 말의 매력이라고도 하겠는데 매력과는 다릅니다. 매력이니 매혹이니 하는 말은 수준에 미치지 못하고 절대적인 말의 멋, 멋입니다.

『말 멋』이라는 문제는 혹 착각해서 안 되는 것이 소위『겉멋』이라거나 건방짐, 또 날 넘는 오버, 아니면 지나친 기교로 인하여 자칫 느끼게 될 거부감을 갖게라도 한다면 절단 납니다. 그러면 과연『말 멋』이 무엇인지 분석해 보겠습니다.

이제까지 말한 발음→강약→고저→유창함→『말 멋』이라는 등식이 나옵니다. 그러나『말 멋』을 결코 쉽게 생각하지 마세요. 말에 멋이 있으려면 어절연결이 좋아야 합니다. 숨표(,)와 쉼표(.)도 잘 가려야 합니다. 숨 쉴 때 쉬지 않으면 화자보다 청자가 더 답답합니다. 끊어줄 때 끊지 않아도 갑갑하고 길게 빼 줄 곳에서 빼주지 않아도 개운하지가 않습니다.

특히 문장(문단-원고)을 작성할 때 글체가 곧 말체가 된다는 점을 명심하여 철저하게 준비해야 합니다. 글체에는 간결체, 건조체, 우아체, 화려체, 만연체가 있다는 것은 아시지요? 자세한 것은 검색해 보시라고 권하면서, 만연체의 경우 말이 얽히지 않게 숨표를 제대로 잘 이용해서 말해야 합니다.

어떤 글체를 원고로 할까 의 문제에서 저는 이 만연체를 즐겨 씁니다. 만연체가 어떠한가는 검색에서 아셨을 터이나 하나만 예를 든다면 사도신경이나 주기도문입니다. 사도신경은 간결체의 정반대입니다. 사설이나 칼럼은 대개 건조체를 쓰고 용도가 무엇이냐에 따라 우아체 화려체를 쓰기도 하는데 제가 만연체를 즐겨 많이 쓰는 까닭은 만연체라야 말과 글이 자세하다고 하는 특성이 있어서 말의 멋을 내기에 좋아서라고 하는 점 때문입니다.

만연체는 잘만 쓰면 집필이나 방송용으로 괜찮다는 것은 다 아실 것입니다. 그러니까 하려고 하는 말은 만연체라고 하는 가장 긴 글이 한 줄로 엮였을(썼을) 경우 이게 과연 『말 멋』과는 어떤 상관관계가 있느냐는 것입니다.

말의 멋을 내려면 천박하지 않아야 합니다. 과하지도 말고 중심을 잘 잡아서 자칫 맥이 끊이지 않아야 합니다. 만연체를 말로 할 경우에는 말하는 자신(화자)이 그 말을 완벽하게 이해(소화)하고 하나의 문장이나 문단이 끝날 때까지 말의 중심(언핵)에서 본인 스스로(화자)가 헷갈리거나 이탈하지 않아야 합니다.

할 말의 핵심 말 줄을 탄탄하게 붙잡고 청자들이 듣고 이해를 잘하면서도 유창하고 멋스러우려면 본인부터가 자기가 하는 말 자체의 중심을 강하게 잡고 가야(말해야)합니다. 말재주도 부족한데다 글재주까지 부족하다 보니 잘 알아 들으셨나 모르겠네요.

여섯 번쨉니다. 『말 스승』을 자주, 계속, 매일 만나야 합니다. 남의 말 듣기에 게으른 사람은 말을 잘 못합니다. 발전할 희망이 없습니다. 노래를 좋아한다면 무조건 노래를 많이 들어야 하고, 무용을 좋아하면 무용을 많이 봐야 합니다. 그림도 마찬가집니다. 남의 그림, 특히 잘 그린 좋은 그림을 많이 봐야 잘 그릴 수가 있습니다.

말도 마찬가집니다. 잘하나 못하나 일단은 남의 말을 많이 들어야 합니다. 말을 듣기만 하는 것이 아니라 분석도 해야 합니다. 반드시 2가지를 찾아내야 합니다. 『어디는 서툴고 어디는 잘하는가…?』

말은 잘하건 못하건, 말을 들어보면 그게 맞든 틀리든 간에 남의 말을 들어보면 언변술에서 분명 2가지는 누구나 찾습니다. 여기서 잘한다고 들리는 곳은 조건 없이 그가 내 스승님인 줄 알고 배워 그 말을 따라 배워야 합니다. 반대로 못했다 싶은 곳은 내가 반복해서 연습을 해 고쳐봐야 합니다. 내가 하면 잘 됩니까?

혹 이때 내가 그 사람의 말을 따라 흉내 내면 모방이라는 염려는 신경 쓸 것 없습니다. 사람은 음성이 70억이 다 달라서 모방을 해도 내 음성은 내 것이라 치우치지 않고 장점을 내가 뺏는 데는 걱정할 것 없이 내 장점에 접목하면 됩니다.

남의 말은 잘한다고 들리면 나를 고치는 데 쓰고, 잘 못한다 싶으면 거꾸로 연구하는데 써야 합니다. 그런데 현실, 보면 요즘 방송인들 정말 말들 참 잘합니다. 배울 게 더 많습니다. 배우면 안 될 사람도 없고 한 수 가르쳐 주고 싶은 사람도 없지는 않지만 고마운 스승입니다.

남이 넘어지는 것을 보게 되면 나는 그곳을 피해 가니까요. 앞서서 가다가 똥을 밟거나 뱀이 있다고 한다면 피해 가게 하니까 내게는 그가 고마운 사람입니다.

말을 잘하는 비결을 한마디로 말하라면 노력이고 연구입니다. 반복적인 연습이고 훈련이며, 이를 한마디로 정리하면 주로『절삭』입니다. 내 말에는 고칠 게 더 많습니다. 버려야 합니다. 잘라내고 삭제하고 또 삭제하고 자르고… 지금 제가 써가는 이 책 대화학 콘체르토 역시도 똑같습니다. 초고를 쓰는 것은 쉬워요. 다음에 수정이 열배나 더 어렵습니다. 시장에 가서 장거리를 사오는 것은 쉬운 편입니다. 사다가 다듬고 절이고 김치를 담그는 일이 어렵습니다.

말은 시장에서 일단 사서 차에 싣고 들어오는 것입니다. 그런데 똑같은 무 배추를 사와도 뉘 집은 김치 맛이 좋고 나쁘고 더 좋고 덜 좋고 는 다 다릅니다. 말은 누구나 다 합니다. 말의 요리가 어렵습니다. 군더더기를 빼는 것은 다듬기지만 간을 맞추고 맛을 내는 것은 고도의 기술이며 솜씨입니다.

끝으로 지극히 상식적인 말이지만 마치는 말씀으로 드리겠습니다. 말은 몸이 피곤하면 잘 안 됩니다. 그래서 간혹 저는 말을 잘하려면 "푹 자라-"라고 말해줍니다. 밤을 새우거나 감기가 들거나 무리한 여행으로 몸 전체 균형이 망가지지만 말은 귀신같이 감지합니다.

말하기 공부방을 닫습니다. 가르쳐 드린 것은 별로 없고 결실로 맺힐 거라고는 적지 싶습니다. 다만 이제부터 말하기에 보다 신경을 많이 써야 하겠다는 생각만 드셨다 한다면 성공입니다. 말하기의 세계 최고가 되세요.

/부록/

말과 대화 칼럼

전쟁의 시작은 말에서부터다

<2010년 6월 23일자 칼럼>

2000년 6.15 남북공동선언도 그렇고 지난 2010년 6월 14일 이명박 대통령이 대국민 담화를 발표한 것은 말의 형태다. 말이란 부부가 살고 인간이 사는 원초적 수단이며 국가도 다르지 않다. 말을 나오는 대로 거침없이 해대면 결론은 주먹이 올라가고 이어서 짱돌로 내려치게 하고 마침내는 칼부림이 나서 사람이 죽느냐 사느냐가 되는데 국가도 이에 전혀 다르지 않다. 말이 좋아야 한다.

글도 마찬가지고 전쟁도 말의 결과다. 사소한 시비가 싸울 말을 만든다. 동물의 세계도 들여다보면 영역침범으로 으르렁거리다 달라붙어 싸움이 난다. 인간도 처음에는 큰 싸움이 날 줄 몰라 "왜 그래?" 물으면 "뭘 왜 그래 이 자식아!", 단박 이렇게 나가면 한두 마디 시비를 가리려 하다 "이 자식 맛 좀 볼래?" 하게 되고, "그래 맛 좀 보자 이 새끼야" 하게 되면 주먹이 올라가고 막고 치고받는 싸움이 일어나게 된다. 말이 고와야 한다. 먼저 가는 말이 고와야 한다지만 가지도 않은 말에 오는 말에 가시가 돋친 무경우가 최근 16년 만에 다시 서울 불바다를 끄집어낸 북한 김정일 집단이다.

이에 이명박 대통령은 이미 북에 대해 할 말을 했다. 핵을 포기하라는 것이고 남북 간에 평화체제로 전환하라는 것이며 사이좋게 서로 도우며 하나의 민족동포로서 살아가자는 것이었다. 이에 대해 북한은 바닷속으로 잠수함으로 보내 우리 천안함을 두 동강 내고도 완벽한 오리발을 내밀고 있다. 오히려 우리의 정당한 방어태세에 대해 "흔적도 없이", "무자비한 대량 살상", "서울 불바다"와 같은 처참한 말을 내쏟고 있다. 정말 참기 힘든 말이라 다음 순서는 "뭣이 어째?", "너 이 자식 죽을래?"라고 나갈 지경에 이르렀는데도 참 무던하게 참자니 울화가 치민다.

김정일 집단은 말을 거칠게 함부로 하지 말아야 한다. 6.25 당시의 우리와 지금의 우리는 다르다. 화가 나는 대로 막 나오는 것은 북한이 그만큼 고통스럽다는 뜻이고, 그래도 참아 준다는 것은 우리가 그만큼 북한보다는 큰 어른이라는 뜻을 왜 모르는가?

남북관계의 근본을 들춰 보면 북한체제가 우월하고 후대(손)가 편해서가 아니다. 보신주의로 죽지 않으려 그저 명령에 순종하는 것뿐이지 그런 체제하에 자신들 후손의 미래를 맡긴다는 것에 마음 편한 인민이 얼마나 되겠는가?

나는 평생 입에 달고 살아야 한다고 보는 말이 있다. 북한 2,300만 중에 300만 빼고 2,000만은 남한을 그리워하고 남한과 상생의 길로 남한의 도움을 받고 경제적 성장발전을 바란다고 하는 것이다.

잘해야 200만이나 300만의 집권군부세력들이 그로써 오늘의 보신을 잃을까 왕왕 짖는 것이지 실제 전쟁을 원하고 피 터지게 싸우기를 원하는 동포가 누가 있을 것이냐.

과거처럼 남측이 건드리면 쓰러질 정도가 아니라 이참에 남침통일을 하기에는 우리의 100배 이상이나 떨어지는 국력을 가진 북한으로서는, 피를 나눈 우리와 화목함을 바라거나 아니면 아무것도 모르는 폐쇄공간에서 자라 모르는 탓인지 북한은 이제 1인 독재 3대 세습이라고 하는 동물의 세계에서도 없는 비인간적인 행동을 즉각 멈추고 평화체제로 가야 한다.

이런 의미를 담아 속내를 드러내고 모처럼 민족주의에 입각하여 발표한 것이 6.15선언이었다. 정부가 두 번이나 바뀌어 그 의미와 가치가 퇴색된 면이 있으나 이것은 던져 버릴 휴짓조각이 아니라 민족정신을 담고 우리 민족의 미래를 살아갈 후손들에게 물려줄 고귀한 정신이 담긴 모처럼의 평화적 합의문이었다.

그 선언의 구체적 의미를 되짚어 보지 않아도 분명하게 알 수 있는 것은 상생과 화합의 새로운 남북시대를 열자고 한 것인데 잉크가 채 마르기도 전인 2002년 핵실험으로 인해 그만 엇박자가 나기 시작하더니 다시금 전쟁에서나 쓰는 말을 거침없이 내뱉는 북한은 민족반역자의 못된 행동이다.

이에 이명박 대통령은 "그래 한번 해볼 테면 해봐라"라고 맞장구를 치지 않았다. 속내가 부글부글 끓었을 것이나 이런 의미를 모두

참았다. "그래? 정이나 너희들이 그 정도까지 싫다고 나오면…… 그래 그럼 일단 대북심리전을 잠정 중단하지 뭐" 이런 투로 북한의 불바다 얘기는 꺼내지도 않았다. 왜 생각이 없겠는가? 그래도 말을 참은 것뿐이다.

양보하고 달래며 보듬고 감싸 줄 터이니 떼 좀 그만 쓰라고 기회를 주자는 의도다. 북은 이에 대해 "무서워 꼬랑지를 내린다"고 하지 말아야 한다. 살자는 것이지 죽이자는 것이 아니다. 죽이기로 나간다면 누가 먼저 죽을까? 막말로 "불바다가 되기 전 김정일 제삿날이 올 것이다" 이렇게 나갈 줄 몰라서 참는 게 아니다.

새해 벽두 희소식들, 덕담으로 시작하자

<2010년 1월 6일 칼럼>

　'버즈두바이'라고도 하는 '부루즈두바이'가 문을 열었다. 버즈도 아니고 부루즈라는 이름도 아닌 '카필라두바이'라 개명했다는 지구촌 최고층 건물이 우리나라 삼성의 건설기술로 솟아오른 자부심이 뿌듯하게 해 주는 신년 벽두의 희소식이다. 거기에 벽돌 한 장, 쇳조각 한 개 보태지 않았어도 우리 대한민국업체가 건축했다는 것에서 자부심을 갖게 하니 새해 출발하는 첫 시무식이 열릴 첫날 기분이 좋아진다.

　818m 높이에 162층이며 현재 세계에서 최고높이다. 대만 타이베이 빌딩 509m보다 309m나 더 높다 하니 상상으로도 그 높이에 놀란 입이 다물어지지 않는다. 따라서 우리 대한민국의 위상도 올라갔다고 보여 왠지 배가 부르다. 칙칙하고 다운되는 뉴스만 대하다가 모처럼 업되고 밝은 뉴스를 들어 모든 국민이 기쁜 새해를 맞는 계기가 되었으면 하는 마음이다.

　이미 작년 연말에는 아랍에미리트(UAE)와 47조 원 대의 원자력발

전소건설에 합의했다는 것에 이명박 정부취임 2년간 묵었던 체증이 쑥 내려가는 듯한 기분이었다. 47조 원이라는 단군 이래 단일공사 최고액수주라고 하는 소식에 이번 일이 잘되었으니 이제는 1,200조 거대한 세계 원전시장에 우리도 제6강으로 참여하게 될 기운이 왔다는 것에 고무된다. 아예 지구촌 원자력 발전소는 몽땅 우리가 따내고 싶은 심정이다. 한번 업된 기분이 하늘 높은 줄 모르려 한다.

그러다 보니 쌀독에서 인심 난다는 말처럼 마음이 부자 된 기분이라 집권 3년 차의 이명박 대통령의 지지도가 50%를 넘어섰다. 세종시나 4대강 악재가 대통령의 지지도를 더 추락시키고 국민이 맞는 새해 경인년의 벽두부터 꿀꿀하게 할 줄 알았는데 홈런 두 방에 주자 만루로 단방에 8점을 획득한 기분이다.

제발 (국가의) 기가 살아나야 한다. 기가 축 처진 2009년의 열세를 뒤집고 올해부터는 국민 기 살리는 일이 줄을 잇기를 비는 마음이다. 그래서 인심 쓰는 참에 대통령 지지도도 고공행진하기 바란다. 그로써 국가 브랜드가 높아지고 국민이 살기 좋아만 진다면 걱정할 게 없다.

경술국치 100년과 6.25 한국전쟁 60년을 맞고 보니 그 어려웠던 전후시대를 살았던 굶주림과 허기가 기억으로 되살아난다. 그런데 400만 석이 넘는 작년도의 대풍으로 쌀이 남아 넘친다지? 이 모든 게 조상의 음덕이라 할지 하늘의 축복이라 할지 천지신명의 도우심이라 할지 각자 다르겠으나 분명한 사실은 먹을거리는 먹을 만치 내려 주신다는 사실이다.

이런 고마움을 아는지 이명박 대통령은 1월 1일 첫 발걸음으로 국립묘지를 참배하였으니 복 받을 일이었다. 조상이야 허상이라 제쳐 두면 그만일 수도 있는데 전직 대통령 세 분을 찾아뵌 건 백 번 칭찬하고 싶다. 넉넉하거나 부족하거나 지지율이 치솟거나 곤두박질치더라도 어른을 잘 모셔야 한다. 산소에 가라는 말보다는 고마움을 알라는 것으로서 요즘 세대에게 충효 정신의 본을 보여야 좋은 날이 온단 뜻이다.

그러던 차에 폭설 대란이 일어났다. 서울 1일 강설량으로 관측 100년이 넘는 가운데 최고를 기록해 29cm나 내렸단다. 내 집 앞 눈 쓸기 운동도 해야 한다. 이제는 국내 살펴보기에도 열심을 내주기 바라는 마음이다.

엊그제는 새해 시정연설이 있었다. 올해를 '더 큰 대한민국 원년'으로 만들겠다는 말도 격에 맞는다. 그래야 한다. 올해는 100년 국치를 천 년, 만 년의 번영 원년으로 만들어야 한다.

이에 야당은 비난의 논평 말 잔치다, 안방 부엌의 고부 말처럼 맞는 말이기는 하다. 진정성이 없다는 등 투정일변도의 논평을 내놓았다. 그렇게 볼 측면이 있기도 하다고 보는 것은 각자 자유이지만 백번 헐뜯고 공격하더라도 신년 벽두에 딱 한 번만은 부드러운 논평을 내놓았더라면 하는 아쉬움이 있다.

그 심정 모르는 바 아니지만 새해는 독설을 반복하지 말자고 몇 마디를 추려보니까 말이 좀 심하게도 들린다. "민생고에 시달리는 서민들의 생활을 나아지게 하겠다는 구체적인 계획은 전혀 발견할 수 없다"며 "일자리 창출, 사교육비 절감 등 국민이 관심을 갖는 민생대책에 대해서 구체성이 결여돼 있다",

"국민정서와는 동떨어진 뜬구름 잡는 허황된 연설"이라며 "구체성도 없고 실현 가능하지도 않은 말들의 나열일 뿐 가장 중요한 국치 100년(1910년 국권침탈)에 대한 반성과 대책은 없다"고 비판했다. 며

칠만이라도 덕담으로 시작하여 복 받는 새해를 맞자.

집권 3년 차 50,000가지 일을 했다면 그중 하나나 열 개는 잘한 것, 칭찬해 마땅한 것도 있지 않았겠는가? 새해 첫날이니만큼 억지로라도 용기를 줄 말을 찾다 없구나 싶으면 이러면 된다.

"오늘은 2010년 벽두이니만큼 신년국정연설을 듣고 나니 진정성이나 공감성이 태부족이다. 그러나 첫해를 맞는 오늘만은 덕담논평으로 국민의 마음을 다독이고자 하여 이명박 대통령 한 해 건강하고 국정의 지혜가 충만하기를 바란다" 어떠냐? 때로는 말을 참으면 더 강한 말의 효과가 나타나기도 한다.

장로교 신학교 졸업
한국정신문화(더 잘 세울)연구원장
현) Q·R News(구 충청시대) 주필
  토요신문(민주일보) 논설 고문
  (사) 교통장애인재활협회 고문
  대전 제일장로교회 집사

歷史다큐小說 『민족의 스승 月南李商在』(전 5권)
『基督教讚揚學』
『敬歎讚詩』(전 5권)
『생각學』
『對話學』
『裏位學』
『잃어버린 세월』(전 5권)
『江華旅記』
『場生草』
『逆說사랑學槪論』

찬양(성가)집 레코드 & 카세트테이프 제1집~제11집까지 출반
(작사 및 작곡 약 150여 곡)
고신·합동·통합·합동보수, 전국 총회 및 노회 특별출연 찬양선교
1984년 한국기독교100주년 선교대회(100만 성도 회집) 특별출연 2회
(여의도 광장 빌리 그레이엄 목사 설교 전 특별찬양)
일본선교여행 2개월 20여 교회순회 찬양 선교(일본어판 찬양집 출반)
전국 도시, 농·어촌, 섬, 기도원 등 1,500여 교회 순회 찬양선교
기독교 청주방송·부산방송 찬양학 방송강의
대전 극동방송 찬양학 강의, 장애우를 위한 교양칼럼·크리스천 교양칼럼 방송강의
울산 극동방송 크리스천 교양칼럼 방송강의

kclc1000@naver.com
H·P: 011-401-3639

인생을 지휘하는 말

대화학 콘체르토

초 판 인 쇄 | 2012년 10월 19일
초 판 발 행 | 2012년 10월 19일

지 은 이 | 천광노
펴 낸 이 | 채종준
펴 낸 곳 | 한국학술정보㈜
주 소 | 경기도 파주시 문발동 파주출판문화정보산업단지 513-5
전 화 | 031) 908-3181(대표)
팩 스 | 031) 908-3189
홈 페 이 지 | http://ebook.kstudy.com
E - m a i l | 출판사업부 publish@kstudy.com
등 록 | 제일산-115호(2000. 6. 19)

ISBN   978-89-268-3837-2 04330 (Paper Book)
        978-89-268-3838-9 05330 (e-Book)
        978-89-268-3833-4 04330 (Paper Book Set)
        978-89-268-3834-1 05330 (e-Book Set)

이담 는 한국학술정보(주)의 지식실용서 브랜드입니다.